高职高专院校思想政治理论课教学研究

储水江　杨婉玲
赵　璇　徐　旭　著

合肥工业大学出版社

序　言

汪青松

思想政治理论课是我国高等学校开设的一门公共必修课,是向大学生进行系统的马克思主义理论教育,帮助大学生树立正确的世界观、人生观、价值观的重要途径,关系着"办什么样的高等教育,培养什么人"的重大问题。进入新世纪以来,随着我国社会主义改革开放和现代化建设不断取得辉煌成就,人们对中国特色社会主义的道路自信、理论自信和制度自信越来越坚定,高校思想政治理论课教育教学迎来了新的历史机遇。同时,必须清醒地认识到,思想政治理论课教学面临着全球化、信息化、多元化等日益严峻的挑战。高职高专院校思想政治理论课教师对这种挑战已有深刻的认识。呈现在我们面前的这本芜湖职业技术学院思政部主任储水江教授等撰写的《高职高专院校思想政治理论课教学研究》,正是应对挑战所进行的理论研究和实践探索的重要成果。

一

高等职业教育在人才培养目标上,强调面向生产、建设、服务、管理第一线培养高端技能型人才。有人认为,既然高职高专院校培养的是一线技能型人才,只要掌握一技之长就可以了,思想政治理论课可开可不开。高职高专院校思想政治理论课教学面对的第一个挑战是要不要开设思想政治理论课的问题。这本《高职高专院校思想政治理论课教学研究》对此作了明确而肯定的回答。

该著作依据对10所高职高专院校高职高专学生的社会调查,分析了高职高专院校学生对思想政治理论课的态度。书中第一章指出,高职高专院校92.7%的大学生把"学习做人"放在上大学目的的第一位,95.8%的学生认为思想政治理论课对自己有帮助,78%的学生认为思想政治理论课能帮助自己树立正确的世界观、人生观、价值观,78.1%的学生明确表示要努力学好思想政治理论课。这些数据是令人鼓舞的。

我国古代有“立德”、“立功”、“立言”等“三不朽”，立德排在首位，万事从做人开始。爱因斯坦也说，仅用专业知识教育人是不够的，通过专业教育，他可以成为一个有用的机器，但是不能成为一个和谐发展的人。党的十七大报告强调，育人为本、德育为先。党的十八大报告更是把立德树人作为教育的根本任务。高等职业教育作为我国高等教育的重要组成部分，同样承担着为中国特色社会主义事业培养合格建设者和可靠接班人的历史使命。高职高专院校不只是要培养技能型人才，而是要培养德智体全面发展的高端技能型人才。高职高专院校不但必须开设思想政治理论课，而且要坚持把思想政治理论课作为思想政治教育的主渠道。

二

2005 年，中宣部、教育部下达的思想政治理论课实施方案规定，本科高校开设“马克思主义基本原理概论”、“毛泽东思想和中国特色社会主义理论体系概论”、“中国近现代史纲要”、“思想道德修养与法律基础”四门课程，高职高专院校则开设“毛泽东思想和中国特色社会主义理论体系概论”、“思想道德修养与法律基础”两门课。高职高专院校思想政治理论课教学面对的第二个挑战是思想政治理论课教学内容的架构问题。

按照高等职业教育人才培养“理论教学以‘必需、够用’为度”的原则，“毛泽东思想和中国特色社会主义理论体系概论”、“思想道德修养与法律基础”这两门课是高职高专院校必须开设的思想政治理论课。高职高专院校如何开设好这两门思想政治理论课，不少专家都进行了研究。

保定职业技术学院陈连生教授等著有《高职院校“毛泽东思想和中国特色社会主义理论体系概论”教学研究》(中国人民大学出版社 2011 年版)，安庆职业技术学院院长孙晓峰教授、安庆师范学院政法学院院长罗本琦教授著有《思想道德修养与法律基础课教学案例解析》(合肥工业大学出版社 2008 年版)。与有关学者把高职高专院校两门思想政治理论课分开研究不同，芜湖职业技术学院储水江教授主持的教育部 2011 年高职高专院校思想政治理论课建设项目研究的重要特色，是把这两门思想政治理论课作为一个整体来研究。《高职高专院校思想政治理论课教学研究》一书“思想道德修养与法律基础”部分，设置适应大学学习教育、理想信念教育、伦理道德教育、法制教育等模块，“毛泽东思想和中国特色社会主义理论体系概论”部分，设置马克思主义中国化两大理论成果、毛泽东思想三大理论、中国特色社会主义四大基本理论、中国特色社会主义建设的环境保障和力量保证等模块，这样的模块化谋篇布局是有新意的，有利于从整体上把握高职高专院校两门思想政治理论课的内容。

高等学校思想政治教育总体上应以理想信念教育为核心、以爱国主义教育为重点、以基本道德规范为基础、以全面发展为目标开展德育教育。近些年来，上海市中小学开展国家意识、文化认同、公民人格教育，引导学生树立“中国心”、“民族魂”，培育学生做好“现代人”。目前我们上海师范大学正联合复旦大学、部分上海中小学开展大中小学德育课一体化研究，探索对大中小学生分学段进行公民人格、文化认同、国家意识、政治认同教育，把社会主义核心价值观和社会主义核心价值体系有效融入国民教育全过程，既一体化贯通又步步递进，引导大中小学生培育和践行社会主义核心价值观基本理念。

大中小学德育课和高职高专院校思想政治理论课在教学内容安排上都要尊重学生，遵循学生的心智特征及成长规律，处理好呈现式创新与学生可接受性的关系。基于此，我认为，大中小学德育课和高职高专院校思想政治理论课的教学内容建设要以中国梦思想为指导。习近平中国梦思想体现历史性与当代性、理想性与科学性、崇高性与大众性、形象性与生动性、浪漫性与实干性的统一，具有德育课多层次、多视角、多形式、多样化拓展的宽广空间。以中国梦思想统领大中小学德育课和高职高专院校思想政治理论课，最能贴近学生实际，更能增强德育课和思想政治理论课的有效性。

三

高职高专院校思想政治理论课教学面对的第三个挑战是在价值取向多元、社会日新月异、海量信息包围的大背景下，如何提高思想政治理论课立德树人的成效。

储水江教授主持的高职高专院校思想政治理论课建设项目组的调研充分反映了高职大学生的期待：41.3％的学生希望老师“把理论讲深讲透”，54.8％的学生希望老师“能回答现实的社会问题”，74.3％的学生希望老师讲课“生动有趣、引人入胜”。只有改革照本宣科式、单纯应试式思想政治理论课，才能有效提升高职高专院校思想政治理论课教育教学的效果，把思想政治理论课建设成为高职大学生“真心喜爱、终身受益、毕生难忘”的优秀课程。

芜湖职业技术学院一贯高度重视思想政治理论课建设，发起成立全国高职高专院校思想政治理论课建设联盟,2013 年 4 月承办由教育部社科司召开的全国高职高专思想政治理论课建设研讨会。记得 2001 年该院原院长杨科安教授主编、安徽人民出版社出版的《"三个代表"重要思想理论与实践》一书,也是约我作的序。近些年来,芜湖职业技术学院思想政治理论课教研部教改走群众路线,深入到学生中间,了解他们的思想动态;从高职高专院校的办学实际出发,思想政治理论课教学锐意创新,取得了可喜的成绩。储水江教授等撰写的《高职高专院校思想政治理论课教学研究》,以高职高专院校思想政治理论课教育教学的特殊性分析为逻辑起点,针对高职高专院校思想政治理论课教学面临的现状,从教学原则到教学设计,从内容研究到方法探讨,从课堂理论教学、实践教学到网络教学,从考核方式改革、师资队伍建设到"大思政"格局构建,就高职高专院校思想政治理论课建设进行了全面的研究,提出了诸多有益的观点,具有较大的理论和实践价值,值得高职高专院校思想政治理论课教师在教学科研中参考。

《中国教育报》2013 年 5 月 16 日以"这样的课让学生想不学都难"为题报道了重庆城市管理职院实施以项目化、专题化、网络化为特色的思想政治理论课教学改革。我们上海师范大学马克思主义学院也正在探索走协同式、项目式、个性式思想政治理论课创新之路。我相信,有教育部社科司和安徽省教育厅领导的指导,有芜湖职业技术学院校领导的支持,有储水江教授主持的高职高专院校思想政治理论课建设项目研究为基础,芜湖职业技术学院思想政治理论课教学模式的改革创新一定能不断取得新的更大的成果。

目　录

第一章　高职高专院校思想政治理论课教育教学的特殊性

高等职业教育作为高等教育的一种特定类型，其思想政治理论课教学不能完全照搬普通本科院校的模式和经验，而应该实行分类指导。因此，研究高等职业教育人才培养的内在规定性，把握高等职业教育对思想政治理论课的基本要求，是高职高专院校思想政治理论课建设的立足点和出发点。

第一节　高职高专院校人才培养目标与培养模式分析

一、高等职业教育的性质

我国的高等职业教育是在改革开放后为了适应社会主义现代化建设对实用型人才的需要而在20世纪80年代初发展起来的，到20世纪90年代末随着高等教育扩招迎来了大发展时期。截至2011年，我国具有普通高等学历教育招生资格的高等职业学校数量为1280所，2011年全国高等职业教育招生325万人，占当年普通高等学校招生总数的47.7%[1]。高等职业教育无论是在院校数量方面，还是在学生人数方面，都占据了我国高等教育的半壁江山，承担着为全面建成小康社会、实现中华民族伟大复兴培养数以千万计的专门人才的历史使命。

高等职业教育的性质体现在以下两个方面：

一方面，它是高等教育。所谓高等教育，是指在高中文化基础上再学习若干年的教育。国际上通常都是按学习年限来划分教育层次，学习6年称初

[1] 马树超，范唯。高职教育：为区域协调发展奠定基础的十年。《中国高等教育》，2012（18）：12－16。

等教育或基础教育第一阶段，在此基础上学习 3 年称初中教育或基础教育第二阶段，在 9 年学习的基础上学习 3 年称高中教育，在高中教育基础上再学习至少两年以上称为高等教育。按联合国教科文组织 1997 年新修订的“国际教育标准分类（简称 ISCED）”，将整个教育体系划分为 7 个层次：ISCED0 为学前教育；ISCED1 为第一级教育，即初等教育阶段或小学教育；ISCED2 为第二级教育第一阶段，即初中教育阶段；ISCED3 为第二级教育第二阶段，即高中教育阶段；ISCED4 为第二级后的非第三级教育，即高中后的非高等教育阶段；ISCED5 为第三级教育第一阶段，即高等教育的专科和本科阶段；ISCED6 为第三级教育第二阶段，即高等教育的研究生阶段。我国基本上也是按这样的标准来划分教育的层次的。

另一方面，它是职业教育。什么是职业教育？国际上存在着不同的认知。例如，俄罗斯将除基础教育以外的一切教育都归于“职业教育”的范畴；另一些国家则将“职业教育”理解为专指培养技术工人类人才（即主要依靠动作技能和经验技艺在生产、服务第一线从事现场工作的直接操作者）的特定教育类型。根据这些观点，要么所有的高等教育都是高等职业教育，要么根本不存在高等职业教育。

联合国国际教育标准分类把第二、第三、第四层次的教育划分为 A、B、C 三种类型：A 类是纯为升学作准备的学科型；C 类是为进入劳动市场作准备的直接就业型；B 类则是介于以上两类之间的专业型，或称中间型。其中，C 类属典型的职业教育，B 类也具有职业教育的部分属性。属于高等教育的第 5 层次也被横向划分为 A、B 两种类型：“一类是授予高等研究课程或高级技术要求的专门职业（例如：医药、牙科医术、法律、建筑等），另一类并非如此。为了便于表述，前一类称为 5A，后一类称为 5B。”5A 类为“面向理论基础/研究准备/进入需要高级技术的专业课程”；5B 类为“实际的/技术的/职业的特殊专业课程”。一般说来，5A 以高中文化程度（3A）为入学标准，其课程计划“具有较强的理论基础”并可与 ISCED6 相衔接，它传授如历史、哲学、数学等基础科学知识以达到“具有进入高级研究领域的能力”的要求，或者传授诸如医药、牙医、法律、建筑等技术科学知识以达到“能进入一个高级技术要求的专门职业”的要求。5B 的课程计划，实际上是一种“定向于某个特定职业的课程计划”，“主要设计成获得某一特定职业或职业群所需的实际技术和专门技能——对学习完全合格者通常授予进入劳动力市场的有关资格证书”，它“比 5A 的课程更加定向于实际工作，并更加体现职业的特殊性，而且不直接通向高等研究课程”；其学制特征一般比 5A 短一些，但也并不排斥较长的学程。由此可见，我们所讲的高等职业教育属于联合国国际教育标准分类中的第 5 层次的 B 类教育（ISCED5B）。

根据以上的分析，高等职业教育具备如下几个特征：

第一，高等职业教育属于第三级教育，属高等教育范畴，以培养高级技术应用型人才（我们称之为“高端技能型专门人才”）为办学目标。

第二，高等职业教育面向某一特定职业或职业群的实际需要，比 5A 类高等教育更定向于实际工作并更体现职业特殊性，强调就学期间主要以某种职业或职业群必须具备的专业理论和技术为依据。

第三，高等职业教育又同时针对某一特定学科领域，而不像“中等职业教育”那样只针对某一具体职业岗位的上岗技术培训。它强调所培养的人才对某一职业或职业群技术的基础理论要有扎实地掌握，以适应职业技术不断发展的需要。

高等职业教育在我国经济社会发展以及教育体系中占据着不可替代的重要地位。首先，在经济社会发展中，高等职业教育处于特殊的基础地位。国家的发展关键在科技，科技的进步关键在人才，人才的培养关键在教育。高等职业教育基础地位的特殊性表现在：第一，高职教育培养的人才处于科技转化为生产力的结合部，离开了高职教育，科技转化为生产力的周期会大大延长，转化率也会大为降低，科技对经济发展和社会进步的贡献率也会大为下降。第二，高职教育培养的高端技能型人才，其社会需求量远远超过科学研究型人才和工程技术型人才的需求量，它直接关系到产业结构的调整和经济发展方式的转变能否顺利实现。第三，社会不可能也不需要让全部或大部分人口都接受普通高等教育，高职教育承担着高等教育大众化的主要使命。因此，高职教育在提高全民族素质、促进人的全面发展方面也占据着重要的基础性地位。

其次，在教育体系中，高等职业教育占有重要地位，具体体现在：第一，高职教育是高等教育的重要组成部分，与普通高等教育平行、交叉、互通。高等教育是一个多类型、多层次的结构模式。国际教育标准分类把高等教育分为 ISCED5（专科和本科阶段）、ISCED6（研究生阶段）两个层次以及 A、B 两种类型。在发达国家，高等职业教育在高等教育领域占据着半壁江山，且从专科层次一直到研究生阶段都有职业教育参与其中。第二，高职教育是职业教育的高级阶段。职业教育是在技术进步的背景下应运而生的，高等职业教育是高技术发展的必然结果。当今世界，科技进步对经济建设和社会发展的影响和贡献率不断提高，一方面传统的产业部门正不断地进行高新技术改造，另一方面新的高新技术产业部门和生产领域不断产生和迅速扩展。在这样的形势下，经济社会发展对就业人口素质的要求不断提高，原有的初、中等职业教育已经无法适应科技进步对高端技能型人才的需要。因此，发展高等职业教育就成为形势发展的客观需要。

二、高等职业教育的人才培养目标

根据在科技进步和经济社会发展中所处地位与作用的不同以及其自身知识与能力结构的类别，人们一般把人才分为四种类型：

（1）科学研究型（学术型、理论型）。这种人才致力于认识客观规律，并将其转化为科学原理和学科体系，供人类利用。

（2）工程设计型（规划型、决策型）。这种人才根据社会实践的需要，把科学理论知识转化为设计图纸或决策方案。

（3）技术应用型（工艺型、执行型、中间型）。这种人才的作用在于把设计图纸或决策方案付诸实施或指导他人实施，使之转化为产品或服务。

（4）技能操作型。这种人才依赖经验和操作技能，根据安排或指导，完成生产、服务或管理领域的最后一道工作程序。

高等职业教育的人才培养目标，就其人才类型而言，主要是技术应用型人才。教育部对这一培养目标的界定，从 1998 年将其概括为“生产、服务、管理第一线的实用人才”，到 2000 年将其统一确定为“高等技术应用性专门人才”，到 2006 年在《关于全面提高高等职业教育教学质量的若干意见》中提出高职教育培养“高素质技能型专门人才”，再到 2011 年在《关于推进高等职业教育改革创新引领职业教育科学发展的若干意见》中明确提出高等职业教育培养“高端技能型专门人才。”教育部对高职教育人才培养目标的定位，虽然随着对高等职业教育认识的逐步深入而不断有所调整，但其内核是不变的——这就是，作为高等教育重要组成部分和职业教育的高等层次，高等职业教育的培养目标与培养学术研究型、工程设计型人才的普通高等教育不同。普通高等教育在教学中强调学科理论知识的系统性，高职教育的培养目标应该是高层次的技术应用型人才，教学中对学科理论知识以“必需、够用”为原则。同时，高等职业教育又与单纯培养技能操作型人才的中等职业教育不同，其培养的高端技能型人才不但需要具有某一单项能力，而且需要拥有某一职业领域或某一职业岗位群所需要的综合能力和职业发展能力。高等职业教育人才培养目标的这一特征，对包括思想政治理论课在内的课程体系开发和课程教学内容设计有着一定的决定性影响。

三、高等职业教育的人才培养模式

马树超、郭杨等在《中国高等职业教育——历史的抉择》一书中指出，我国高等职业教育人才培养模式正在发生着一场极其重要的大转变，并已经取得了初步的经验和成效，体现为：在办学理念上，由封闭式办学转向开放式办学；在评估体系上，由本科压缩型的指标体系向凸显高职特色型转变；在师资引进与培养上，由过去重视学科型教师向构建“专兼”结合的“双师结构”教学团队转变；在教学内容上，由理论和学科体系向注重实践和就业能力转变；在课程建设上，由稳定的学科课程向灵活的模块化课程转变；在办学模式上，由单一学校资源向校企优质资源共享的管理平台转变；在培养方式上，由单纯依赖课堂教学向注重实习实训转变。

高等职业教育办学理念的开放包含体系开放、机制开放和模式开放三个层次的含义，一是教育要真正面向全社会，要求实现高职教育体系的开放；二是行业、企业、学校共同参与，要求实现高职教育机制的开放；三是校企合作、工学结合，要求实现高职教育模式的开放。

高职高专院校摆脱“本科压缩型”的评估指标体系，强调凸显实践教学、顶岗实习、学生“双证书”获取率、“教、学、做”一体化的情境教学法等切实增强学生基本素质和就业能力的高职教育特色。

高等职业教育人才培养目标的实现，要求摆脱普通高等教育的学科教育模式，构建校企合作、工学结合的新模式。这对高职高专院校的师资队伍建设提出了新要求，即由学科型、专家型教师队伍向“专兼”结合的“双师结构”教学团队转变。要求教师不但要有扎实的专业理论功底，更要有实践能力和较高的技能水平。

高等职业教育的教学内容不能过分偏重理论知识的教学，而应实现由学科本位向就业导向的转变，注重强化实践教学，建立理论教学与实践教学并行互通的教学内容体系，不断融入产业、行业、企业、职业和实践等要素，以工作过程为导向的思路改革专业教学方案，把职业资格认证/职业技能鉴定与专业课程教学相融合，并通过生产性实训和顶岗实习等途径增强学生的就业能力。

在新的高等职业教育人才培养模式中，“基于工作过程”的灵活的模块化课程正逐步取代稳定的学科课程，打破了传统的“公共基础课＋专业基础课＋专业课”的三段式课程结构，形成了基础课程和实践课程两个系统并相互交融。

为使“高端技能型专门人才”这一培养目标的顺利实现，高职教育必须破解投资、师资、生源、实训条件等各种资源的约束，突破对单一学校资源的依赖。各高职高专院校积极争取政府资源，整合社会资源、行业企业资源、民间资源和境外合作资源，逐步形成了开放式、多元化的办学模式，构建起优质资源共享的管理平台模式，有效推进了人才培养模式的转型。

高等职业教育在教学方法领域，即在具体的人才培养方式改革中，摒弃单纯依赖课堂教学传授知识的培养方式，注重强化实践环节的教学过程和教学评价，强调通过实践导向的教学结构、学生自主的学习过程，采用开放式的教学方法、多样式的教学手段、信息化的教学技术，提高学生的实践能力。

第二节　高职高专院校思想政治理论课学情分析

一、高职高专院校总体生源素质

根据联合国教科文组织“国际教育标准分类（ISCED）”，作为5B的高等职业教育，其招收对象面可以扩大到整个高中阶段（第3层次教育），其中3B可直接与5B衔接。高职的入学条件应强调文化理论基础与职业实践基础并重，不同生源要补习不同的过渡课程。高等职业教育的入学标准是完成第3层次B类课程或第4层次A类课程，其理论基础并不强求达到高中毕业，课程应侧重职业导向、强调专门学科。中等职业技术学校毕业生则可以通过补习相应的过渡课程（主要是基础文化知识），升入高等职业技术院校。因此，高等职业教育的生源应考虑文化理论基础与职业实践基础两方面的要求。当然，高等职业教育的招生面可以很广，但重要的是首先切实抓好不同生源各自的补习（第4层次教育）。也就是说，高中段普通学科型和直接就业型毕业生均应补习相应的过渡课程，如3A的学生可通过补习部分4B课程升入5B。由此可见，既有一般文化理论基础又有一定职业实践基础的综合高中毕业生是理想生源。

高等职业教育作为高等教育里的一个类型，其本身也应有层次之分，但在现阶段，我国的高职高专院校局限于专科层次。在此限定条件下，其生源主要包括以下四种类型：

第一，普通高中毕业生。这部分学生通过高考进入高职高专院校，但由于高职高专院校属于专科层次，在高考招生录取中处在第5批次（前面依次有提前批、一本、二本、三本四个批次），最低录取分数线与三本相比要低200～300分左右。所以，高职高专院校的普高生源与普通本科院校相比，整体呈现出文化课成绩较差（不少学生在语文、数学或英语等基础课程严重“跛腿”），未养成良好的学习习惯和行为习惯，学习能力较差，但是他们普遍思维活跃，创新能力、活动能力较强。

第二，职业高中（含中专、技校）毕业生。这部分学生通过对口高考进入高职高专院校，一般称他们为“对口生源”。能通过对口高考进入高一级学校进一步深造，对对口生源来说是一件值得追求的事情，他们也是同学们中较优秀的群体，学习的自觉性、行为的自律性较好，珍惜来之不易的学习机会。他们在一些基础理论课程上，与普高生源相比相对较差，但专业技能课程方面则具有优势。

第三，高中同等学力生源。在深入进行高职教育办学体制机制和人才培养模式改革的过程中，一些高职高专院校探索面向社会招收具有高中同等学力的农民、工人、退伍军人、失业人员等社会生源。例如，安徽省在2012年高职高专院校自主招生改革中，就把“具有高中阶段学历的农民工、复转军人、企事业单位在职职工、失业人员”等纳入生源范围。这些人员，具有较丰富的社会阅历、一定的职业经验和职业意识、较强的社会责任感，但他们的基础理论知识普遍比较薄弱。

第四，五年一贯制初中毕业生。这部分初中毕业生进入高职院校后，先用两至三年学习文化基础课程和部分职业技能课程，然后再学习高职阶段的课程。这部分学生因为是初中毕业，因此普遍具有文化素质相对较低、自控能力相对较差、自身修养相对不高等特点。

上述四种生源类型，本身与国际教育标准分类（ISCED）并无太大差异，但现实中缺少的是针对不同生源相应过渡课程的补习，导致当前我国高职高专院校生源构成不整齐，普高生源缺乏职业前教育，而对口生源和五年一贯制生源文化理论基础较为薄弱。

整体来看，高职高专院校学生思维活跃，务实进取，有很强的探索精神和参与精神，主流思想状况呈现出积极、健康、向上的良好发展态势。他们成长成才的愿望迫切；整体心态较平和，能够较为客观、理智地观察分析问题。但高职高专院校生源构成复杂，生源质量参差不齐，生源的综合素质与普通本科院校相比有较大差距。相对而言，高职大学生的学习能力、基础知识，尤其是对待理论学习的态度等均存在一些问题，特别是不少学生的学习情绪化较强，对感兴趣的东西学习积极性较高，而对于内容枯燥的课程则学习兴趣不高，学习效率也较低。受当前招生体制的局限，高职高专院校的学生普遍认为自己是高考的“失败者”，或多或少都有一定的心理问题，有的还有比较严重的挫败感或自卑感。加之，当前大多数高职高专院校学生都是“90后”独生子女，生活条件优越，普遍比较“自我”，个人意识强，集体观念淡漠，自身鉴别力和控制力较弱。尤其是，近10多年来，我国现行的高考机制客观上是优质教育资源越来越向公务员家庭、高级白领家庭等集中（例如他们有条件把子女送到最好的小学、初中、高中，上各种昂贵的辅导班，从而使子女在中考、高考中取得更好的成绩），这就导致出现一种现象——高职高专院校的学生以来自农村的生源占大多数，其次是城市工人家庭，他们或多或少地存在着一定程度的自卑心理。此外，面对当今社会激烈的竞争和就业环境，高职学生因为自身的不足，产生了很多压力，感觉前途渺茫，苦闷烦躁，心理问题也日益增多。

二、高职高专院校学生思想政治状况

我们曾在2002—2006年连续5年对高职高专院校大学生的思想政治状况开展问卷调查，2012年为完成教育部2011年人文社会科学专项任务项目（高校思想政治理论课）“高职高专院校思想政治理论课建设研究”，又在10所高职高专院校开展了思想政治状况不记名问卷调查。通过这些调查，我们高兴地看到高职高专学生的政治思想状况主流是积极健康向上的。例如，在2012年的调查中，有83.9%的学生表示向往加入中国共产党（在2006年的调查中，这一比例为80.8%）；对于入党动机（多选题），有58.9%的同学选择是为了“更好地为人民服务，为国家、社会多做贡献”，58.7%的同学表示是为了“更好地发展自己”，从总体上看高职高专学生的入党动机较端正；58.1%的同学认同“只有在中国共产党领导下，坚持中国特色社会主义，才能实现中华民族的伟大复兴”，34.4%的同学认同“只有社会主义才能救中国，只有中国特色社会主义才能发展中国”，合计比例高达92.5%。大多数高职高专学生看问题比较客观、理性。例如，在16.1%选择不入党的同学中，有66%的人表示其原因是“个人条件不成熟”；对“少数大学生对‘马列主义’等指导思想情感淡漠”的原因，61.5%的同学认为是“人们更多地追求物质生活，忽视精神家园的建设，出现了信仰危机”，23.6%的同学认为是“多元信息、文化、思潮的冲击”。

但是，不可否认的是他们价值观念的多元化和行为方式的多样化趋势也日渐增多，少数学生价值取向功利化、低俗化。例如，在2012年的调查中有28.8%的同学其入党动机是“为以后就业创造更多机会”；14.4%的同学的理想就是“挣钱致富”（在2006年的调查中，13%的同学选择“金钱”作为自己人生的第一追求）。他们自我意识强烈，重视自我价值实现和个性张扬，有67%的同学理想就是“实现自己的人生价值”，但又容易滑向极端个人主义，社会责任意识不强，有1.9%的受访对象表示自己没理想；5%的受访对象认为“入党没有意义”；在回答“如果您参加了社团，请问您参加社团的目的是什么”时，只有2.6%的同学选择“献身公益”，其他绝大部分同学则带着某种功利主义等其他目的参加学校的社团活动，如“增加见识、经验”、“扩大社交圈”等。他们具备了一些现代科学知识和思想观念，但又浮躁、不踏实；他们既关心国事、天下事，但分析此类问题时又缺乏扎实的理论和冷静的心态，极易感情用事、人云亦云，对马克思主义缺乏正确的认识。例如，有3.5%的同学表示自己申请入党的原因是“大家都想入党，随大流”，4.2%的同学认为“在市场经济条件下马克思主义的指导意义已不重要”，5.9%的同学认为“马列主义是空洞的理论，没有实际意义”。虽然从比例来看，存在各种不正确认识的高职高专学生只是很少的一部分，但如果不引起我们足够的重视，不化解他们世界观、人生观、价值观中这样那样错误的观念，不仅是对这部分学生的不负责任，而且，在当今自媒体时代，他们的消极影响会扩散到其他人中，冲击、销蚀主流意识形态的主导地位。

三、高职高专院校学生对思想政治理论课的态度

2012年3～5月份，我们在10所高职高专院校（其中含2所高等专科学校）就高职高专学生对思想政治理论课的态度进行了一次社会调查，调查对象划分为一年级和二三年级的学生，调查形式为问卷调查，共向一年级学生发放问卷1000份、二三年级学生1000份，均全部有效回收。为保证调查的可信度，我们还在各院校召开了座谈会，并进行了随机访谈。

调查表明，绝大多数高职高专院校的大学生把“学习做人”放在上大学目的的第一位，比例达92.7%，只有6%的同学认为学习专业知识与技能是

上大学的主要目的。他们欢迎思想政治理论课，希望通过思想政治理论课的学习帮助自己的成长。94.4%的同学认为有必要开设思想政治理论课，95.8%的同学认为思想政治理论课对自己有帮助，70.2%的同学表示对思想政治理论课感兴趣。对“如果思想政治理论课对你有帮助，那么它的帮助是”这一多选题的回答，选择“帮助树立正确的世界观、人生观、价值观”、“帮助掌握正确认识问题、分析问题、解决问题的科学方法”、“帮助拓宽知识面”、“帮助提高专业技能”、“帮助通过专升本考试”的比例分别是78%、66.5%、53.1%、14.2%、8.1%。78.1%的学生明确表示要把思想政治理论课努力学好，只有0.5%的学生表示“只要考试能过就行”，表示“考试不过也无所谓”的，也只有5%。这些数据说明高职高专院校的大学生对思想政治理论课作用的认识总体是正确的，这是我们搞好思想政治理论课建设、提升其教育教学效果的坚实基础。

调查表明，高职高专院校思想政治理论课建设尚有很大的提升空间。如前所述，有高达95.8%的同学认为思想政治理论课对自己有帮助，94.4%的同学认为有必要开设思想政治理论课，但只有70.2%的同学表示对思想政治理论课感兴趣。另外，有25%左右的同学，他们一方面认为思想政治理论课对自己有帮助、有必要开设，而又对它没有兴趣，这里面不排除有他个人方面的原因，但不能否认其中很大一部分原因在于我们的教学内容不能吸引学生，教学方法不能调动学生。41.3%的学生希望老师“把理论讲深讲透”、54.8%的学生希望老师“能回答现实的社会问题”，74.3%的学生希望老师讲课“生动有趣、引人入胜”，35.6%的学生希望老师“多运用多媒体等现代教学手段”。在座谈和随机访谈中，在谈到影响学习思想政治理论课积极性的主要原因时，学生们反映最多的是老师上课枯燥乏味，有的照本宣科，有的一味回避现实问题，有的信息滞后与现实脱节等，这些是我们必须努力改进的。

第三节 高职高专院校思想政治理论课的特殊性

一、改革开放前专科院校思想政治理论课设置沿革

1. 新中国成立初期高校思想政治理论课设置（1949—1952年）

新中国成立初期，高校的思想政治理论课围绕新民主主义教育设置。1949年10月8日，华北人民政府高等教育委员会颁发了《华北专科以上学校

一九四九年度公共必修课过渡时期实施暂行办法》的文件（高教秘字第一七二九号）。文件规定：第一，本年度一、二、三、四年级均必修辩证唯物论与历史唯物论（包括社会发展史），第一学期学完；新民主主义论（包括近代中国革命运动史），第二学期学完。第二，本年度文、法、教育（或师范）学院毕业班学生必修政治经济学；二、三年级学生除特殊情况外，暂不修习。1951 年 9 月 10 日教育部又颁发了《关于华北区各高等学校 1951 年度上学期进行“辩证唯物论与历史唯物论”等课程教学工作的指示》，规定：为了加强大学生的世界观教育，“社会发展史”一课目应增授“辩证唯物论”部分，改为“辩证唯物论与历史唯物论”，与“新民主主义论”及“政治经济学”同为独立的课目[1]。

1952 年 10 月 7 日，为了加强和提高对大学生的系统理论教育，对于全国高等学校马克思列宁主义、毛泽东思想课程，教育部又颁发了《关于全国高等学校马克思列宁主义、毛泽东思想课程的指示》，规定：（一）综合性大学及财经艺术等院校应依照第一、二、三年级次序分别开设“新民主主义论”、“政治经济学”及“辩证唯物论与历史唯物论”，工、农、医等专门学院依照第一、二年级次序分别开设“新民主主义论”及“政治经济学”。（二）三年的专科学校开课课程及先后次序与工、农、医等专门学院相同，二年的专修科第一年级及一年的专修科均修“新民主主义论”，二年以上财经性质的专科学校或专修科第一年级可同时开设“政治经济学”。（三）各类型高等学校及专修科（一年的专修科除外）准备自 1953 年度起开设“马列主义基础”，学习时数与“政治经济学”相同。（四）“新民主主义论”、“政治经济学”及“辩证唯物论与历史唯物论”各为一学年的课程，在讲授“新民主主义论”前两周或三周应增加关于“新民主主义论教学目的”的学习，以端正学生的学习态度。以上规定从 1952 年开始实行[2]。

以上表明，1949—1952 年间，我国高等专科学校开设的政治理论课有两门，分别是“新民主主义论”、“政治经济学”，各开设一学年。其中，除财经性质的两年制专科学校外，其余两年制专科学校只开设一门“新民主主义论”。可见，“新民主主义论”是当时政治理论课的核心课程。本科院校尚有一门“辩证唯物论与历史唯物论”。

---

[1] 参见国家教育委员会办公厅编：《高等教育文献法令汇编（1949—1952）》，第 82－83 页。

[2] 参见国家教育委员会办公厅编：《高等教育文献法令汇编（1949—1952）》，第 84 页。

2. 过渡时期的思想政治理论课设置（1953—1956 年）

1952 年底，当新民主主义革命在全国胜利和土地改革在全国完成，国民经济得以全面恢复，党中央提出了过渡时期的总路线：要在一个相当长的时期内，逐步实现国家的社会主义工业化，并逐步实现国家对农业、对手工业和对资本主义工商业的社会主义改造。为与党在过渡时期总路线相适应，高校的政治理论课也做了一些调整和改变。

第一，增设“马列主义基础”。1953 年 2 月 7 日，高等教育部颁发了《关于确定马列主义基础自一九五三年度起为各类型高等学校及专修科（二年以上）二年级必修课程的通知》（政生刘字第九号），明确规定：各类型高等学校及专修科（一年的专修科除外）自 1953 年度起，有条件者即在二年级开设“马列主义基础”，“政治经济学”改为三年以上各类型高等学校的三年级必修课。“马列主义基础”的基本内容是马克思主义三个组成部分之一的科学社会主义理论。增开这门课的目的，是使学生通过对科学社会主义一些基本理论和无产阶级专政的基本历史经验的学习，能够正确认识我国由新民主主义向社会主义过渡中出现的新问题，领会党在过渡时期的总路线，并学习世界上第一个社会主义国家苏联建设社会主义的经验，以加快我国社会主义建设的步伐。这样，高等专科学校的政治理论课便由原来的两门变为三门，本科院校则由三门变为四门。

第二，改“新民主主义论”为“中国革命史”。1953 年 6 月 17 日，高等教育部颁发了《关于改“新民主主义论”为“中国革命史”及“中国革命史”的教学目的和重点的通知》（政生杨字第七十一号），要求自 1953 年度起，将高等学校一年级开设的“新民主主义论”一律改为“中国革命史”，明确规定，“中国革命史”的教学目的，在于通过“五四”以来的基本史实，结合列宁、斯大林有关中国革命问题的主要著作，特别是毛泽东各时期的重要著作，阐明马列主义在中国的新胜利，系统地讲授毛泽东思想的基础知识，使学生认识中国政治发展规律，了解中国革命的基本问题、中国共产党的总路线和总政策，领会中国共产党的光荣、伟大、正确，借以加强爱国主义与国际主义教育，从而提高思想与政治水平，树立和巩固革命的人生观，为自觉地积极参加祖国建设做好思想准备。

1956 年 9 月 9 日，高等教育部颁发了《关于高等学校政治理论课程的规定（试行方案）》，对当时高校开设的四门政治理论课在各系科开设的门数、学时和顺序做了详细的规定，要求：一年级开“马列主义基础”，二年级开

“中国革命史”，三年级开“政治经济学”，四年级开“辩证唯物主义与历史唯物主义”[1]。至此，高等专科学校开设的政治理论课为“马列主义基础”、“中国革命史”、“政治经济学”三门。

需要指出的是，1956 年我国社会主义改造基本完成，社会主义制度基本确立，开始全面转入社会主义建设。在国际上，苏共二十大的召开，引起了国际共产主义运动和社会主义国家内部的剧烈动荡。针对新的形势，1957 年 2 月，毛泽东在《关于正确处理人民内部矛盾的问题》的讲话中，提出了教育方针，并且指出“现在需要加强思想政治工作”和“要学会正确处理人民内部矛盾”。同年 3 月毛泽东在中国共产党全国宣传工作会议上指出，要使社会主义制度巩固起来，除了必须实现国家的社会主义工业化，坚持经济战线上的社会主义革命以外，“还必须在政治战线和思想战线上，进行经常的、艰苦的社会主义革命斗争和社会主义教育”[2]。1957 年 11 月 1 日，中共中央批转了中宣部《关于在高等学校和中级以上党校设立社会主义教育课程的决定》。1957 年 12 月 10 日，高等教育部、教育部联合颁发了《关于在全国高等学校开设社会主义教育课程的指示》（厅秘载字第 242 号、高师教柳字第 214 号），规定在全国高等学校各年级普遍开设“社会主义教育”课程，全体学生和研究生无例外地参加学习；课程内容以毛泽东《关于正确处理人民内部矛盾的问题》为中心教材，同时阅读一些必要的马克思列宁主义经典著作、党的文件和其他文件。学习时间暂规定为一学年。各班级在学习“社会主义教育”课程期间，原应开设的各门政治理论课一律停开，这样高等专科学校的政治理论课由三门变成了一门。这种情况一直维持到 1960 年。

3. 1961—1966 年间的思想政治理论课设置

1960 年冬，党中央和毛泽东开始纠正经济工作中的“左”的错误，并决定对国民经济实行“调整、巩固、充实、提高”的方针。为了贯彻党的“八字”方针，1961 年 4 月，中宣部和教育部在北京召开了高等学校文科教材编选计划会议，会议制定了《改进高等学校共同政治理论课程教学的意见》[3]，

[1] 参见高等教育部办公厅编：《高等教育文献法令汇编（1956 年 1 月—12 月）》，第四辑，1957 年版，第 82—83 页。

[2]《毛泽东文稿》，中央文献出版社 1992 年版，第 6 册，第 379 页。

[3] 参见教育部文科教材办公室编：《关于周扬同志在文科教材编选计划会议上的讲话和文科八个专业教学方案的通知》，1961 年版。

其中内容认为，高等学校共同政治理论课程包括两类，一是马克思列宁主义基础理论，二是时事政策报告和讨论。马克思列宁主义基础理论课程包括马克思主义的三个组成部分，其开设的门数和学时，在不同年制的学校、不同专业可以有所不同。文科专业一般开设三门：中共党史（或马克思主义政治学）、政治经济学、哲学；理、工、农、医各专业和艺术、体育院校一般开设两门：中共党史、马克思列宁主义概论（包括马克思主义三个组成部分）。专科学校的文科一般开设两门：中共党史、马克思列宁主义概论。专科学校的理科一般开设一门：马克思列宁主义概论。时事政策报告和讨论为各专业、各年级的必修课程（主要是向学生讲解国内外形势、党和国家的政策）。政治理论课程上课时数（不包括自习）：文科各专业一般为上课总时数的15%～20%；理、工、农、医各专业，一般为上课总时数的10%～15%。时事政策报告和讨论一般平均每月为4～6学时。至此，高等专科学校的政治理论课设置开始由社会主义教育一门变为两类两至三门课程，理科开设两门：马克思列宁主义概论、时事政策报告和讨论；文科在理科的基础上增开一门中共党史。

1962年5月26日，教育部又颁发了《关于高等学校共同政治理论课教学安排的几点意见》（教二周政字第975号），针对理、工、农、医院校的《马克思列宁主义概论》教材短期内不能编出的实际情况，规定各院校可暂开哲学、政治经济学和中共党史三门课程。1964年10月11日，中共中央批转了《中共中央宣传部、高等教育部党组、教育部临时党组关于改进高等学校、中等学校政治理论课的意见》，提出改进课程和教材。毛泽东思想是我国人民进行革命和建设的指针，是反对帝国主义和修正主义的强大思想武器，毛主席著作是我国革命经验和国际无产阶级革命、无产阶级专政经验的总结，是马列主义理论的新概括和发展，是我国青年革命化的最好教科书。政治理论课必须以毛泽东思想为指导，把宣传毛泽东思想作为最根本的任务，把毛主席著作作为最基本的教材，并规定：今后高等学校共同政治理论课，除继续开设“形势与任务”课外，设置“中共党史”、“哲学”、“政治经济学”等课。

这样，从1961年到1966年，高等专科学校政治理论课除“形势与任务”课外，实际上由两门课构成，即“哲学”、“政治经济学”，文科增开一门“中共党史”。

4. “文革”期间思想政治理论课的设置

十年“文革”是党和国家的一场浩劫，高校的思想政治理论课建设也同样遭到了巨大的冲击和破坏。1966—1970年，高校完全停课并停止了招生。1970年下半年高校开始恢复招生，从有实践经验的工人农民中间选拔学生。随着工农兵学员的入学，高校政治理论课的教学也开始恢复。1970年6月27日，中共中央颁发了《关于北京大学、清华大学招生（试点）的请示报告的批示》。在其中的附件二，即《北京大学、清华大学招生（试点）具体意见（修改稿）》中，规定政治理论课以毛主席著作为基本教材[1]。在1970年至1977年间，政治课主要是围绕“无产阶级专政下继续革命”的理论讲授一些内容受到严重歪曲的马列主义原著和毛泽东的著作。而且此时根本不存在正常的教学活动，政治理论课完全是为政治运动服务的，因而常常被接连不断的政治活动所挤占或取代。

二、改革开放以来思想政治理论课设置的不断优化和完善

党的十一届三中全会以后，我国进入了社会主义现代化建设的新时期。适应新时期的需要，高校马克思主义理论课进行了必要的改革。就课程设置来说，大体可分为四个阶段。

1. 第一阶段（1978—1984年）

1978年高等学校开始恢复正常招生，高校马克思主义理论课如何设置成为当时一个亟待解决的问题。1978年6月8日至29日，高等学校文科教学工作座谈会在武汉召开。这次会议确定的高等专科学校马克思主义理论课的课程设置大体上同60年代初的情况基本相同，即“中共党史”、“政治经济学”、“辩证唯物主义历史唯物主义”。1980年7月7日，教育部印发了《改进和加强高等学校马列主义课的试行办法》，对这门课的任务、教学方针及课程、学时等问题作了明确的规定，二年制专科开设一至二门马列主义课，三年制专科开设二至三门马列主义课[2]。

1984年9月4日，中宣部、教育部联合发出《关于加强和改进高等院校马列主义理论教育的若干规定》，提出现在就着手准备在全国高校增设“中国社会主义建设基本问题”课程[3]。为适应改革开放和社会主义现代化建设需要，高校的思想政治理论课开始酝酿重大的改革。

---

[1] 参见《中华人民共和国重要教育文献》，海南出版社1998年版，第1461页。

[2] 参见《中国教育年鉴》（1949—1981），中国大百科全书出版社1984年版，第835—837页。

[3] 参见《普通高校“两课”教育文件汇编》，国家教委社科司、思政司1997年编印，第131—139页。

2. 第二阶段（1985 年—1997 年 8 月）

1985 年 8 月 1 日，中共中央发出了《关于改革学校思想品德和政治理论课程教学的通知》，指出：为了适应我国社会主义现代化建设的需要，适应科学技术和现代经济政治的巨大发展变化，适应新时期青少年心理发展的具体状况以及各方面改革的需要，我国现行的以马克思主义为指导的思想品德和政治理论课（从小学的思想品德课、中学的思想政治课到高等学校的马克思主义理论课）的课程设置、教学内容和教学方法也必须进行认真的改革。这已成为培养一代有理想、有道德、有文化、有纪律的建设人才的迫切任务之一。关于高校政治理论课的内容和要求，《关于改革学校思想品德和政治理论课教学的通知》规定，大学要进行以中国革命史为中心的历史教育，使学生了解具有悠久的历史文化传统的中国是怎样根据历史的必然走上以共产党为领导力量的社会主义道路的；进行马克思主义基本理论的教育，使学生了解马克思主义的哲学、历史学、经济学、政治学和科学社会主义等基本理论观点的历史渊源、主要内容和现代发展（包括在中国的运用和发展）；同时有分析有比较地介绍当代其他各种社会思潮，对错误的思潮要有分析地进行充分说理的批评，培养学生运用马克思主义对这些思潮进行鉴别和分析的能力；进行中国社会主义建设和改革的理论、政策和实际知识的教育，使学生了解我国党和人民正在进行的有世界意义的伟大事业和青年一代的密切关系及崇高责任；还应向学生介绍当代世界政治经济的基本状况、国际关系的基础知识，帮助学生开阔视野，使他们在对外开放的环境下有坚定的立场和较强的适应能力[1]。《关于改革学校思想品德和政治理论课教学的通知》为高校马克思主义理论课课程设置的改革规定了方向。

同时，《关于改革学校思想品德和政治理论课程教学的通知》对高校马克思主义理论课课程设置进行了调整。调整之后的马克思主义理论课程包括：马克思主义原理、中国革命史、中国社会主义建设和世界政治经济与国际关系四门课[2]。国家教委于 1987 年 10 月下发了《关于高等学校思想教育课程建设的意见》，对高校思想教育课课程设置进行调整。调整之后的思想教育课程包括：大学生思想修养、人生哲理、职业道德、法律基础和形势与

[1] 参见《普通高校“两课”教育文件汇编》，国家教委社科司、思政司 1997 年编印，第 1—5 页。

[2] 教育部社会科学司组编，普通高校思想政治理论课文献选编（1949—2006）。北京：中国人民大学出版社，2007 年版。

政策五门课程[1]。其中，《形势与政策》、《法律基础》两门为必修课，《大学生思想修养》、《人生哲理》、《职业道德》三门为选修课。至此，包括马克思主义理论课程和思想教育课程（简称“两课”）在内的高校思想政治理论课课程体系正式形成，这就是“85 方案”。1987 年 3 月 17 日，国家教委发出了《关于进一步改革高等学校马克思主义理论课（公共课）教学的意见》，规定：三年制的大专，可以开设“中国革命史”和“中国社会主义建设”课；两年制大专，可以开设“中国革命和建设的基本问题”课。其中特别强调，马克思主义理论课教学内容不比原来的课少，因此应维持原有的教学时数[2]。

1992 年 10 月召开的党的十四大，提出用邓小平同志建设有中国特色社会主义理论武装全党。此后，思想政治理论课在教学内容上开始把邓小平同志建设有中国特色社会主义理论作为中心。1995 年 10 月 24 日，国家教委印发了《关于高等学校马克思主义理论课和思想品德课教学改革的若干意见》，强调“两课”教学要以邓小平同志建设有中国特色社会主义理论为中心内容，进一步加强马克思主义教育；要求通过教学改革，逐步形成结构合理、功能互补的“两课”课程体系，规定二年制和三年制大专，应分别各开设二至三门马克思主义理论教育课程和思想品德教育课程。与实行每周五天工作制的教学计划相适应，“两课”的教学时数也作了适当调整：马克思主义理论课的教学时数，三年制大专文理科均不少于 150 学时，二年制不少于 100 学时。思想品德课的教学时数专科不少于 68 学时。形势与政策课程可以不占教学计划内学时，利用政治学习时间，采取专题或讲座的形式，集中或分散安排教学，平均每周不少于 1 学时，并要作为必修课列入教学计划[3]。

3. 第三阶段（1997 年 9 月—2005 年 2 月）

1997 年 9 月召开的党的十五大，把邓小平理论确立为党的指导思想并载入党章，明确规定中国共产党以马克思列宁主义、毛泽东思想、邓小平理论作为自己的行动指南。1998 年 4 月 23 日，党中央研究同意了普通高等学校“两课”课程设置新方案。高校新的“两课”课程设置方案为：“马克思主义

[1] 教育部社会科学司组编，普通高校思想政治理论课文献选编（1949—2006）。北京：中国人民大学出版社，2007。

[2] 同上。

[3] 同上。

哲学原理”、“马克思主义政治经济学原理”、“毛泽东思想概论”、“邓小平理论概论”、“当代世界经济与政治”（文科开设）、“思想道德修养”、“法律基础”、“形势与政策”八门课程。1998 年 6 月 10 日，中宣部、教育部根据党中央讨论决定的“两课”课程设置新方案，印发了《关于普通高等学校“两课”课程设置的规定及其实施工作的意见》（简称“98 方案”），规定：二年制专科马克思主义理论课开设“马克思主义哲学原理”（36 学时）、“邓小平理论概论”（64 学时）；三年制专科马克思主义理论课开设“马克思主义哲学原理”（50 学时）、“毛泽东思想概论”（40 学时）、“邓小平理论概论”（60 学时）；二年制和三年制专科思想品德课均开设“思想道德修养”（40 学时）、“法律基础”（28 学时）；同时所有年级开设“形势与政策”课，每周一课时。1998 年秋季，“两课”课程设置新方案在全国高校实施[1]。

4. 第四阶段（2005 年 3 月至今）

进入新世纪，国际国内形势发生深刻变化，大学生思想政治教育教学面临严峻挑战。为此，教育部组织专家学者对高校思想政治理论课教学情况进行了调研，胡锦涛总书记亲自批阅了《关于高校公共理论课教学情况的调研报告》，并指示要认真研究高校政治理论课在教育教学方面存在的问题，改革创新课程内容体系。为此，2004 年 8 月，中共中央、国务院发布了《关于进一步加强和改进大学生思想政治教育的意见》（中发〔2004〕16 号），根据其中精神，2005 年 3 月，中共中央宣传部、教育部发布了《关于进一步加强和改进高等学校思想政治理论课的意见》（即“05 方案”）。“05 方案”不再使用“两课”的说法，统称为高校思想政治理论课，包括马克思主义基本原理概论、毛泽东思想、邓小平理论和“三个代表”重要思想概论（2008 年秋，改为“毛泽东思想和中国特色社会主义理论体系概论”，下同）、中国近现代史纲要、思想道德修养与法律基础等四门必修课程，同时开设当代世界经济与政治等选修课程。其中，高职高专院校课程设置 2 门必修课，即毛泽东思想、邓小平理论和“三个代表”重要思想概论（4 学分）、思想道德修养与法律基础（3 学分）。另外，方案规定本、专科学校都要开设“形势与政策”课，本科 2 学分，专科 1 学分。“05 方案”在“98 方案”基础上，结合时代发展的要求，对课程设置的调整，标志着改革开放以来一个科学系统的思想政治理

[1]《教育部政报》1998 年第 7、8 号，第 293 页。

论课课程体系已经形成。

三、从高职高专院校实际出发，改革思想政治理论课教育教学

1. 从高职高专院校人才培养目标出发改革教学内容

高等职业教育以培养高端技能型人才为目标。这里所谓“高端技能型人才”，是指高等职业教育所培养的是技能型人才的高端层次。何谓“高端”层次呢？“高端”，形容事物的最高层次，与低端相对。《现代汉语词典》称“高端”为属性词，指的是等级、档次、价位等在同类中较高的，如高端技术、高端产品；名词，指高层官员或负责人，如高端会议、高端访问等。作为高等职业教育培养目标的高端技能型人才，其高端，我们认为首先就在于其“综合素质高”。综合素质包括人的思想道德、智慧才能、身体生理、审美意识、劳动实践、心理人格、作风纪律等诸多方面。

在人的综合素质中，思想政治素质是最重要的素质，这是因为：第一，从人的素质结构看，人的素质结构主要包括思想政治素质、科学文化素质和身体心理素质。以理想、信念、世界观、人生观、价值观、情感、情操为内容的思想政治素质，是人的素质结构系统中最具有辐射力的部分。一方面，人的知识的积累、运用以及所采取的一切行为，不仅仅取决于各种认知要素，更重要的是受到世界观、人生观和价值观的驱动，即健康和谐或不健康不和谐的情感激励、思维活动的后果支配、正确或不正确价值取向的诱导。另一方面，人的能力的形成、扩充和提升，受制于理想、信念、意志、品德等人格因素和价值观的引导和制约。第二，从社会对人的需要来看，社会及其人们最看重的是人的思想政治素质。道理很简单，一个人、一个社会群体的其他方面的素质很好，唯独思想政治素质很差，那么，他就没有社会责任感，就不可能很好地履行自己应该承担的社会责任，而容易与社会为敌，一旦滑出社会的正常运行轨道，所造成的危害比常人要大得多。对此，古人就有“德才兼备是完人，有德无才是可用之人，有才无德是小人，无德无才是庸人”之说。第三，从适应国际竞争的要求来看，一国国民思想政治素质的高低在激烈的国际竞争中尤显重要。21 世纪科学技术突飞猛进，世界形势瞬息万变，国际竞争日趋激烈，作为第三媒体的网络向社会生活的各个方面广泛渗透，其中最严重的挑战是潜藏在文化、技术、产品、管理经验等背后的价值观的挑战。能否在各种内容、形式的文化产品和信息资源中识别、洞察隐藏在其中的精华与糟粕，在各种文化的交融、磨合中保持自己坚定的爱国主

义、社会主义理想信念，思想政治素质的高低起着关键性的作用。正因为如此，江泽民在第三次全国教育工作会议上的讲话中指出：通过思想政治教育“不断增强学生和群众的爱国主义、集体主义、社会主义思想，是素质教育的灵魂。”这就要求高等职业教育相较于中、初等职业教育，要更加重视对学生进行系统的马克思主义理论和思想品德教育，使学生不但成长为社会主义事业的合格建设者和可靠接班人，而且能初步运用马克思主义立场、观点、方法观察、分析和解决工作、生活中所遇到的问题，用科学的世界观、人生观、价值观指导自己的人生实践。

但是，与普通高等教育培养的学术研究型、工程技术型人才不同，高端技能型人才不需要全面、系统地掌握马克思主义理论知识，而主要在于接受马克思主义的立场、观点和方法，树立马克思主义的世界观、人生观、价值观。也就是说，高职高专院校的思想政治理论课教育教学更加注重课程的思想性，其次是政治性，第三是理论性，最后才是知识性。由此可见，“高端技能型人才”这一培养目标定位，要求我们深入研究，在中央马克思主义理论研究与建设工程统编教材中适当选取适合高职高专学生成长成才需要的内容进行教学。

2. 从高职高专院校的学情特点出发改革教学方法

如前所述，高职高专院校学生思维活跃，务实进取，有很强的探索精神和参与精神，主流思想状况呈现出积极、健康、向上的良好发展态势。他们成长成才愿望迫切，整体心态较平和，能够较为客观、理智地观察、分析问题。另外一方面，高职高专院校的大学生构成复杂，生源质量参差不齐，生源的综合素质与普通本科院校相比有较大差距。相对而言，高职大学生的学习能力较差、基础知识较为薄弱，在对待理论学习的态度上存在一些问题，特别是不少学生的学习情绪化较强，对感兴趣的东西学习积极性较高，而对于内容枯燥的东西则学习兴趣不高，学习效率也较低。并且，大多数高职高专院校学生都是“90后”独生子女，生活条件优越，普遍比较“自我”，个人意识强，集体观念淡漠，自身鉴别力和控制力较弱。此外，面对当今社会激烈的竞争和就业环境，高职学生因为自身的不足，产生了很多压力，感觉前途渺茫，苦闷烦躁，心理问题也日益增多。高职学生这些特殊的个性特征和心理特点，对高职高专院校思想政治理论课教育教学提出了新的要求，客观情况要求我们必须探索有针对性的教育教学方法和手段。

针对以上特点，我们认为，高职高专院校的思想政治理论课教学，首先应注重教学方法的直观性、生动性，在课堂讲授中尽量少一些教师唱“独角戏”式的“满堂灌”，多采用案例启发式、情境创设式、实践体验式等教学方法。其次，应充分发挥学生的主体作用，多采用答问式、讨论式、辩论式等有利于调动学生思维、激发学生参与的教学方法，避免教师的“一言堂”。第三，要积极运用多媒体等现代教学技术和网络教学等手段，把马克思主义理论以学生喜闻乐见的方式呈现出来。第四，要创新话语体系，用当下学生能接受的语言组织教学，避免在教学语言上与学生产生“代沟”。

3. 从高职高专院校人才培养模式出发改革实践教学

实践教学是提高学生学习热情的突破口，也是提高思想政治理论课教育教学实效性的重要途径。高职高专院校要紧密结合高端技能型人才培养模式深入改革思想政治理论课实践教学。高等职业教育开展了十余年的以“校企合作、工学结合”为核心的办学模式和高端技能型人才培养模式改革，坚持倡导并推行“教、学、做一体化”的教学模式，取得了良好的成效，深受学生欢迎。这些模式，对我们创新思想政治理论课实践教学有着重要的借鉴作用。

第一，我们可以与专业顶岗实习同步进行思想政治理论课实践教学。在学生进行专业课程实习实训或顶岗实习的同时，同步开展思想政治理论课的实践教学。例如可以在学生赴企业实习前，结合专业与实习企业的具体情况，由所在班级的思想政治理论课教师拟好若干个带有调研性质的论题，要求学生在实习过程中，运用所学理论观察、分析实际问题。

第二，把专业课程教学中的“任务驱动”法教学模式引入思想政治理论课实践教学。教师根据教学计划，把要求学生掌握的教学内容设计成一个个具体的任务，由学生在课余时间，以各种活动的形式自主完成，使之在“完成任务”的过程中，自觉接受马克思主义理论。一个学期结束后，可以把该学期课程中所讲授的理论“集成”，联系社会实际，设计较大的“任务”，让学生在寒暑假期间以社会实践的方式完成，以巩固所学理论，提高其理论联系实际和运用理论观察、分析和解决实际问题的能力。

第三，把学生的日常品行实践纳入思想政治理论课实践教学体系。思想政治理论课作为一门思想品德教育课，旨在帮助学生接受正确的思想、养成正确的品行。因此，以思想政治理论课的相关教学内容指导学生的日常品行，让学生自觉地按照正确的世界观、人生观、价值观支配自己的言行，是思想政治理论课实践教学的有效形式。

4. 从高职高专院校思想政治理论课教学目的出发改革考核方式

思想政治理论课是思想教育课、政治教育课和理论教育课，而不是一门知识传授性课程；其教学效果的好坏，不在于学生掌握了多少概念、增长了多少知识，而是体现在其思想道德素质的提高上。因此，传统的以期末理论闭卷考试为主的考核方式，不能全面、准确地反映教学目的的实现程度，更不能有效调动学生的学习积极性。从高等职业教育的人才培养目标和思想政治理论课教学目的出发，把实践教学、课堂表现（出勤率、参与度等）、日常品行表现等与理论测试一起纳入考核，建立全方位、立体化的考核体系。理论测试也不一定非得采用闭卷考试的方法，只要有利于实现课程的教学目的，开卷、口试等形式都可以大胆尝试。

第二章　高职高专院校思想政治理论课教育教学的现状

随着我国改革开放和现代化建设的需要，高等职业教育得到了快速发展。高职高专院校思想政治理论课的开设，虽然基本上可以得到保障，但目前普遍存在“低效”现象。与本科院校相比，高职高专院校思想政治理论课教学面临的压力更大，问题更多，挑战更强。所以，开展高职高专思想政治课教学分析，找准思想政治理论教育的切入点，激发学生学习兴趣，提高教学效果，是高职高专院校思想政治理论课教学中亟待解决的重要问题，也是实现党的思想政治教育目的和任务的必然要求。

第一节　高职高专院校思想政治理论课教育教学取得的成绩

一、思想政治理论课建设日益受到各级党政部门和高校的重视

1. 党和政府高度重视高校思想政治理论课建设

2004 年 8 月，中共中央、国务院印发了《关于进一步加强和改进大学生思想政治教育的意见》（中发〔2004〕16 号），提出加强和改进大学生思想政治教育的指导思想，对新时期大学生思想政治教育工作作出了周密部署和全面动员。各地各部门各高校根据自身实际，研究制定落实方案。2005 年 1 月 17 日至 18 日，全国加强和改进大学生思想政治教育工作会议在北京召开，研究部署大学生思想政治教育工作，胡锦涛、温家宝、曾庆红、吴官正、李长春、罗干等中央领导同志出席了会议，胡锦涛总书记和李长春同志作了重要讲话，陈至立同志作了会议总结。

高等学校思想政治理论课是大学生思想政治教育的主渠道。思想政治理论课是大学生的必修课，是帮助大学生树立正确世界观、人生观、价值观的

重要途径，体现了社会主义大学的本质要求。为贯彻落实中央文件和会议精神，中共中央宣传部、教育部先后出台了《关于进一步加强和改进高等学校思想政治理论课的意见》（教社政〔2005〕5号）及《关于印发〈中共中央宣传部、教育部关于进一步加强和改进高等学校思想政治理论课的意见〉的实施方案》（教社政〔2005〕9号）等文件，指导全国高校思想政治理论课的课程设置。根据该方案，高职高专院校思想政治理论课设置2门必修课："毛泽东思想、邓小平理论和'三个代表'重要思想概论"（为贯彻落实党的十七大精神，自2008年秋季学期开始，课程名称调整为"毛泽东思想和中国特色社会主义理论体系概论"）、"思想道德修养与法律基础"，同时开设"形势与政策"课，组织中央马克思主义理论研究与建设工程的专家编写教材。这些重大举措，使高校思想政治理论课的课程设置与教材得以统一、教学内容趋于一致，地位得到了巩固与显著提高。

2008年7月8日至9日，经中央批准，中共中央宣传部、教育部在北京联合召开加强和改进高校思想政治理论课工作会议。李长春同志会见会议代表并作重要讲话，要求"要以党的十七大精神为指导，以教材建设和学科建设为基础，以教师队伍建设为重点，以教学方法创新为关键环节，以加强组织领导为保障，全面推进高校思想政治理论课建设，争取经过若干年的努力，把高校思想政治理论课建设成为大学生真心喜爱、终身受益的优秀课程。"同年9月23日，中宣部、教育部印发了《关于进一步加强高等学校思想政治理论课教师队伍建设的意见》（教社科〔2008〕5号），强调要建设一支政治坚定、业务精湛、师德高尚、结构合理的教师队伍，努力把高校思想政治理论课建设成为大学生真心喜爱、终身受益的优秀课程。

此外，中宣部、教育部、团中央等有关部门先后出台了近二十个配套文件和多个相关规定。近年来，高校思想政治理论课建设工作在统一思想上、在明确方向上、在制度建设上、在狠抓落实上下工夫，在改进中加强，在创新中发展，努力推动思想政治理论课进教材、进课堂、进头脑。

2.《高等学校思想政治理论课建设标准（暂行）》出台

为贯彻落实全国加强和改进大学生思想政治教育工作会议精神以及中共中央宣传部、教育部《关于进一步加强和改进高等学校思想政治理论课的意见》、《关于进一步加强高等学校思想政治理论课教师队伍建设的意见》等有关规定，进一步加强宏观指导，规范高校思想政治理论课的组织管理、教学管理、队伍管理和学科建设，教育部于2011年1月印发了《高等学校思想政治理论课建设标准（暂行）》（以下简称《标准》）。

《标准》从组织管理、教学管理、队伍管理、学科建设、特色项目5个一级指标，领导体制、工作机制、机构建设、专项经费、管理制度、课程设置、教材使用、课堂教学、实践教学、教学方法改革、教学成果、政治方向、教师选配、培养培训、职务评聘、经济待遇、表彰评优、学科点建设、科研工作、教学改革特色项目及其他共21个二级指标出发，按A*、A、B三类设置了38个建设指标（其中，A*为核心指标（4项），A为重点指标（7项），B为基本指标（23项）），就学校党委、行政领导，人事处、财务处、教务处、科研处、思政部等部门在思想政治理论课建设中所承担的责任与任务做了明确、具体的规定，使高校思想政治理论课建设主体明确、责任清晰，实现了课程建设的有章可循、有“法”可依，对切实推动思想政治理论课建设具有重大的现实意义。

在《标准》的推动下，各省、自治区、直辖市教育行政管理部门相继组织了本地区所有高校开展自查，按照有关指标逐项核对，对没有落实的项目要制定整改进度表，将自查结果报省级教育行政管理部门，到2011年4月底，各高校基本完成了自查工作。随后，2011年5月开始，各省、自治区、直辖市教育行政管理部门先后组织专家组对本地区高校进行检查。自2011年开始，教育部组织专家组成督查指导组进行抽查，分批对部分高校开展专项督查工作，以保证《标准》的执行。

中共安徽省委教育工委、省教育厅、财政厅于2011年在全国率先实施思想政治理论课建设工程，在思想政治教育学科专业建设、教师队伍建设、教学资源建设、教学方法改革和保障机制建设等方面都进行了专项投入、专项建设，决心用5年时间打造一批思想政治理论课优质教学资源；普遍提高教师的整体素质、教育教学能力水平和教学积极性；创新教育教学途径、方法，推进实践教学模式改革；推进思想政治理论课信息化建设，拓展教学空间和渠道；完善体制机制，改革思想政治理论课教学评价体系、教学质量监控体系和教学保障体系，使思想政治理论课教育教学整体水平明显提高。特别是，为着力推动高职高专院校思想政治理论课建设，安徽省高等学校思想政治理论课建设工程还专门设立了“手拉手”共建项目，由本科院校对口支援高职高专院校，充分发挥本科院校在师资、科研、教学资源等方面的优势，实现本科院校与高职高专院校协调发展。目前，全省高职高专院校思想政治理论课的发展环境良好、政策措施全面、课程规范具体、教材体系配套、课程建设更趋务实、培训体系更趋健全、会议机制更趋高效、网络平台更趋丰富、交流活动更趋活跃、研究体系更趋完善、先进典型更趋闪亮。全省高校思想政治理论课教师以房玫老师为榜样，坚守教学一线，以真诚传播马克思主义真理，用爱心塑造当代大学生心灵，产生了广泛的社会影响。

3. 各高职高专院校加大对思想政治理论课的建设力度

近年来，各高职高专院校认真贯彻“中央16号文件”，落实2005年中宣部、教育部《关于进一步加强和改进高等学校思想政治理论课的意见》等文件要求，全面加强课程建设和管理，不断改善课程发展环境，逐步深化教学领域改革，思想政治理论课建设取得良好进展。

各高职高专院校在领导体制、机构设置、师资队伍建设、教学办公条件、经费保障等方面纷纷加大对思想政治理论课的建设力度。一是各院校相继建立了独立的思想政治理论课教学科研二级机构；二是按要求配备了思想政治理论课专任教师；三是落实了思想政治理论课教学科研机构行政事业经费和专项经费；四是思想政治理论课学时、教学班安排等教学管理工作情况基本符合文件要求。经过几年来的努力，思想政治理论课教学状况明显改善的目标基本实现，各院校思想政治理论课教学状况发生了可喜变化，大学生们对思想政治理论课从“抵触”到喜欢，从被动变主动，对课程的满意度不断提高；思想政治理论课教师对职业和岗位的喜好度明显提高，课堂教学秩序和教学效果明显改善，思想政治理论课正在逐步成为大学生真心喜爱、终身受益、毕生难忘的课程。

各高职高专院校着力深化思想政治理论课教学方法改革，现已形成以模块教学法、案例教学法、模拟教学法、经典导读法、公开教学法、双语教学法、网络教学法、访谈交流法、移动课堂法、综合考评法为代表的特色鲜明的教学方法体系。在不断改进教学方法同时，各院校思想政治理论课教学科研部门积极运用多媒体等现代教学手段，推进实践教学，通过征集评选“精彩一课”、“精彩教案”、“精彩多媒体课件”，开通教育教学网站，增强思想政治理论课的吸引力、感染力，初步形成教师愿讲、学生爱听的可喜局面。

总体看来，近年来高职高专院校思想政治理论课建设工作按照中央和中宣部、教育部的规定严格要求，有序推进，在培养中国特色社会主义合格建设者和可靠接班人上做出了应有贡献。

二、学生学习思想政治理论课的态势良好

目前，高职高专院校大学生思想政治状况良好，呈现出积极、健康、向

上的主流发展态势。正如我们在第一章中所描述的，大多数高职高专学生拥护中国共产党的领导、拥护社会主义制度，对思想政治理论课有着正确的认识。绝大多数高职高专院校的大学生把“学习做人”放在上大学目的的第一位，比例达92.7%，只有6%的同学认为学习专业知识与技能是上大学的主要目的。他们欢迎思想政治理论课、希望通过思想政治理论课的学习帮助自己的成长。94.4%的同学认为有必要开设思想政治理论课，95.8%的同学认为思想政治理论课对自己有帮助，70.2%的同学表示对思想政治理论课感兴趣。

1. 从整体上看高职高专学生的政治意识比较强

大多数高职高专学生在重大的政治问题上认识端正，政治观点基本正确。调查表明，多数高职高专院校的学生对于当前的一些重大事件都给予了极大的关注。在涉及一些人生的重大政治问题时，能和主流的政治导向保持一致。

有83.9%的一年级学生“希望加入中国共产党”，有71.6%的二三年级学生也有同样的愿望。这说明中国共产党作为执政党在高职高专学生的心目中有着很重要的地位。他们的入党动机也是值得肯定的，“更好地为人民服务，为国家、社会多做贡献，更好地发展自己”成为近六成学生的首选。

在今后的思想政治理论课教学过程中，我们应当对这一问题继续加以重视，并通过学生能够接受的方式来加以引导，以帮助学生正确、全面地了解我们的党和我们的党所从事的事业。

2. 自主意识较强

高职高专院校的学生文化基础知识可能没有本科生扎实，但是他们普遍表现出思维活跃、个性鲜明的特征，自主意识较强。这也反映在他们对于思想政治理论课的看法和态度上，高职高专学生对思想政治理论课的认识既有共性，又存在很大差异。大部分学生认为开设思想政治理论课有必要，但从个人喜好来说，仍有一小部分学生明确表示对这门课不感兴趣，甚至是反感。但是绝大多数同学仍然首先希望思想政治理论课老师能把课讲得生动有趣，而已经结束课程的二三年级学生却只有一半不到的学生对课堂教学的印象是生动有趣，认为教学效果不太好的同学中超过半数的人觉得其原因主要是老师在讲课时理论脱离实际，讲空话，套话多，针对性不强。这也是我们思想政治理论课教师今后要努力的方向。但几乎所有的学生都认识到学会做人与学习专业知识和技能同等重要甚至更加重要，德才兼备才是自己的奋斗目标。

3. 进取意识较强

根据统计数据，我们看到高职高专学生大部分都有较强的进取意识，包括对思想政治理论课，一年级学生中有近95%的人认为在大学里开设思想政治理论课是十分有必要的。而经过一年的系统学习后，我们在对二三年级的学生进行调查时发现，学生们普遍认为开设思想政治理论课确实很有必要，而且95%以上的学生认为从开设的三门思想政治理论课（含“形势与政策”课）的学习中都获得了不同程度的帮助。这些帮助，根据同学们的列举，有以下几个方面：有助于他们树立起正确的世界观、人生观、价值观；有助于他们掌握认识问题、分析问题、解决问题的科学方法；有助于他们拓宽知识面、提升职业技能；有助于他们顺利通过本科自学考试、专升本考试或公务员考试等。

4. 创新意识较强

作为21世纪的高职大学生，处于知识爆炸的风口浪尖，他们推崇创新、追求创新和以创新为荣的观念和意识已经深入人心。他们思想活跃、不因循守旧、富于创造性和批判性，具有敢于标新立异、独树一帜的精神和追求。他们不再拘泥教材，敢于挑战权威理论，抱持质疑的态度来学习。

同时，当代的高职高专学生会把握各种创新机遇，提高自身的创新素质。随着创新号角在我国的吹响，各种创新设计大赛、创新课题研究等接踵而至。这些无疑是让自身创新能力得到提高的一个良好的平台，高职高专学生们积极参与到其中，使自己得到锻炼。

三、思想政治理论课发挥了大学生思想政治教育主渠道的作用

思想政治理论课是实现思想政治教育的主要载体。高校开设的思想政治理论课是大学生的必修课，是帮助大学生树立正确世界观、人生观、价值观的重要途径，在大学生思想政治教育方面起着其他课程不可替代的重要作用。高职高专院校思想政治理论课充分发挥自身独特的作用，用马列主义、毛泽东思想、邓小平理论、“三个代表”重要思想和科学发展观武装青年学生，在培养中国特色社会主义建设事业所需要的数以千万计“有理想、有道德、有文化、有纪律”的高端技能型专门人才方面做出了应有的贡献。

1. 有效帮助高职高专学生树立正确的世界观、人生观和价值观

大学思想政治理论课作为大学生思想政治教育的主渠道，是以课堂活动为主要形式，通过对大学生系统地进行思想品德教育，系统传授马克思主义科学理论，培养和提高大学生运用马克思主义的立场、观点、方法，分析和解决问题的能力，转变学生思想，帮助学生树立正确的世界观、人生观和价

值观。当前我国经济社会发展突飞猛进、社会生活丰富多彩，同时区域、城乡、阶层之间存在着一定的差异，对大学生造成了很大影响，不可避免地会导致少数大学生的世界观、人生观和价值观发生扭曲。高校思想政治理论课教育教学活动就是要帮忙学生们理解我国社会转型期中所出现的新情况、新问题，解决学生对社会问题、价值观、人生观的疑问等实际问题。

2. 有助于高职高专学生正确地认识社会

在新形势下，加强和改进思想政治理论课教育教学工作一项主要措施就是思想政治理论课教师要正确掌握高职高专学生的思想动态，从传统的教育方式中解脱出来。现在的大学生思想活动的独立性、选择性、多变性和差异性明显增强，价值观念呈现出日益多样化和复杂化的趋势。思想政治理论课教师有的放矢地与学生进行探讨，对其进行正确引导，可以让学生们更清醒地认识到，随着对外开放不断扩大、社会主义市场经济的深入发展，我国社会经济成分、组织形式、就业方式、利益关系和分配方式日益多样化，但人民的根本利益、整体利益、长远利益是一致的，只有坚定不移地走中国特色社会主义道路才能最终实现共同富裕和社会公平正义。

3. 有助于高职高专学生树立人生理想

在这个各种思想文化相互交织碰撞的时代，当代大学生不可避免地会在不同程度上存在着政治信仰迷茫、理想信念模糊、价值取向扭曲、社会责任感缺乏、艰苦奋斗精神不足、团结协作观念较差等现象。因此，思想政治理论课教学内容要针对当代大学生的思想实际和生活实际，以激发大学生的内在情感，使他们产生对社会主义和共产主义理想信念的认同，进而把马克思主义基本理论内化转变成为自身的精神信仰，帮助他们树立“在实现中华民族伟大复兴的中国梦的过程中”实现自身价值的人生理想。

第二节 当前高职高专院校思想政治理论课教育教学存在的问题

一、一些高职高专院校不重视思想政治理论课，缺少对思想政治理论课教师的激励

当前有相当一部分高职高专院校不重视思想政治理论课，严重影响了思想政治理论课的建设和教学效果。具体表现有以下几个方面：

首先，经济待遇方面，教育部要求各高校要把“思想政治理论课教师的岗位津贴和课时补助等纳入学校内部分配体系统筹考虑，思想政治理论课教师工作量、课酬计算标准与其他专业课教师一致，教师的实际平均收入不低于本校相关专业院系教师的平均水平。”[1] 但是有些学校，思想政治理论课教师工作量与专业课教师工作量不是采用统一的计算办法，如思想政治理论课一节课的工作量按专业课的0.7、0.85、0.9等比例进行折算；思想政治理论课一个教学班的学生人数几乎是专业课教学班学生人数的两倍。总之，表现在课时津贴上就是同工不同酬。

其次，经费保障方面，教育部要求“学校在保障思想政治理论课教学科研机构正常的各项经费的同时，……专科学校按在校学生总数每生每年不低于15元的标准提取专项经费用于教师学术交流、考察等，并随着学校经费的增长逐年增加。”[2] 但是有些学校不但生均15元的专项经费没有划拨，就是正常的教学、办公经费也得不到保障，教师根本没有机会外出参加学术交流、进修等。

再次，思想政治理论课的学时学分得不到保障，常常在“教改”的名义下被削减。一些学校一到调整教学计划时，便想着要压缩思想政治理论课的课时，有的学校甚至减到了规定学时的一半。

第四，思想政治理论课在教学过程中，往往要给专业课甚至各种考试、体育活动等让路。例如，学生到企业见习、实习、实训时，思想政治理论课就容易受到冲击。在有些学校，思想政治理论课一般被安排在下午或者晚上上课，教室的硬件教学条件有时也得不到保证，如多媒体教室优先满足专业课教学需要等。这样做容易误导教师和学生，认为思想政治理论课不重要。这种物质和精神上激励的缺失，没有充分调动教师教学的热情和学生学习兴趣，影响教学效果。

二、思想政治理论课教师专业素质参差不齐

虽然教师专业素质参差不齐的现象在普通高等院校也不同程度地存在，但在高职高专院校表现更加明显。

首先，绝大多数高职高专院校都是由中等职业学校升格而来，整体上思

[1] 教育部，高等学校思想政治理论课建设标准（暂行）的通知（教社科〔2011〕1号）[R]。

[2] 教育部，高等学校思想政治理论课建设标准（暂行）的通知（教社科〔2011〕1号）[R]。

想政治理论课教师专业化程度不高，素质有待提高。一是原中专学校的教师基本上都是本科学历，相当一部分甚至是专科学历，加上缺乏作为高校教师的继续教育、培训经历，很多人在学校升格后不适应教育教学的要求。二是有的教师不是科班出身，他们原本是中专时期专业课程的教师，在中专招生不景气时转行做了政治课教师。这些人在学校升格后对教育教学更是感到力不从心。三是即使没有学历、专业上的问题，中职的教学模式与高职有着质的差别，不经过再培训，其职业角色的转换势必要经历一个比较长的过程。

其次，不少高职高专院校思想政治理论课教学经费紧张，年轻教师进修机会少，影响教师专业素质的提高。而且，高职高专院校思想政治理论课教师配备普遍不足，导致教师教学工作量过高，不得不把主要精力放在完成教学工作量方面，基本上疲于应付，缺乏钻研教学和进行业务进修的时间和精力，难以进一步提高自身专业素质。

再次，当前我国社会发展处于转型期，出现了一些新的社会问题，大学生往往对这些问题比较感兴趣。这就要求教师必须有较强的专业知识，吃透教材，同时又要具备较强的实践能力，能够结合鲜活的形势和现实案例，灵活运用知识，帮助大学生释疑解惑。如果教师不具有扎实的专业知识，不能深刻领会教材精神，不能进行充分的课前准备，就吸引不了学生，也不会增强学生学习的兴趣，反而会使学生对该课产生误解，甚至反感。这些情况反过来又会影响教师教学的情绪，从而影响思想政治理论课的教学效果。

最后，不少教师知识陈旧，跟不上迅速发展的时代脉搏。他们不关注社会热点问题，尤其是缺乏社会实践的历练，课堂上只能用抽象的名词解释抽象的理论，僵化、空洞、干瘪、陈旧，不善于运用理论诠释现实社会问题或者结合现实社会问题来展开理论，使思想政治理论课变得索然无味，严重影响和制约思想政治理论课的实效性。更严重的是，受各种主客观因素的影响，极少数教师自身的理想信念就不坚定，不信仰马克思主义，对学校、对社会有着这样那样的不满。这样的教师虽然是极少数，但他们会严重损害思想政治理论课教育教学的肌体，控制不好会使教学出现相反的效果。

三、部分学生学习积极性不够高

高职学生思维活跃，务实进取，有很强的探索意识和参与精神，主流思想呈现出积极、健康、向上的良好发展态势。但由于高考录取制度的安排，高职高专院校生源素质与本科院校相比有较大差距，一方面文化基础知识没有本科生扎实，另一方面学习的积极性、主动性没有本科生高。面对社会日益加剧的竞争，高职高专学生的就业压力更大。他们认为，自己是面向生产一线的技能型人才，学好与就业直接相关的专业课、掌握一技之长是最重要的，思想政治理论课“无用”。这些因素大大淡化了高职高专学生的政治热情，一些学生甚至对思想政治理论课产生抵触情绪。另外，还有少数学生一定程度上受到拜金主义、享乐主义等不良影响，理想信念淡薄，缺乏人生目标。

高职高专院校思想政治理论课教学班受教师、教室等资源的限制，班级规模少则100多人，多则达200～300人。因为班级容量大，课堂纪律难以维持，课堂管理困难。听课的学生目的多样、表现多样：有的是为了应付考试；有的是害怕老师点名不得不来；有的在课堂上背英语单词、看小说、做专业课的作业；甚至有的学生在课堂上睡大觉、玩手机；有的学生觉得老师讲的内容似曾相识，满足不了自己的好奇心；有的学生觉得思想政治理论课学好学不好无所谓，60分“万岁”；有的学生觉得等考试的时候再学，先把专业课搞好要紧。总之，高职高专学生中不重视思想政治理论课学习的情绪比较普遍。

四、教育内容缺乏足够的吸引力

影响教学质量和效果的内容因素，主要表现为内容的重复和滞后。高校思想政治理论课教学内容的重复表现在两个方面。一是与学生在中学甚至小学阶段的政治课教学内容重复。现在高校思想政治理论课的教学内容很多是学生在中小学就已经学习过的。二是思想政治理论课各门课程之间在内容上存在着交叉和重复。教学内容的重复，使学生产生“审美疲劳”，觉得“这些都已经学过了，不必再学了”。

思想政治理论课教学内容还存在滞后的问题。这种滞后也表现在两个方面。一是教材的编写、出版周期较长，而社会实践发展快，客观上使得内容滞后于实践。二是在社会转型期，社会热点、难点问题集中凸显。其中有的问题，如两极分化、社会不公、腐败蔓延、勤劳守法不易致富等，或在实践上尚未找到解决之道，或在理论上尚无论证、阐述之法，显得难以驾驭，教师有意无意地采取回避的态度。

另外，现行教材是本专科通用教材，相对于高职高专学生来说，显得抽象、深奥、枯燥、可读性差，也影响了学生学习的积极性。

五、课程考核和评价体系不完善

绝大多数高职高专院校思想政治理论课以书面考试作为评价教学成效的主要形式，而且在实际操作的过程中，不少老师为了“帮助”学生顺利通过考试，在考前“划范围、定重点”，学生只需在考前背背老师划的重点就能轻松通过考试，甚至出现平时学习踏实的学生成绩一般，而投机取巧的学生考出高分的不应有现象。这种考核方式，既无法反映学生的实际学习效果，更不能体现学生思想道德素质的真实水平，有时还会出现品行有不良表现的学生分数比品行好的学生分数还要高这样的怪现象。这种现象势必会给学生很多误导，加剧了他们认为思想政治理论课“学不学无所谓，只要考前背一背”的错误思想。

六、社会环境存在负面影响

高校的思想政治理论课教育教学不是在真空中进行的，与普通本科院校比较起来，强调校企合作、多元办学的高职高专院校更容易受到社会环境中负面因素的影响。

1. 主流思想道德观念和意识形态受到多元价值观的冲击

在市场化改革的过程中，一方面原先的道德规范因旧体制的解体而失去支撑，另一方面新的道德规范因新体制尚不健全而不完善。其中，还包括因旧的、传统的、保守的价值观被破除，新的、现代的与改革开放和现代化建设实践相适应的价值观念体系尚未完整确立而留下的价值真空，造成人们思想活动的独立性、选择性、多变性和差异性，非道德主义泛滥、道德教育滞后、道德评价失常和疲软、社会道德控制机制软化，导致社会上出现了优良传统道德丢失和“道德失范”现象，相当一部分人对物质生活和个人需要过分看重，对精神生活和集体事业普遍冷淡，拜金主义、享乐主义、利己主义风行。层出不穷的食品药品安全问题、“小悦悦事件”等都是“道德滑坡”现象的凸显。

社会上多元思潮的冲击，导致少数人认为马克思主义只是思想流派之一，甚至有人否定马克思主义。在利用资本主义的某些积极因素发展社会主义的过程中，不可避免地使新阶段的社会主义经济中出现了某些资本主义因素。例如，所有制结构的调整，促进了我国生产力的发展和综合国力的提高。但同时，非公有制经济的存在和发展，也使私有观念乃至利己主义有了存在的社会经济基础。改革过程中利益调整的广泛性和不平衡性，使一部分人的价值观念产生了趋利倾向，个人主义、功利主义逐渐滋生，对集体主义、社会主义逐渐疏离，出现了一定范围内和一定程度上的“信仰危机”。

“道德失范”、“信仰危机”等现象的蔓延，进一步引发了社会信任危机。当前，政府诚信、企业诚信、社会组织诚信、个人诚信等社会诚信体系的四大诚信支柱均出现了程度不同的动摇。体制转型期出现的体制缝隙和漏洞，导致政府管理出现越位或缺位、乱作为或不作为，少数政府官员“寻租”腐败蔓延，司法不公等，使政府失信。大肆制假售假、偷税漏税、坑蒙拐骗，食品药品安全事故层出不穷，违法排污使环境污染日益严重等，说明企业失信严重。社会组织整体信用度低，一些社会组织“傍官员”、“傍大款”，损害百姓利益，财务混乱、账目不清、资金去向不明，使社会组织深受民众质疑。河南宋庆龄基金会“善款放贷”事件、郭美美事件等更是使宋庆龄基金会、中国红十字会等社会组织的诚信度大大降低。在政府、企业、社会组织纷纷失信的情况下，公民个人陷入了既渴望诚信，又担心因为诚信吃亏，最后被迫选择不诚信的悖论之中。

上述现象的存在，给大学生接受思想政治理论课教育带来了不容忽视的障碍。

2. 现代媒介环境

计算机、现代通讯和网络技术的迅猛发展，催生了博客、微博、即时通讯和聊天网站等现代传播媒介，并已成为越来越多的受众获取信息的重要渠道，对社会舆情的影响越来越广泛。在这种媒介环境下，学生天然享有信息平等权，使教师的信息权威受到严重挑战；信息的多样化，挑战教师及时解读信息的能力，在某种程度上，有些学生甚至比老师掌握的信息还要多、还要快；与思想政治理论课教学内容同质的信息，在网络上传播慢，且不被信任，而与其异质的信息传播快、广受信任。总之，学生对老师的讲授没有了“仰望星空”式的崇拜，反而多了怀疑，甚至是质疑，这使教师控制教育教学过程和教育教学对象更加困难。

3. 市场竞争环境

随着市场经济的发展，其优胜劣汰的竞争机制，一方面大大提高了经济活动的效率，另一方面市场经济中潜在的机会主义倾向加重了市场主体“不道德”的冲动，造成“经济人”对“道德人”的排斥，造成了市场参与主体的人格分裂。而且，近 20 年来我国的市场经济改革是新自由主义取向的改革，不但在教育、医疗等原本没有市场的公共服务领域建立市场，而且企图将市场的逻辑推广到一切范畴，并把市场逻辑推向一个极端，即将其混同为“人不为己，天诛地灭”、“人为财死，鸟为食亡”的厚黑原则，滋生出市场市侩主义。著名学者陈丹青说，西方的竞争是无情，中国式的竞争是卑鄙，是关于卑鄙的竞争。这样的市场竞争环境无疑会给思想政治理论课教学造成负面影响。社会认识中存在着对思想政治理论课的误区，如有人将思想政治理论课当作“洗脑”，有人认为思想政治理论课政治色彩太重，还有人认为在市场经济条件下，思想政治理论课不合时宜等。

第三节　提升高职高专院校思想政治理论课教学实效性的路径

一、政府主导

政府在思想政治理论课建设工程主体系统中居于主导地位，除了继续发挥其在制定教育方针、发布教育任务、设置课程科目、规定课程学时、加强监督管理等方面的作用外，还应在以下两方面支持思想政治理论课建设：一是政策支持。例如，建立高校思想政治理论课教师任职资格条件，实行思想政治理论课教师准入制度；改革思想政治理论课教师培养培训机制，建立思想政治理论课教师挂职锻炼制度；制定相关政策，鼓励社会力量共同参与高校思想政治理论课教育教学，构建全社会共同关心、参与高校思想政治理论课教学的新局面等。二是经费保障。在一些中西部地区高职高专院校和民办院校存在着办学经费紧张的实际困难，难以落实教育部《高等学校思想政治理论课建设标准（暂行）》关于专科学校生人均 15 元专项经费的规定。因此，我们建议中央和省两级财政按一定的人均标准拨付专项经费，直接划拨给高校思想政治理论课教学部门，用于思想政治理论课教育教学。

二、社会参与

思想政治教育不能仅靠校园内“单兵作战”，必须加强校内校外的通力合作，形成和谐有效的教育机制。各类社会组织，尤其是企业要积极支持、配合高职高专院校的思想政治理论课教学，营造全社会关心思想政治理论课教学的氛围，并充分利用自身资源，本着合作共建、双向受益、互惠互利的原则，为高职高专院校提供思想政治理论课实践教学基地，定期接纳学生进行社会调研与考察。同时，积极接纳思想政治理论课教师来本单位挂职锻炼，增强实践能力。

三、稳步提高教师业务水平

提高思想政治理论课教育教学质量和水平，关键在教师。创新思想政治理论课专任教师队伍的引进机制，拓宽来源渠道，鼓励有丰富实践经验和较高理论水平的党政部门、企事业单位管理人员充实到思想政治理论课教师队伍中来；改革思想政治理论课教师培养培训机制，在重视理论提升的同时，当前迫切需要通过社会实践、出国考察、挂职锻炼等途径，努力提高思想政治理论课教师的实践能力；充分利用学校和社会资源，做好优秀兼职教师的聘任工作；切实改善思想政治理论课教师的教学、科研和生活条件，调动他们工作的积极性和主动性，安心从事思想政治理论课的教学与研究。

此外，思想政治理论课教师应重视本课程、本学科的研究工作，将研究成果运用于教学。思想政治理论课教师参与科研，应当结合教材内容，研究思想、道德、政治教育及法治教育的相关问题；应当理论联系实际，注重解决实践问题；应当结合思想政治教育学科建设，研究相关问题。其中的部分研究成果，应当为教学服务。例如，对“90后”大学生思想特点的研究有助于有针对性地加强对大学生的思想政治教育；对我国法治现状的研究成果可以运用于思想政治理论课教学，以回答学生的疑问，端正其思想认识。目前高校思想政治理论课教师要做到与中学思想政治课教学内容有效衔接尚有困难，但也不应满足于依纲授课，应在调查研究中发现问题，主动探索解决。

四、从高职高专院校实际出发改革教学内容

中央马克思主义理论研究和建设工程重点教材在结构上具有逻辑性、层次性、系统性和整体性；在内容上具有科学性、思想性、综合性和实效性。但是，教材体系的成功构建并不意味着教材体系在教学过程中的成功实施。思想政治理论课教师一方面必须熟练掌握整个教材体系的结构与内容，突出重点难点，将教材体系作为课堂教学的主要依据；另一方面又必须依据高职高专学生的认知特点、教学情境、教学资源等因素，下大气力探索实践，努力将教材体系转化为教学体系。基于不同于本科院校的学生特点、人才培养目标和人才培养模式，高职高专院校在进行思想政治理论课教材体系向教学体系转化时，必须适应高职高专教育的培养目标和培养模式，避免脱离高职高专学生理论根底薄弱、形象思维相对较强而逻辑思维相对较弱的现实、沿袭旧的本科院校教学模式和完全脱离教材（另起炉灶或者根据个人的知识背景和喜好任意对教材进行取舍）这两种极端，发挥更大的创造性：在教学内

容上，制订符合高职高专院校人才培养目标的教学计划，有针对性地选取教学内容，进行模块化或专题化教学。

此外，积极整合和优化教学内容，实现高等教育与中小学教育的有机衔接。首先，中小学教师和高校教师都要按照课程内容的逻辑体系和学生的认知能力开展教学活动。中小学思想政治课教学要立足于中小学生现实的生活经验，防止超越中小学生的认知水平。高等教育阶段思想政治理论课在内容上要侧重于理论的学习与思考，注重理论与实践的结合，注重以科学的理论和知识帮助大学生提高思想道德素质、政治理论素质和法律素质。其次，为了减少内容上的重复，高等教育阶段、中小学教育阶段应有不同的教学重点内容。再次，教育内容要体现时代性，要有问题意识。在教学中，思想政治课教材是相对稳定的且滞后于现实的发展，现实社会生活是丰富的、发展的、生动的，教师要密切联系不断变化的生活现实，树立问题意识，将社会热点问题和与大学生学习生活贴近的社会现实问题充实到思想政治理论课教学内容当中。对于现实社会生活中的某些负面现象，则要以正确的立场、观点、方法加以解释和说明，使学生真正接受和认同，体现思想政治理论课的“实用性”。重视对问题的探究，通过对重大现实问题和理论问题的研讨、探究，使学生获得相关知识，实现理论与实践相结合。

五、完善教学方法

教学方法是使思想政治理论课成为大学生真心喜爱、终身受益、毕生难忘的优秀课程的重要因素，是思想政治理论课教师的一个永恒课题。当代大学生成长在互联网的环境，思维活跃、视野开阔，对新事物接受能力强。同时，他们受“快餐文化”的影响较深。所以，他们对沉闷、冗长的理论说教缺乏兴趣。思想政治理论课教学要积极运用多媒体教学、网络教学、案例教学、实践教学等教学手段和讨论式、对话式、辩论式、答问式、情景式、直观式等教学形式，用灵活多样的教学方法吸引学生，让学生感到学习思想政治理论课有无穷的乐趣。

而教学形式的创新将拓宽思想政治教育主渠道和主阵地。目前，思想政治理论课网络教学成为在课堂教学和实践教学之外，开辟出的一个网络化、信息化的全新教学空间，这是思想政治理论课教学的创新形式和最新组成部分。通过不断创新教学内容呈现方式、教学方式、学习方式和互动方式，在教学理念、教学组织形式（方法、环节、手段、途径等）、考核方式等方面进行整体改革和创新，目的是更好地完成思想政治理论课教学目标、丰富教学手段和提高教学效果。网络教学与课堂教学、实践教学共同构成思想政治理论课教学的有机整体，同时兼具辅助其他两个部分教学的功能，与课堂教学、实践教学之间既有分工，又有协作。这三部分教学优势互补，尤其是对课堂教学一些不足能给予较好的弥补，这些关系在教学任务、教学计划、教学方式、教学手段、考核方式等方面都能得以体现。

六、加强实践教学

马克思主义来源于实践，理论联系实际是马克思主义的根本原则，也是马克思主义学风。因此思想政治理论课教学必须重视实践教学。高职高专院校要从自身实际出发，以课内实践为基础、校园实践为主体、社会实践为补充，并与学生社团活动、党校团校教育、校园文化建设、志愿服务活动等紧密结合。特别是，高职高专院校要充分发挥校企合作办学的优势，把思想政治理论课实践教学融入专业实习，在学生赴企业实习前，思想政治理论课教师结合专业和实习企业的情况，设计好社会实践的主题、项目和基本要求，使学生在进行专业实习的同时进行思想政治理论课的实践教学活动。同时，改革思想政治理论课考核方式，将实践教学纳入考核体系。

从目前教学现状及面临的主要问题中，我们还深切地体会到：作为大学生思想政治教育主渠道的课堂规范教学和社会实践体验二者都不可偏废，课堂规范教学的理论深度、价值引领对于“90后”大学生无疑是有积极促进作用的。作为一种隐而不露的教育途径，社会实践在大学生良好的思想品德形成中有着不可替代的作用。适时组织大学生参加形式多样的社会实践活动，既有助于大学生认识世界、了解社会、体验人生，又能激发大学生的爱国情感与忧患意识，理性对待当下所面临的种种现实问题，从而促使其思想情操在不知不觉中得到升华、陶冶，意志品质、处世能力得到锻炼。多年来，作为思想政治理论课课外学习延伸的重要手段，形式多样的社会实践活动也相应得到了许多高校的积极组织，如军事训练、科技发明、勤工助学、志愿服务、公益活动、课题调研、社会考察、暑期社会调研、生产劳动、素质拓展夏令营等。而且，任何一种形式的社会实践，都能展示出社会与学校的不同之处，都能使学生得到与学校生活不同的经验与知识，正所谓“实践出真知，锻炼长才干”。从这个意义上看，实践不仅仅是理论的源泉，更是育人的智慧树，相信二者相辅相成最终有益于大学校园优良育人风气的打造、大学生思想情操和法律素养的提升、精英教育向大众教育转型中高职高专院校大学生群体的合理定位。

七、充分发挥学生的主体作用

与本科院校相比，高职高专院校思想政治理论课面临着任务重、课时紧、难度大等挑战。因此，教师在教学中充分发挥自身主导作用的同时，也要充分发挥学生的主体作用，用项目教学、实践教学、“教、学、做一体化”等手段，激发学生学习的积极性和主动性，充分调动学生参与到思想政治理论课教学中来；重视学生在思想道德方面的判断、选择、建构等主体性能力的培养，使思想政治需求内化为学生自身发展的需求，并自觉地对思想行为进行自我调控和自我矫正。

充分发挥学生的主体作用，也可以帮助解决思想政治理论课教学纵向衔接的问题，这既是尊重学生主体地位的需要，又是搞好教学内容衔接、实现教学目标的要求。教学中具体应注意以下两点：

第一，思想政治理论课教师要根据学生情况认真备课，备教材、备学生、备教法等。开课前特别要深入细致地了解学生对本门课程的现有学习状况。其实，教学内容的重复情况有很大区别，造成这种区别的原因是多方面的，包括地区性教学差异，文理分科的要求不同，学生的学习基础、学习态度、学习方法和学习习惯不同等。据此思想政治理论课教师应依据多数人的学习状况，确定教育教学内容和授课方式，同时要兼顾学生的个体差异性，对文理科及艺体类学生有针对性地设计教学内容、形式等。

第二，重视学生对思想政治理论课的学习评价。思想政治理论课的教学效果及纵向衔接的程度，不是以教师的自我感觉为准，而是以学生的实际接受程度、学生的认知和评价来衡量的。学生的学习评价有助于教师了解学生的学习程度和效果，发现教学中存在的问题，总结经验教训，为下一轮教学打好基础。对于思想政治理论课教师而言，上一轮教学的结束，标志着下一轮教学的开始。每一轮教学结束后，教师都有必要了解学生的学习情况，倾听学生的评价、意见、要求，这十分有利于今后的思想政治理论课教学。教师要以学生喜欢不喜欢、满意不满意、接受不接受作为评价思想政治理论课教学是否成功的重要尺度。以学生作为教学评价的主体，引导学生积极参与对理论的思考、分析，才能收到较好的教学效果。

第三章　高职高专院校思想政治理论课的教学原则与教学设计

第一节　高职高专院校思想政治理论课教育教学的主要原则

一、把握政治性原则

政治教育是形成一个人尤其是青年大学生正确的政治方向、政治观点、政治信仰和政治立场的重要渠道。思想政治理论课的教学内容决定了它既是政治理论课程，又是政治教育课程。思想政治理论课的作用就是通过教学对大学生进行系统的马克思主义政治理论教育，进行社会主义、爱国主义和拥护中国共产党的教育，进行党在社会主义初级阶段的基本路线和各种方针政策的教育；通过教学，还要帮助大学生树立全心全意为人民服务的思想和为建设中国特色社会主义事业奋斗的理想、志向。

胡锦涛在全国加强和改进大学生思想政治教育工作会议上对思想政治理论课的性质做了深刻揭示，他指出："培养什么人、如何培养人，是我国社会主义教育事业发展中必须解决好的根本问题。大学生是国家宝贵的人才资源，是民族的希望、祖国的未来。要使大学生成长为中国特色社会主义事业的合格建设者和可靠接班人，不仅要大力提高他们的科学文化素质，更要大力提高他们的思想政治素质。只有真正把这项工作做好了，才能确保党和人民的事业代代相传、长治久安。"[1] 长期以来，党和国家都把对大学生的思想政治教育看作是国家发展、民族复兴和中国特色社会主义建设事业长治久安的政治任务来抓。高校思想政治理论课作为对大学生进行思想政治教育的主渠

[1] 胡锦涛：切实加强和改进大学生思想政治教育工作［N］。人民日报，2005 年 1 月 19 日（1 版）。

道，其根本任务就是要围绕“培养什么人、如何培养人”这一我国教育事业的总要求，解决人才培养的方向问题，体现出鲜明的国家意志和应有的政治立场，体现出国家意识形态对大学生思想政治教育的整体导向要求。

近些年来，哲学社会科学随着我国改革开放事业的不断推进，取得了空前的繁荣与发展。但是，经济的繁荣、民主政治的不断发展在为哲学社会科学的发展提供了广泛机遇的同时，是否要坚持马克思主义意识形态的指导地位却不断受到质疑，马克思主义理论边缘化的倾向也越来越严重。尤其是当代大学生对主流意识形态的认可度令人担忧。对此，中国社科院前院长陈奎元曾批评道：“我国的哲学社会科学是否要以马克思主义为指导，这个原本清清楚楚的指导思想问题，现在在一部分人心目中似乎并不明确。在哲学社会科学的学术研究以及思想文化的其他领域，不赞同以马克思主义为指导、鼓吹指导思想多元化的有之；‘明修栈道，暗度陈仓’，抽象肯定、具体否定的有之；任意修改、随意曲解马克思主义的观点，把马克思主义搞得面目全非的亦有之。漠视甚或公然挑战马克思主义的指导地位，是当前意识形态领域中需要十分重视的倾向性问题，绝不是细枝末节。对此，我们应当有清醒的认识。[1]”思想政治理论课的指导思想不统一，思想政治教育的方向就不明确，培养什么人、如何培养人的问题就得不到很好的解答，培养中国特色社会主义事业接班人的历史任务就难以实现。因此，要培养社会主义事业的可靠接班人，就必须坚持思想政治理论课的政治性。

二、坚持科学性原则

思想政治理论课是一门课程，科学性是它的重要原则。因其具有浓厚的政治色彩，再加上长期以来我们主观认识的偏差，导致在强调课程鲜明的政治性的时候存在着偏差，即在凸显课程政治性的同时，却在一定程度上忽略了其学术性的特点，客观上导致人们误以为思想政治理论课就是执政党灌输其意识形态的工具与手段，不具有科学性的错误与偏见，形成了学生对思想政治理论课的先入为主的反感与偏见。

思想政治理论课是以马克思主义理论为指导形成和发展起来的一门学科，作为哲学社会科学中的一个分支，它具有一般社会科学学科的特点，即科学

[1] 陈奎元。繁荣发展中国特色的哲学社会科学。人民网，2004 年 4 月 20 日。（http：//www. people. com. cn/GB/jingji/2457033. html）

性的特点。所以思想政治理论课既是学科又是科学。只有科学的理论，才能征服人心。在思想政治理论课教学中，注重意识形态的灌输和宣传无疑是应该的也是必需的，但如果只告诉学生“是什么”，而不讲清或讲不清“为什么”，就必然会陷入空洞的、无的放矢的说教，教学效果无从谈起。事实上，大学生反感的往往并非是思想政治理论课本身的政治色彩，而是缺乏学术性的政治说教。一些学生对思想政治理论课不感兴趣的一个很重要的原因在于有些老师忽视了马克思主义理论本身的科学性、理论性，把它纯粹讲成了宣传课，一味地照本宣科、满堂灌。所以，高校思想政治理论课教学决不能停留在理论的表面，必须在坚持政治性的前提下，更好地弘扬科学性原则，以提高教学效果。高校思想政治理论课只有靠深邃的思想、严密的逻辑、深刻的说理、理性的思辨才能吸引学生，征服学生。政治性是思想政治理论课的灵魂，科学性是其载体，政治功能必须由学术理论来承载。没有科学的理论支撑，意识形态就成为无本之木、无源之水。

三、贯彻正面性原则

几十年来的教学实践证明，思想政治理论课教学必须坚定不移地坚持正面教育的原则。

思想政治理论课教育注重的是“教育”和“引导”。怎么教育？怎么引导？这就必须要坚持正面教育为主的原则。在现阶段，正面的事物、积极的因素、光明的东西始终居于主导地位。思想政治理论课教育的任务之一，就是要引导学生看主流，把大家的积极性调动起来。当前思想政治理论课教育中遇到的问题和要解决的问题，大都是思想认识上的问题。对这些问题，应当采取正面教育的方法，必须使学生真正认识到社会上在提倡什么、鼓励什么，哪些可以做、哪些不可以做，对学生进行正面的、积极的、正确的引导和鼓励。思想政治理论课教育要振奋人心，激发热情，决不能泼冷水、使倒劲。

当下的学生能够进行独立的评判，如果教师在教学中一味介绍正面材料，而罔顾反面案例，那就会脱离实际，降低可信度，削弱教育效果。所以在实际教学中，要坚持以正面引导为主，反面警示为辅，正反两面兼顾。

正面教育包括三个方面：一是教学中坚持结合实际正面引导，教学选材要有利于对学生产生正面教育效果。二是运用榜样的力量，以真情感染学生。三是教师要以身作则，为学生示范。

四、强调针对性原则

针对性原则，又叫理论联系实际原则，是思想政治理论课教学的根本原则和方法。思想政治理论课，体现着党和国家的时代精神，必须积极反映当前国内外形势发展中的热点问题，引导学生关心时事、关注社会现实，并把它与所学理论联系起来。只有这样，才能使学生的思想能够不断适应变化了的实际，达到“秀才”不出门，也知天下事的目的。

针对性原则要“求真”。“真”就是真实，就是实事求是。这是针对性原则的基石。当代的大学生信息来源广，掌握的信息量大，思想活跃，乐于接受新思想、新观念。他们的价值观趋向务实化、功利化和多元化，易受不良思想和行为的影响。因此，教师有责任用真实的事例，有针对性地进行教育，既坚持正面教育，也不回避矛盾和社会热点，通过摆事实、讲道理、实事求是地分析，从而得出正确的结论。

针对性原则要“求实”。“实”就是务实，注重实践，落到实处。理论来源于实践，并在实践中接受检验。对学生来说，他们对于某些观点、理论的信任度更偏重于自己的亲自实践体验或亲眼所见的事实。因此，在教学中，重视学生的生活实际，以他们的亲身实践活动或他们身边的事例为依据，进行有针对性的拓展，会使教育教学效果更佳。

针对性原则要“求活”。“活”就是灵活，这是针对性的关键。教师应根据不同内容、不同对象，灵活采用不同方法；坚持理论联系实际，既要联系社会实际，又要联系学生的思想实际和生活实际，还要符合学生的认知特点；教学手段和教学形式应多样化，避免单调枯燥；根据不同教学内容也要灵活运用不同的教学方式。

五、落实实效性原则

思想政治理论课教学的实效性，既是教学的出发点，也是教学的落脚点，即教师在课堂上按照课程的教学目标和内容要求，通过一定的教学方法和手段，对学生进行马克思主义科学理论的传播，实施正确的世界观、人生观和价值观教育而达到的实际效果。强化思想政治理论课实效性建设对高职学生的健康发展具有重要的现实意义。

在各种理论、思潮、主义、观念相互激荡的过程中，高校已然成为社会多元文化的集散地和西方“强势信息文化”冲击的前沿阵地，高校马克思主义理论教育面临着前所未有的巨大冲击和严峻考验。在这种背景下，高职院校思想政治理论课实效性和教学实效性呈现两方面特点。就学习实效性而言，作为学习主体的大学生在思想政治理论课学习过程中存在着极为明显的矛盾。一方面，他们高度关注社会敏感、热点、难点问题，有“求真知、释实疑、明方向”的强烈愿望；另一方面，由于功利主义价值取向（急功近利于专业课、迫于考试压力而应付、为就业需要考取各种技能证书等），他们又淡化、漠视甚至逃避思想政治理论课的学习，从而对思想政治理论课的学习实效性和教学实效性产生了极大的消极影响。

事实上，高职院校学生是否真正成才，首先要看他是否成人。正确对待高职院校学生思想政治素质和全面发展之间的关系，必须把思想政治教育放在首要的地位，把坚持正确的政治方向放在第一位。高职院校思想政治教育的重要出发点和落脚点就是要把马克思主义科学的世界观内化为学生的政治信念，转化为学生的内在意志和自觉行动。培养优良的思想政治素质与促进学生的全面发展不仅不相矛盾，而且是相互促进的。

其次，要正确把握高职院校学生思想特征、思维方式和思想政治理论课的契合点，把增强思想政治理论课实效性落到实处。开设思想政治理论课的最根本目的就是为了帮助学生树立正确的世界观、人生观和价值观，使其成人成才。要使思想政治理论课成为学生真心喜爱、终身受益、毕生难忘的优秀课程，就必须把握他们的思想特征和思维方式，结合现实，贴近生活，使学习思想政治理论课变成学生内在的强烈需求，把学习过程转化为自觉、自主的行动，努力提高思想政治理论课的针对性、实效性和吸引力、感染力。

六、其他原则

除以上五项原则外，思想政治理论课教学原则还应遵循以下几项原则：

（1）求实原则。求是原则体现了马克思主义的精髓，是指思想政治理论课教学要始终坚持一切从实际出发，实事求是。坚持从社会生活和学生的思想实际出发进行教育教学，避免主观性和盲目性，使教育落到实处，取得较好的效果。反之，就会导致教学“空对空”或“自说自话”。

（2）主体原则。在思想政治理论课教学中，学生即是教育的客体，从某种意义上说，又是教育的主体。任何教育只有经过受教育者的内化才能发生作用，只有调动受教育者的积极性使其主动接受教育影响，教育才能产生较好的效果。这就要求在思想政治理论课教育教学中坚持民主原则，尊重和维护学生的主体地位，营造一种民主的环境和氛围，只有这样，才有可能发挥学生的积极性、主动性和创造性，教育教学才能确有实效。

（3）层次原则。是指教师应从实际出发，承认差异，根据学生不同的思想情况，区别对待，因材施教，分层次进行教育，是克服过去存在的“一刀切”、“一锅煮”等弊端的要求。区分层次要求教师要深入实际，注重调查研究，准确了解学生的思想特点；要整体规划，统筹安排，对不同层次的学生确定不同的目标要求和内容。

（4）激励原则。激励，从狭义上来说，是指激发和鼓励；从广义上来说，则是指运用各种有效手段激发人们的动机、热情，调动人们的主动性、积极性、创造性和潜能，使其朝着社会所期望的方向前进。在教学中，教师必须对学生施加正强化或负强化的信息反馈，以引起其心理和思想感情的变化，使其产生教育所期望的行为反应，从而实现教育目标的行为准则。坚持激励原则，必须建立合理的激励机制，且各种激励手段的运用应与教育教学的目标一致。

（5）示范原则。是指教师的“以身示范”，即教师在教学实践过程和日常生活中，应该用自己的模范行为去影响和感染学生，以促进其思想道德水平的不断提高。思想政治理论课教学要让学生“真懂”、“真信”、“真用”，一是靠真理的力量，二是靠人格的力量。也就是说，教师要以身作则，为人师表，言行一致，以自己的行为影响学生，以实现教育教学目的。正所谓“喊破嗓子，不如做出样子”。

第二节　高职高专院校思想政治理论课教学设计的基本规则

一、注重思想性

思想政治理论课的作用是向学生进行马列主义及其中国化理论成果为主的指导思想的灌输、社会主义共产主义理想信念的教育、民族精神人文精神的塑造等道德体系的确立，是向学生宣传党和国家的路线方针政策，以帮助学生认清形势和任务，积极为党和国家的事业发奋图强，毕业后能够成为合格的党和国家建设事业的建设者和接班人，带有很强的理论性和思想性。我国现行教育方针客观上要求，在思想政治理论课教育教学中要把知识性与思想性有机结合起来，既要向学生传授知识，又要渗透思想政治教育。

从理论系统分析，思想政治理论课具有知识性特征，这是作为学科存在的必要条件和一般性前提，回答的是“是什么”的问题；从价值系统分析，思想政治理论课具有思想性特征，这是其自身的本质属性和价值取向，回答的是“为谁服务”的问题。作为一门学科，思想政治理论课程是知识性与思想性的统一，没有思想性的思想政治教育学科是盲目的，没有知识性的思想政治教育学科是空洞的。思想政治教育必须以知识性为基础，以思想性为指导，达到思想性与知识性的统一，才能担当起思想政治教育学科的崇高使命。

二、把握整体性

思想政治理论课作为一门学科，是一个有着严密科学体系的逻辑整体，在阐述它的基本理论、基本原理、基本观点时，必须力求精准，把马克思主义理论的整体性、马克思主义理论学科的整体性与思想政治理论课教学的整体性结合起来，把学科建设、课程建设与教学体系建设有机衔接起来，实现学科发展、课程建设与教学实践的三赢。

具体说来，就是要按照马克思主义理论学科内在的逻辑体系加强思想政治理论课建设，根据马克思主义理论学科发展的规律进行思想政治理论课教学，把握思想政治课教学的规律性和艺术性，以教学研究来提升教师的教学水平；就是要按照马克思主义与时俱进的理论品质，运用马克思主义发展的最新理论成果，根据时代的发展要求和社会改革实践面临的新课题，理论联系实际，研究新情况、解决新问题，以新的思想、观点去继承和发展马克思主义；就是要坚持对大学生进行中国特色社会主义理论体系教育，即对大学生进行当代中国的马克思主义教育和思想政治教育这一主题，尽力对马克思主义中国化理论成果进行准确的分析和阐述，努力突出成果之间的一脉相承和与时俱进，帮助学生从整体上把握相关原理、观点。

三、以学生为本

一段时期以来，在我国高等教育的发展过程中，思想政治教育总体上显出“空”和“虚”的特点，发展缺乏动力。就其实质，主要是由于在思想政治理论课教学中忽略了人的因素。科学发展观的核心是以人为本，思想政治理论课要贯彻科学发展观就必须把“以人为本”作为基本的价值取向，其实质就是“以学生为本”，真正实现“一切为了学生，为了一切学生，为了学生一切”。

首先，以人为本是思想政治理论课教育教学的出发点和最终归宿。在高校的思想政治教育中，主要的对象就是大学生。大学生的全面发展，需要智育、体育、美育，但首要的无疑是德育。因为思想政治素质的提升对其他素质的发展具有导向性和决定性作用。长期以来，对教育对象而言，思想政治教育高高在上，在某种程度上与教育对象是相互对立的。这就严重抹杀了学生的主体性地位，使其自身的发展处于附属性的地位。这样思想政治教育与教育对象之间不可能产生一种和谐的相互促进的关系，从而致使思想政治教育长期疲软、发展乏力。因而，思想政治教育应该关爱学生，注重学生的各种实际利益需求，把学生的实际需要与思想政治教育结合起来，使学生处于思想政治教育的主体地位，充分从其全面发展的角度出发，来改革和实践思想政治教育，从而以此来更好地服务于学生，实现学生的全面而自由的发展。

其次，以人为本是衡量思想政治理论课教学得失成败的关键。切实加强和改进大学生的思想政治教育关系着我国社会主义现代化事业的兴衰成败。过去，我们往往把思想政治教育理解为要“管住”学生，强调思想统一，而忽视大学生们的主体价值和个性的培养。这样一种教育理念严重限制了思想政治教育的开展范围和工作效果，甚至违背了思想政治教育的根本目的。然而思想政治教育的对象都是独特的、有个性、有感情的个体。在思想政治素质的培养中，外在的因素只是起到引导、启发作用。因此在人的健康人格和个性的培养和塑造方面，对每一个教育对象我们都应该给予宽容、尊重和理解，最大限度地体现“以人为本”的教育理念，才能激发学生的主动性，使思想政治教育获得学生的积极参与，体现出实效性。与此同时，从马克思主义的观点来看，人既作为相对独立的个体存在，又存在于特定的群体之中。因而，坚持“以人为本”必须兼顾人的个体价值和群体价值，当个体和群体的利益发生矛盾时，个体应当服从群体。只有如此，思想政治教育才能在注重学生个体发展时，获得整体的发展。也只有如此，思想政治教育才能永葆青春和活力。

最后，以人为本是思想政治理论课改革与实践的强大动力。通常来说，学生对一些说教和形式主义的做法持厌恶的态度，对长期游离于学生的生活实际和思想实际的教学内容较为反感。在对思想政治理论课的看法上，现在大学生们往往希望通过教育教学学会以科学的政治分析方法，去思考和判断不断出现的政治现象和社会问题，从而理解和掌握政治、经济、法律等方面的知识，在此基础上规范自己的行为，塑造高尚的人格。而我们的思想政治理论课实际上还存在某些弊端，例如有些教学内容相对滞后；课堂教学缺乏活力和吸引力；教育评价体系单一等。从整体上看，这些不足之处压制了一些学生学习政治理论的热情，使思想政治理论课相对别的课程缺乏亲和力。此外，从高等教育自身的发展来看，计划经济时代，学校和学生之间是教育与被教育的关系。随着高等教育改革的深入发展，学生缴费上学，分担了教育费用，从此学生变成了自身教育的投资者，学校和学生在一定程度上形成了经济学意义上的服务与被服务的关系。在这样的情形下，可以设想，如若不以学生的实际需要为出发点，高校思想政治教育的功能将不能够较好地体现出来，我们的国家和社会将失去人才上的保障。因此，以人为本，以学生的实际需要为本无疑是推动思想政治理论课改革发展的强劲动力。

四、以能力培养为重

思想政治理论课作为大学生思想政治教育的主渠道，在培养高端技能型专门人才的过程中具有特殊重要的地位与作用。在以技能培养为主的职业院校，思想政治理论课课程有着潜在的真实需求：第一，培养有理想、敢负责、能担当的现代高端技能人才，需要学生了解国内外大局，树立扎实的人生理想；第二，思想政治理论课的功能在于价值观和方法论的培养，而技能型人才如果同时具备了良好的思想素质和思维方式，走向社会后的适应能力和发展空间将更强更大；第三，企业对学生认真负责、坚韧不拔、遵章守纪以及对企业忠诚度等综合素质的要求越来越高，思想政治理论课教育教学如果得法，可以弥补单纯技能教育带来的学生人文精神和自我约束能力的缺失。

第三节 高职高专院校思想政治理论课教学设计的主要内容

一、确立教学目标

教学目标是教学活动的出发点和归宿，制约着教学过程及其发展方向。在思想政治理论课教学的具体设计中，首先应该关注的是课程的教学目标。教学目标确立后，其他教学活动就能围绕教学目标开展，因此教学目标的确立是教学设计的首要前提。

第一，明确教学目标的客观要求。思想政治理论课的教学目标是培养和提高学生的思想政治觉悟，使之成为社会主义事业的合格建设者和可靠接班人。因此，教师在确定教学目标时，一定要把坚定正确的政治方向放在首位，教育学生分清是非，奋发向上。归结起来，就是要培养大学生的社会主义核心价值观。

第二，坚持教学目标的知识、能力、觉悟三要素。思想政治理论课的教学目标必须包括知识、能力、觉悟三个方面，缺一不可。知识是基础，是能力的必要条件，是智力的一个标准。任何人的成长、发展都取决于他在某个领域内知识的多寡，所以知识是最基本的教学目标。能力是重点，因为能力是人们认识和改造世界的能动性和创造力，它是重要的教学目标。教师在确定教学目标时，要注重提高学生的能力，教会学生分析问题、解决问题的方法，培养和提高学生的认识能力、逻辑思维能力、创造力等。觉悟是关键，要让学生树立正确的人生观和价值观，并以之指导自己的行动。所以，确定教学目标，必须把知识（包括能力）教育和思想教育结合起来，做到既教书又育人。

第三，区分教学目标的识记、理解、运用、指导四个层次。识记是对所学知识的复述、解释；理解是抓住事物的本质，对所学知识能达到是什么、为什么、怎么样的程度；运用是学会综合地应用所学知识去分析和认识问题；指导是用所学知识去指导认识和改造世界。这四个层次中，前两个层次是知识目标，第三个层次是能力目标，第四个层次是觉悟目标。在确定教学目标的同时，我们要运用科学的教学方法去教育和培养学生，使学生树立正确的世界观、人生观和价值观。

二、分析教学对象

“因材施教”是我国教育思想的精华，它的核心思想是指教师要根据学生个性差异采取不同的教法，因人而异。由于人才培养目标和模式的统一化及大班级授课等原因，给高职高专院校思想政治理论课实施因材施教增加了难度。只有认真分析教学对象，才能提高教学的实效性。

1. 学生发展的个性差异性

学生发展的个性差异，包括了学生生理发展和心理发展两个方面的差异。尤其是在心理发展方面的差异性更大，并具体表现在学生的认知方式、认知能力、才能、性格、气质等方面的差异上。就认知方式与认知能力方面而言，认知方式上的差异决定了认知能力的差异，并具体表现为学生观察力、注意力、记忆力、想象力与思维能力的不同。由于学生的身心发展具有个性差异，在教育教学过程中，就必须处理好教育与人的发展的不均衡性，要注意适应人的发展的稳定性与可变性，要体现人的发展的个别差异性，并在遵循适合性（适宜性）发展原则的基础上，有所侧重地发展学生的能力。

2. 高职高专院校生源特点

在生源上，目前高职高专院校的学生主要来自三个方面：一是普通高考招收的最后一批录取的高考生，这部分高职学生多为高考升学考试中的本科落榜生或家里经济困难的学生，他们不管由于什么原因来高职高专院校上学，其大部分人都会存在自尊心强、自卑感重的特点；二是五年一贯制初中毕业生，这部分高职学生因为是初中毕业，因此普遍具有文化素质相对较低，自控能力相对较差，自身修养相对不高等特点；三是来自职业中学、技工学校、中等职业学校的对口毕业生。这部分高职学生因为是中职毕业，也许专业技能方面要比其他高职学生稍强，但是思想政治素质普遍不高。

从年龄上看，目前高职高专院校的在校生大多出生于 1989 年到 1995 年之间，多数学生属于 90 后的孩子。他们的成长背景、生活环境与上一代明显不同，加上 20 世纪 70 年代以来国家大力推进计划生育政策，使现阶段的在校大学生大多都是独生子女，家长的过分溺爱，使其存在依赖性强、独立性差，自律性不强、自理能力较差等特点。同时，网络的盛行，使他们可以很快地获得国内外的前沿信息以及一些多元化思想。因此，他们的人生态度、道德观念等都具有鲜明的时代特征。

3. 已有知识储备的差异性

由于普通高中与职业高中等在课程的设置、培养目标等方面存在差异性，两类学生在知识准备方面也存在一定的差异性。一般而言，普高生在理论性较强课程的认知能力和专业课程理论部分的理解、分析能力较强，职高生则在实践操作和动手方面表现出较强的能力等等。另外，同样是普高生，艺体类及理科学生比文科学生的思政理论基础相对来说要差一些，这些差异性直接影响到教师的后续教学，并对统一标准进行教学的行为提出了挑战。因而，在教学过程中，教师要了解学生已有的思想政治理论知识准备的差异性，才能提高教育教学的针对性和实效性。

三、厘定教学内容

《中共中央宣传部教育部关于进一步加强和改进高等学校思想政治理论课的意见》及其实施方案指出，课程方案实施“要尊重教学规律，充分考虑本科、专科教学的特点和内容要求”，然而高职高专院校思想政治理论课新方案的实施中却出现了课程设置和教学内容与高职学生的特点和要求不相符的问题。

目前，高职高专院校开设“思想道德修养与法律基础”和“毛泽东思想和中国特色社会理论体系概论”两门课程。“思想道德修养与法律基础”主要教育高职学生运用马克思主义的基本立场、观点和方法树立正确的人生观和价值观，“毛泽东思想和中国特色社会理论体系概论”则主要对高职学生进行中国特色社会主义理论体系进行教育，帮助高职学生明确中国特色社会主义理论体系对于指导中国特色社会主义事业建设实践的重要性。现在绝大多数高职院校都在使用全国统编的教材，教师上课也基本上按照教材的体系进行教学，这虽然保证了教学内容的权威性和统一性，但还是缺乏与专业的联系，可以说在课程内容体系上尚未建立具有高职教育特色的思想政治理论课教学体系，忽视了研究和尊重高职学生现实的知识基础和学习特点及接受能力。

要培养出市场真正需要的技能型、应用型人才，高职的办学方向必须以“就业为导向”并倡导推行订单式人才培养模式。实现这一培养目标及培养模式转变的关键是对市场做出快速反应，并在短期内培养出社会急需的人才。现在一般高职高专院校采用的是“2.5＋0.5”模式，即有半年时间到工厂顶岗实习，甚至有些院校和专业采用的是“2＋1”的模式，即有一年时间在工厂顶岗实习。顺应这种改革的需要，同专业基础课、专业课一样，作为公共基础课的思想政治理论课必须适时做出调整。

高职思想政治理论课教学内容“多”、“少”为宜呢？如何具体把握？关键就是坚持什么方法改革。首先，要坚持实事求是方法。改革思想政治理论课教学内容要尊重客观实际情况，以对学生有用为准。根据学生学习时间有限和学生兴趣特点，对思想政治理论课内容该简化的一定要简化，要“忍痛割爱”，必须突出“精简”与“管用”的标准。思想政治理论课内容改革有三个方面必须考虑：一是考虑学生基础差，理论不能太深；二是考虑学生重专业学习，缺乏理论思维习惯，理论不能太多；三是考虑学生实用主义思想严重，因此理论应贴近学生、贴近生活、贴近实际，理论不能离学生太遥远。对学生讲些什么东西，哪些详讲，哪些略讲，哪些内容放在一块讲，以一个什么样的逻辑和思路进行讲解，这些都是思想政治理论课教学设计必须解决的。其次，要坚持综合方法。所谓综合方法就是对思想政治理论课教学内容要求从宏观上把握，不要求具体化、细化。思想政治理论课教学内容本身涉及面广，因此要求面面俱到根本无法做到，改革思想政治理论课教学内容是把对学生有用的内容集中，按专题进行阐述，要求学生从世界观和方法论上进行把握。最后，要坚持突出案例和实践的方法。在尽量精简理论的同时，应多附上事例，通过国内外或者学生中发生的故事来阐述和回答问题，从中凸现出观点，这样比纯理论阐述效果要好，因为学生通过事例就明白了道理，同时，多附上学生参加的实践活动，在内容上阐明学生参加什么样的实践活动可以获得什么的认识，可以提高什么样的思想和道德水平，学生通过看电影、电视、参观、考察、辩论、演讲、听报告等悟到某一个道理，从而达到学会做人，学会做事。

四、制订教学策略

教学策略是实施教学过程的教学思想、方法模式、技术手段这三方面动因的集成，是教学思维对其三方面动因进行思维策略加工而形成的方法模式。教学策略是为实现某一教学目标而制订的、付诸教学实施过程的整体方案，它包括合理组织教学过程，选择具体的教学方法和材料，制订教师与学生所遵守的教学行为程序。

思想政治理论课教学策略的制订，最重要的是把握以下四点：

1. 教师的主观注入与学生的自觉认知相结合

在教学中，要改变传统的单向注入式教学，实行启发式和讨论式相结合的双向互动教学，充分发挥学生的主体作用和教师的主导作用。可以在每次课堂授课的前几分钟安排几名学生进行演讲，题材可以是新闻播报、德育故事讲演、自我介绍、职业畅想以及围绕本专业、职业所进行的介绍和感想。课堂教学中，热点、难点、焦点问题可让学生在课堂上展开讨论、辩论，教师适时点拨启发，让学生在论辩中解决问题，释放自我、发现自我、认识自我、肯定自我，提高学习兴趣，培养团结协作精神，建立和谐的人际关系，培养探究求索的科学精神，锻炼语言表达能力，增强人生的信心和勇气，增强思想政治理论课的信服力，增强教学的针对性和实效性。

2. 课内实践教学与课外实践教学相结合

在教学中要注重实践教学，大体可采用课内实践教学、校内实践教学和校外实践教学三种形式。

课内实践教学就是结合教学实际在课内直接安排学生开展讨论、辩论、小品和演讲等活动，让学生学以致用，运用所学理论分析解决实际问题。校内实践教学主要是以军事训练、入学教育、专题报告、经验交流、勤工助学、校园调研、社团活动、主题读书等方式进行的有效利用校内实践资源的实践教学方式。校外实践教学就是指导和安排大学生“走出去”，开展校外社会实践活动。通常以社会调查、“三下乡”、志愿者服务、生产劳动、参观访问等方式进行，需要建立相应的社会实践教学基地。

坚持政治理论教育与社会实践相结合，既重视课堂教育，又注重引导大学生深入社会、了解社会、服务社会，激发学生的学习兴趣和参与热情，给课堂教学注入前所未有的生机和活力，学生在实践中接受教育，对于促进其了解社会、了解国情、增长才干、奉献社会、锻炼毅力、培养品格、增强社会责任感具有不可替代的作用。

3. 传统教学方式与现代化教学手段相结合

在思想政治理论课教学中，传统的课堂教学方式不能取缔，但是必须把现代化的教学手段与之结合起来，这样才能收到好的教学效果。任课教师根据教学实际，自制课件，广泛采用多媒体课件教学，充分利用现代化教学手段，用以激发学习兴趣，提高教学效果。多媒体课件教学，使枯燥的政治课变得鲜活起来，激发了学生的学习兴趣，优化了课堂教学。

五、设计教学评价

教学评价是依据教学目标对教学过程及结果进行价值判断并为教学决策服务的活动。教学评价是研究教师的教和学生的学的价值的过程。教学评价一般包括对教学过程中教师、学生、教学内容、教学方法手段、教学环境、教学管理诸因素的评价，但主要是对学生学习效果的评价和教师教学工作的评价。

在思想政治理论课教学效果评价方面，有特色的研究并不多，特别是有针对性、具可操作性的评价工具极少。普遍认为，教学效果是衡量思想政治理论课教学质量的关键，但效果评价难于确定且不易实施。与通过测试学生表达、动手、创造等能力来评价专业课程的教学效果不同，思想政治理论课教学效果的检测要抽象得多、复杂得多。

思想政治理论课教学的主要功能是提高学生的思想道德素质和政治素质，重在教育、引导学生如何做人，而不是单纯传授知识。只有学生主动参与思想交流，在思想的碰撞中自然而然地接受引导，自觉而主动地选择马克思主义理论，选择爱国主义、集体主义和社会主义时，教学才能真正收到实效。

学生学习效果的评价，当前多数院校采取的仍是“期末考卷定全局”、“60分即可过关”的终结性评价模式。考试当然是一种可取的、行之有效的评价方式，但问题的关键在于考察的内容是否既能体现学生对基本理论的理解和掌握，同时又能体现对学生思想觉悟、能力素养、品质行为的考核和评定。基本理论通过各种题型能够反映出来，而对思想、能力、品行的考核单纯依靠试题很难体现，这就需要过程性评价的实施，即将考核内容拓展到对平时课业表现、案例研讨发言或心得、社会调查报告乃至学生日常品行表现等的评定，激励学生个体自主作用的发挥。

对教师教学工作的评价，应创新一整套全面、客观的考量思想政治理论课教师教学能力和水平的评价体系，指标要涵盖教学内容、授课形式、课堂气氛、教学效果等多个方面，方式要采取教学管理部门督查、学生效果评价、教师自我认定等多种途径，要既尊重教师自身风格的展现，又把以学生为根本作为评价的终极原则，使考量的结果更具客观性、参考性和信服力。要把对教师教学绩效的考核结果与年度考核、届满考核、职称评定等相挂钩，以此激发教师的工作热情。

第四章　高职高专院校思想道德修养与法律基础课教学内容研究

自“05方案”新课程体系实施以来，教师们都在努力完成课程基本教学任务的同时，还在教学方式方法及课程网站建设上展开了一系列积极探索与革新，为提升教学效果做出了巨大努力，同时也取得了许多成绩。这些努力获得了学生的总体认可和好评，使学生在一定程度上提高了教材阅读、时政关注、语言表达、是非判断、团结协作以及可持续学习等能力，活跃了思维，增强了问题意识、心理素质和竞争观念。

然而，我们深知，名目众多的教学改革不可避免地存在这样那样的问题，难以满足新时期大学课堂丰富多彩的学习要求，尤其是作为高职高专院校与本科院校使用同一版本的教材客观上增加了从教材体系向教学体系转化的难度。我们认为在以改革创新为时代特征的今天，思想政治理论课同样应该在课程定位、教学目标、教学方法及实践教学等方面进行整体思考，进行具体的调整，按照高职院校的人才培养目标、培养模式和生源特点确定教学内容，以适应高职高专院校广大学生的具体学习状况，增强教学实效性。

高职高专院校思想政治理论课教学体系改革首先应该是教材内容研究与重整，也就是在教材内容的知识结构、逻辑结构、教学指导思想的适用、教学方法的选用，结合教材内容的众多因素及教学对象来进行重整，形成教材内容模块的科学体系。就思想道德修养与法律基础（以下简称“基础”）课来讲，我们在教学体系建设研究与实践的基础上，从教材内容、教学重点难点、教学方法以及如何开展实践活动进行研究与探讨，以达到科学分析教材内容的目的，使教学实效性得以充分发挥。

此外，在对“基础”课的教学内容进行积极整合和优化的过程中，还应该考虑教学对象的针对性和与中学政治课教材的有效衔接的问题。首先，中学教师和高校教师都要按照课程内容的逻辑体系和学生的认知能力开展教学活动。中学思想政治课教学要立足于中学生现实的生活经验，防止超越中学生的认知水平。大学阶段“基础”课在内容上要侧重于理论的学习与思考，注重理论与实践的结合，注重以科学的理论知识帮助大学生提高思想道德素质和法律素质。其次，教育内容要体现时代性，要有问题意识。在教学中，思想政治理论课教材是相对稳定的且滞后于现实的发展，现实社会生活是丰富的、发展的、生动的，教师要密切联系不断变化的生活现实，树立问题意识，将社会热点问题和与大学生学习生活贴近的社会现实问题充实到“基础”课教学内容当中。对于现实社会生活中的某些负面现象，则要以正确的理论加以解释和说明，使学生真正接受和认同，体现“基础”课的“实用性”，重视对问题的探究，通过对重大现实问题和理论问题的研究、探讨，使学生获得相关知识，实现理论与实践相结合。

第一节　高职高专院校思想道德修养与法律基础课基本概述

一、课程性质与地位

“基础”课是高职高专院校思想政治理论课的公共必修课程，是对大学生进行思想道德素质和法律素质教育的主渠道，也是高职高专院校学生职业素养养成的重要课程。本课程为适应大学生成长成才需要，坚持以社会主义核心价值体系为指导，综合运用相关学科知识，帮助大学生树立正确的人生观、价值观、道德观和法制观，培养良好的思想道德素质和法律素质，自觉践行社会主义荣辱观，进一步增强自我修养的能力，成为社会主义事业的合格建设者和可靠接班人。

二、课程的目标与任务

本课程的目标是综合运用马克思主义基本理论和多学科知识，为培养德智体美等全面发展的高端技能型人才，使学生在思想道德素质和法律素质方面打下坚实的基础。本课程基本任务是从社会对高端技能型专门人才综合素质要求出发，进行社会主义思想道德教育和法制教育，帮助学生提高思想道德素质，增强社会主义法治理念，解决学生成长成才过程中遇到的实际问题。围绕高职高专院校特定的人才培养目标，其具体任务应包括：

（1）按照高职高专学生思想道德形成和身心发展的客观规律，向学生系统讲授思想道德修养的意义、内容、方法和基本理论；

（2）从当代高职高专学生的实际思想道德状况出发，回答高职高专学生在人生、事业、理想、爱情等方面普遍关心和迫切要求解决的有关德行修养问题；

（3）对高职高专学生进行社会主义法治理念教育，以提高高职高专学生对法的信仰、人格平等、自治自律精神的培养和法治社会公民的基本法律素养；

（4）帮助高职高专学生树立起正确的道德评价标准，自觉实践社会主义道德，加强自身修养，强化职业认同，树立马克思主义的世界观、人生观、价值观，最终成为德、智、体、美全面发展的高层次的实践型、技能型、应用型人才。

总之，就是从当代高职高专学生面临和关心的实际问题出发，以正确的人生观、价值观、道德观、法制观和国家观教育为主线，通过理论学习和实践体验，帮助高职高专学生形成优良的学习方法和学习风气、合理的人生价值判断和理想追寻方式、健全的个性心理品质和国民素质、基本的知法守法和运用法律武器的意识与能力、良好的国家认同感和道德知行能力，乃至分辨是非、善恶、美丑和自觉修养的能力，为逐步成为中国特色社会主义事业的合格建设者和可靠接班人打下扎实的思想道德和法制观念基础。

三、课程教学的主要内容

"基础"课教材的全部内容贯穿着大学生的人生新阶段、历史使命、远大理想和崇高信念，继承爱国主义传统，做忠诚的爱国者，领悟与追求崇高的人生目的、人生态度和人生价值。通过以上内容的教育，提高学生的思想意识观；把遵守社会道德、社会公德与维护公共秩序，培养职业道德与职业精神及树立家庭美德连成一体，通过道德行为规范教育来规范学生的道德意识观；在社会主义道德观的基础上，把法律精神、社会主义的法治理念和法治思维方式作为大学生在新的历史时期下的法律修养内容，并通过对部门法的简单介绍提高学生的行为规范观。"基础"课内容体现了"思想意识"和"规范行为"为一体的科学内涵结构，课程内容综合运用了马克思主义的基本观点、立场和方法，以科学发展观和社会主义核心价值体系为理论与实践做指导，科学地对教材内容进行模块、专题划分是理论教学改革研究的源头，使法律修养和道德修养根植于学生的角色意识、道德意识和法治意识之中。

因此，我们可以循着适应教育篇（大学生活适应、就业意识培养）、理想信念教育篇（人生理想定位、人生价值思考、继承爱国传统）、道德教育篇（基本道德观、社会公德关注、职业精神培育、家庭美德探讨）、法治教育篇（法治理念增强、法律精神的领会）到素养养成篇这样的逻辑顺序，在有限的课堂教学时间内，针对教材主体章节的重难点问题精炼专题内容，研究学生认知发展规律，确定知识难易层次，在教师自身的知识结构基础上力所能及地传递社会主义核心价值体系，而非教材内容的全景式覆盖。

四、课程学时安排

依据马克思主义理论研究和建设工程重点教材《思想道德修养与法律基础》，结合高职高专院校人才培养实际，将本课程内容整合为五大模块十个专题，共48学时，见表4-1。

表4-1 “基础”课程学时安排

五个模块	具体内容	学时安排
大学生活适应教育	适应人生新阶段，明确成才新目标	6
	提高“两素质”，塑造新形象	2
	强化就业意识，培养创业能力	2
理想信念教育	培育和践行社会主义核心价值观	2
	追求远大理想，坚定崇高信念	4
	继承爱国传统，弘扬中国精神	4
	领悟人生真谛，创造人生价值	6
伦理道德教育	学习道德理论，注重道德实践	6
	遵守社会公德，培育职业精神，树立家庭美德	4
法制教育	领会法律精神，理解法律体系	4
	树立法治理念，维护法律权威	4
	三大生活领域，遵守法律规范	2
素养养成教育	加强个人品德养成，立志做“四有”新人	2

五、教学建议

针对高职高专院校培养高端技能型专门人才的教育目标、工学一体的办学特色来重新构建、整合“基础”课的教学内容，从而实现由教材体系向教学体系的转化，使“基础”课的教学运行更加适合高职高专院校校企合作、工学交替的人才培养模式，遵循“教、学、做”合一和知行统一的原则，来进行教学设计和组织教学活动。

在构建教学体系过程中要充分地体现“地方性、职业性、专业性、实践性”的特点，尤其是要体现地方特色。具有地方特色的教育资源有着各自的地域特色和不可比拟的“亲和力”，这为思想政治理论课实践教学提供直观感受。广大师生不管是搜集还是筛选确定素材，不管是共同探讨还是实地考察，都十分便捷，这能很好地培养学生的认知能力、学习能力。因此我们广大思想政治理论课教师要下大力气去开发利用各自地区的自然资源和社会资源，历史资源和现实资源，个性资源和共性资源。

同时，我们在教学过程中只要将一些最基本的原理讲清楚就好，多增加一些对具体问题的讨论，少一些单向灌输，多以事例等为载体，采用问题切入的方式，营造教学情景，开展互动教学。同时多一些高职特色，尽可能地突出职业特点和专业特点，多利用多媒体、案例分析、专题讨论、学生演讲、课外实践、网上答疑等多种形式组织教学。

六、课程考核

“基础”课考核方法建议采取过程考核和结果考核相结合、理论考核和实践考核并重的形式，课程成绩由理论考核成绩与实践考核成绩各占50%组成。理论成绩由课堂教学的平时成绩和期末考试成绩组成，平时成绩主要由任课教师根据学生课堂表现（课堂考勤、听课纪律、交流互动、作业等）给出，平时成绩、期末考试成绩占总评成绩的比重可根据各院校的实际情况加以确定。实践成绩也由两项实践教学考核结果构成，一方面主要是根据学生的日常思想品行、行为表现，由班主任、辅导员在学期结束前按百分制评分，然后按一定比例进行折算记入思想政治理论课总评成绩；另一方面是根据学生在实践教学过程中的表现和所撰写的实践总结（心得体会）进行评定，将成绩按一定比例进行折算后记入思想政治理论课总评成绩中。

我们认为，这种考核方式是一种比较符合高职高专院校人才培养特色的，是一种既能准确反映学生对思想政治理论知识的掌握程度，又能准确反映学生践行所学理论的实际程度的科学的考核方法，这使考核的结果科学而全面，能真正体现思想政治理论课知行合一的特点，克服了长期以来，该课程在教学和考核上普遍存在重理论、轻实践的现象，特别是在实践教学体系设计和课程考核方法改革上，符合高职高专院校的办学理念和特色。

第二节 高职高专院校思想道德修养与法律基础课基本内容

一、大学生活适应教育

高职高专学生要意识到自己进入大学后，处于人生的又一起跑线上，面临一个成长、成材的新机遇，要积极迎接挑战与希望并存的大学新生活，培养自信、自强精神，变“不知所措”到“有所作为”。迅速提高驾驭大学生活的能力，在大学的学习和生活中打开新的局面。因此，适应教育成为大一新生亟待解决的新课题。为此我们把绪论“珍惜大学生活　开拓新的境界”、第三章第三节“科学对待人生环境”，第七章中的“大学生择业和创业”等内容进行整合，形成适应教育模块。

通过本模块的学习，使学生懂得什么是大学，了解高职高专院校学习、生活的特点；学习、思考并讨论如何适应大学新生活，希望学生细心体会，立志做一个有成才目标，能独立、会学习、懂得体谅和包容，能够肩负历史使命的德、智、体、美全面发展的新一代大学生。

1. 适应人生新阶段，明确成才新目标

（1）教学目的与要求

帮助学生了解高职高专院校学习生活的新特点，了解本课程的特点、内容及学习方法，激发其学习本课程的兴趣和热情。

（2）教学重点

1）在大学阶段确立自己新的学习目标。

2）通过理论学习以及感性的实践活动对大学以及大学生的学习和生活有比较全面的认识。

（3）教学难点

帮助大学生认识到在大学阶段确立新的人生目标的重要性和必要性。

（4）教学内容

1）大学生活新特点

与中学生活相比，大学生活发生了显著的变化。首先是学习要求的变化。在学习内容上，大学的学习具有鲜明的专业性，而对于高职高专院校有时更强调职业性的特点；在学习方式上，大学学习更加侧重大学生在学习理论知识和运用知识进行社会实践的过程中，发现问题并探索解决问题的办法，在学习的时间和空间上更具有延伸性，要求大学生的学习具有自主性、互动性、实践性和创新性，而对于高职高专院校更注重学生动手能力的培养；在学习目标上，大学学习的目标指向是服务社会，高职高专院校的培养目标是高端技能型人才，所谓高端就是既有熟练的专业技能，又有良好的思想政治素质；既有科学精神，又有人文精神。所谓技能型人才，是指高职高专院校的培养目标不是学术研究型、工程技术型人才，而是直接面向生产、建设、服务、管理第一线的技术应用人才。

其次是生活环境的变化。大学生的第一堂课就是要学会安排衣食住行。大学生的生活方式差异较大，家庭经济条件的巨大差异会在同学之间的生活中明显表现出来；大学生是交往的独立主体，交往的对象也不再局限于老师和同学，还包括社会其他行业的公民；在大学，课程学习成绩在评价体系中不再占据绝对地位，能力方面的权重明显加大，大家尤其是企业等用人单位更看重学生的综合素质。

第三是社会活动的变化。学生自治是大学精神的重要内容，党组织、团组织、学生会、班委会、社团和社会实践活动是大学生开展自我教育、自我管理和自我服务的有效载体，大学生可以通过这些平台，锻炼自己的组织管理能力、社会交往能力和关爱他人的能力。

因此，高职高专学生要确立独立生活意识，提高独立生活能力，虚心求教、细心体察、大胆实践、不断积累生活经验。

2）大学学习新理念

走进高等学府，大学生要树立全新的学习理念。首先是自主学习的理念。自主学习是相对于被动学习而言的学习，是一种“自我导向、自我激励、自我监控”的学习。有了一定的自主学习能力，学生就不再是被动地接受机器，而是能用科学的方法主动探求知识，敢于质疑、个性充分发展的学习的主人。自主学习是一种自发、自由、自律的学习模式，是学习者学习心理、学习能力等综合水平提高的结果。培养学生的自主学习能力符合高等教育的本质理念，可以促进学生能力的全面发展，符合时代对人才发展的需要。

其次是全面学习的理念。所谓全面学习，就是既重视自然科学的学习，又重视人文科学的学习；既重视知识的学习，又重视能力的学习；既向书本学习，又向实践学习；既重视知识传承的学习，又重视知识创新的学习。长期以来，一些学生在学习的过程中不能理性地对待知识、对待学习，为狭隘的功利主义所困扰。在学习中，重理工轻人文，重技能轻素质。相当一部分学生认为，上大学就是为了将来找一个好工作，在这样的学习理念下，要么学习动力不足，缺乏学习的积极性和自觉性，要么仅仅在个人功利主义的意义上学习，缺乏社会责任感。这与大学生的社会角色和历史使命不相称。

再次是创新学习的理念。创新学习表现为学习者在学习已有知识的过程中，不拘泥于书本，不迷信权威，不依循于常规，而是以已有的知识为基础，结合当前的实践，独立思考，大胆探索、积极提出自己新思想、新观点、新思路、新设计、新意图、新途径、新方法的学习活动。就学习而言，没有创造性的学习，只是被动地接收与继承，是不会有所发现、有所发明、有所创造的。学习离不开创造，学习必须与创造相结合，只有进行创造才能真正地学习。要学会质疑、善于继承、精于发展。

最后是终身学习的理念。大学生必须认识到，任何一所大学都不可能教会学生今后工作中所需要的每一种技术和工具，大学期间，老师只会充当引路人的角色，“师傅领进门，修行在个人”，学生必须学会学习、探索和实践，才能适应社会，适应未来不同工作岗位的需要。

3）适应大学人生环境的变化

不少高职高专院校的新生面对新的环境感到程度不同的不适应，这是客观存在的。可能会有如下一些表现：自卑感、孤独感、空虚感、被动感、失望感、迷茫感等，所以我们要引导他们主动地调适自己的心理，帮助他们积极主动地去适应这种环境，而不是抱怨，更不能逃避。

4）明确成才目标

德是人才素质的灵魂；智是人才素质的基础；体是人才素质的条件；美是人才素质的重要内容。

（5）教学方法建议

这一专题应该成为适应教育部分课堂教学的重点讲述内容，可以帮助高职高专院校的学生了解大学学习生活的新特点，了解本课程的特点、内容及学习方法，激发其学习本课程的兴趣和热情。在教学过程中，可以设定一些问题来进行讨论，例如：你在适应大学学习、生活方面存在哪些问题？你怎样解决这些问题？也可以鼓励学生们走上讲台作 3～5 分钟左右的自由发言，来畅谈自己的心得体会。

2. 提高思想道德素质和法律素质，塑造崭新形象

（1）教学目的与要求

帮助学生认识并提高思想道德素质和法律素质，塑造高职高专学生的崭新形象。

（2）教学重点和难点

帮助学生认识并提高思想道德素质和法律素质。

（3）教学内容

1）提高思想道德素质与法律素质。

2）塑造崭新形象。

（4）教学方法建议

这部分内容主要集中在绪论的第二节，采用略讲的方法，可以适当少分配一些课时。主要通过讲授法，帮助学生了解道德和法律是调节人们思想行为、协调人际关系，维护社会秩序的两种基本社会规范，两者发挥的作用和方式存在很大不同，但是两者相辅相成，缺一不可，共同服务于经济社会健康有序的发展。

3. 强化就业意识，培养创业能力

（1）教学目的与要求

进入高职高专院校学习，是学生走向社会的一个转折点。高职高专学生在学校学习什么、怎样学习，越来越受到社会、市场对人才需求的影响。教育部十分强调职业教育的改革和发展要“以就业为导向，面向社会和市场要求。”作为培养适应生产、建设、管理、服务第一线需要的高端技能型专门人才的高职高专院校，要积极引导学生了解社会，融入社会，强化职业能力，拓展综合素质。因此，我们要帮助高职高专学生早日了解和认识社会，帮助高职高专学生正确认识当前我国的就业形势，有的放矢开展知识和技能储备，树立正确的择业观和创业观，做好艰苦创业、实践成才的准备，为成功实现就业或自主创业奠定坚实的基础。

（2）教学重点

树立正确的择业观与创业观。

（3）教学难点

强化就业意识，培养创业能力。

（4）教学内容

1）正确认识当前我国的就业形势。

2）强化就业意识。首先，规划好自己的目标职业，尽量做与其相关的工作，这样的工作报酬低也值得，因为从事这样的工作是给自己未来的职业发展积攒经验。其次，拓宽就业思路，自己究竟想干什么，要有个清楚的想法，不要一条道走到黑。再次，应该踏实从企业最基本的职位做起，这是企业员工成长的最有效出路。另外，找工作之前，要仔细分析企业，不能盲从。选择到私人企业没什么不好，私人企业也有发展得很好的，关键是要先选择对自己未来有更好发展的行业、职业，最后再考虑企业。因此，高职高专学生要从一进大学开始，一方面为自己制定好职业生涯规划，另一方面积极参与社会实践，为职场人生切实做好准备。

3）培养创业能力。一是要有积极创业的思想准备。二是要有敢于创业的勇气。三是要提高创业的能力。

（5）教学方法建议

这部分内容除了进行理论讲授外，可以列举本校优秀毕业生就业和创业典型案例进行教学，以增强教学的说服力。因为他们是在校生的学长，同时也是他们学习的榜样。总的来说，这部分内容分配的课时不宜过多。

4. 本模块实践教学建议

（1）设计背景

当今世界，国际形势风云变幻，社会发展日新月异，人才竞争日益加剧，社会对高校毕业生的要求也越来越高。大学生实现高考这一所谓“人生理想”后，出现目标迷失或动力丧失，在面对求职择业的压力与竞争日益激烈的社会现实时感到茫然，对自我定位产生疑虑。时代要求高职高专学生除应具备过硬的职业技能外，还应具备良好的综合素质，因此高职高专学生要认清形势，转变角色，设计好职业生涯，做自己人生的总设计师。

（2）实践目的与要求

帮助高职高专学生了解当今世界的时代特征以及高职教育在我国蓬勃发展的现状和趋势，让高职大学生深刻认识自身的历史使命，增强民族自豪感和自信心，强化对自身的角色认同和专业定位，做好学习和职业生涯规划，立志成长为具有时代精神的新一代爱国青年。

（3）实践项目

1）人生与创业——学习规划职业生涯，可进行职业生涯规划竞赛。

2）参观访问校企合作单位，了解企业对录用员工的基本要求，撰写观后感。

3）拜访学校老师或学长、优秀校友，撰写访谈心得。

二、理想信念教育

大学时代，是大学生形成系统的世界观、人生观、价值观的关键时期。在这个时期，大学生们追求远大理想、坚定崇高信念，在为实现中国特色社会主义共同理想而奋斗的过程中实现个人理想，培育并践行社会主义核心价值观，领悟人生真谛、创造人生价值，不辜负国家和人民的殷切期盼，做一个忠诚的爱国者。因此，我们将绪论部分内容和第一章、第二章、第三章部分内容进行整合，形成理想信念教育模块。

1. 学习和践行社会主义核心价值观

（1）教学目的与要求

认识社会主义核心价值观在高职高专大学生成长成才中的重要意义和在本课程中的主线作用；高扬主旋律是思想政治理论课教学必须坚持的最重要的职责。

（2）教学重点

社会主义核心价值体系的科学内涵。

（3）教学难点

整个教材教学体系不可偏离的一根红线就是社会主义核心价值体系，在“理想信念”、“爱国传统”、“人生价值”、“中华民族优良道德传统”、“社会主义道德建设”、“中国特色社会主义民主法治建设”等内容中都有深入的理论分析。如何把社会主义核心价值体系内化为学生自觉的价值追求，是本专题教学的难点所在。

（4）教学内容

1）社会主义核心价值体系的科学内涵的教学内容包括：巩固马克思主义指导地位；用中国特色社会主义共同理想凝聚力量；用以爱国主义为核心的民族精神和以改革创新为核心的时代精神鼓舞斗志；用社会主义荣辱观引领风尚，巩固全党全国各族人民团结奋斗的共同思想基础。

2）努力践行社会主义核心价值体系，促进大学生成长成才。

（5）教学方法建议

社会主义核心价值体系中关于“马克思主义指导思想、中国特色社会主义共同理想、民族精神、时代精神及八荣八耻”等内容，在中学的教材、教学活动中都有体现，且非常具体、生动，但深入的理论分析内容较少，“基础”课教材把社会主义核心价值体系作为统领教材内容的主线，要努力让大学生感悟到价值观的导出过程与形成机理，了解、掌握与特定价值观相关联的知识体系，使知识体系成为价值观的坚实根基，使价值观教育的魅力建立在快乐学习知识的基础之上，从而使课程更有吸引力。因此，本专题教学以讲授法为主，可以指定与教材内容相关的材料供学生阅读、研讨。

2. 追求远大理想，坚定崇高信念

（1）教学目的与要求

帮助学生认识理想信念在成长成才中的重要意义，坚定中国特色社会主义共同理想和马克思主义信念，正确认识个人理想与社会理想的关系、理想与实践的关系，把握实现理想的基本条件，促进学生树立科学的理想信念。

（2）教学重点

1）理想信念对大学生成长成才的重要意义。

2）实现理想的长期性、艰巨性和曲折性。

3）确立马克思主义的科学理想与信念。

（3）教学难点

1）个人理想与社会理想的统一。

2）理想化为现实的条件。

（4）教学内容

1）理想信念对大学生成长成材的重要意义。

2）树立中国特色社会主义共同理想，认清当代大学生肩负的历史责任。当代大学生只有对自己肩负的历史使命有充分的认识，才能有远大的目标和为目标而努力奋斗的动力。

在新的起点上继往开来——发展中国特色社会主义事业是当代大学生的历史使命。从历史的回顾中，我们懂得为了民族的生存与发展，就必须继承先辈的遗志，坚持社会主义道路，坚持改革开放，把我国建设成为富强、民主、文明、和谐的社会主义现代化国家。“全面建成小康社会”的历史使命，不仅不远离青年大学生，而且与大学生自己的生存与发展休戚相关，它不仅不是一句空洞的口号，而且是每一个大学生的实实在在的责任和义务。时代为大学生的发展提供了广阔空间。

在现实的基础上迎接挑战——面临世界科技文化发展和复杂多变的国际环境的挑战，面临新世纪新阶段国家发展任务的挑战，如来自超级大国单边主义的挑战、经济全球化的挑战、贸易保护主义的挑战和敌对势力西化、分化的挑战。

3）立志高远，始于足下（规划人生目标）。

4）大学生实现理想的根本途径——勇于实践、艰苦奋斗；从我做起——主人翁责任感的具体体现；从现在做起——讲求实效的务实态度；从小事做起——办事认真的严谨作风。

(5) 教学方法建议

本专题内容是要详细阐述的，可综合运用讲授法、问题驱动法、讨论法、案例法等多种教学方法。共产主义理想信念教育，在中学阶段由于学生的身心发展、知识阅历等限制还不足以理解这样的内容。到了大学阶段，学生的身心发展发生了许多变化，知识阅历也丰富了，共产主义理想信念教育内容是可以逐步深入的，首先应从分析理想信念的特点、作用入手，分析个人生活理想、职业理想的正确树立，到树立科学的理想信念，自然过渡到树立中国特色社会主义共同理想、马克思主义信仰和科学社会主义理想，从具体到抽象，从理论到实践，由浅入深，一步一步展开，这样就可以使学生较容易理解和接受共产主义理想信念。

同时，教学中要注意增强学生勇于担当的社会责任意识。可以设定一些思考题，比如“和平年代，大学生的历史使命是什么？肩负历史的新使命，高职高专学生应该怎样做?”，“我们能为两岸统一做些什么”等。“基础”课教学的一个重要目的是要让大学生认清所肩负的历史使命，明确成才目标。

我们在教学活动中可以采用问题驱动法，比如“坚持理想有时会使自己非常纠结，该何去何从，只能服从现实吗?”，“如何面对选择专业时理想与现实的冲突?”等问题，引发学生们的思考，引导学生追寻真理。

3. 继承爱国传统，弘扬中国精神

(1) 教学目的与要求

帮助学生深入认识爱国主义这一民族优良传统在历史发展过程中的重要作用，引导学生将远大的理想与对祖国的高度责任感、使命感结合起来，继承爱国主义传统，弘扬民族精神和时代精神，“以热爱祖国为荣，以危害祖国为耻”，做新时期忠诚的爱国者。

(2) 教学重点

1）爱国主义的科学内涵和优良传统。

2）传承和弘扬中华民族精神，做一个做忠诚的爱国者。

3）弘扬以改革创新为核心的时代精神。

（3）教学难点

1）当代中国爱国主义与爱社会主义的有机统一。

2）经济全球化加快发展的条件下怎样弘扬爱国主义精神。

3）爱国主义是民族精神的核心。

（4）教学内容

1）爱国主义的科学内涵与时代价值。大学的理性分析程度、理论层次明显高于中学。如关于爱国主义的含义，中学大都表述为“爱国主义是千百年来形成的个人对祖国的深厚感情”，大学则在此基础上进一步表述为“爱国主义反映了个人对祖国的依存关系，是人们对自己故土家园、民族和文化的归属感、认同感、尊严感与荣誉感的统一。它是调节个人与祖国之间关系的道德要求、政治原则和法律规范，也是民族精神的核心”。可以看出，大学对爱国主义的分析更具体、更全面，也更科学。

2）新时期的爱国主义。从全球化的宏观视野来认识新时期爱国主义教育的新特点、新内涵。全球化背景下，技术、资本、人力都实现了跨国界的流动，人们对自己的归属感产生了困惑，甚至认为今天谈论爱国主义已经过时。我们在教学中从宏观视角充分阐明，虽然经济全球化给国家主权带来一些影响，但在这样的时代背景下，爱国主义并未过时。“对于发展中国家来说，在经济全球化的过程中，越是积极融入全球化进程，就越是要自觉突出本民族、本国的特色。经济全球化给爱国主义教育带来了新特点、新挑战，我们对可能的挑战和风险，高度警惕和坚决反对某些大国极力鼓吹的全球政治一体化和文化一体化。

3）做忠诚的爱国者。

（5）教学方法建议

本专题内容要进行详细阐述，同时也支持学生积极进行专题辩论或主题演讲，也可采用情境创设法等教学方法。在本专题的教学中必须重视大学生价值取向多样性的现实。比如，我们在调查中发现，大学生对“留学生学成不归”现象，认为“归与不归是个人自由”及“不归国不等于不报国”的人数，合计占到总人数的约三分之二。应该看到，价值取向多样性有其现实背景和存在原因。由于我国正处于并将长期处于社会主义初级阶段，多种所有制形式和分配方式并存，改革开放不断深入，社会主义市场经济不断发展，经济全球化趋势不断增强，中外文化交流不断扩大，这种特殊的发展阶段和空前的社会变革，决定了人们思想活动的独立性、选择性、多变性、差异性不断增强，人们的价值观念、道德意识、价值取向呈现多样化趋势。因此，在教学中，我们必须尊重多样性的价值存在。我们要向学生阐明，价值多样性在今天具有较大的现实意义。一方面，它昭示着人们主体意识的觉醒，体现了人的发展的进步性，包含了对立的统一、竞争的和谐，有助于增加社会的活力与创造力，有利于文化和文明的丰富多样性，也是社会开放程度的表征。另一方面，人们思想活动的自主性、选择性、独立性、层次性得到增强。在社会多样化发展的情况下，我们不应再以同一种价值标准来判断是非曲直，不应再用同一种思维方式来思考问题。社会生活中一些中性化的价值选择无碍主流，无害于社会与他人，我们自然不必对其进行善恶评价，应该允许多样化的价值选择和谐共存。

又比如，有学生提出，“爱国到底该怎么定义呢？假如我能出国学习，并且在专业中有研究，难道只有回来才算爱国吗？如果回来一无是处，对国家没贡献，那这种所谓的爱国又有什么意义呢”，“明星、富人纷纷加入他国国籍，如何看待他们的行为”等。我们在教学中首先给学生阐明，要正确认识热爱祖国与关爱世界、为祖国服务与尽国际义务、维护世界和平与促进共同发展的关系；其次，着重阐明，随着国力增强，社会安定，国际竞争力提升，人才回流已成定势，海归能成大事业。再次，爱国与否不取决于是否回国，关键是要有爱国之心，即使身处国外也能报效祖国。最后，明星、富人移民他国有多种考虑，如子女教育、海外投资等，这些与爱国与否没有必然的联系，关键是要认真审视明星、富人为何要移民。通过上述多角度的阐述，使学生对爱国问题有立体的、全面的认识。

4. 创造有价值的人生

(1) 教学目的与要求

通过较为系统地学习人生观、价值观理论，引导学生深入思考有关人生是什么、人生意义是什么等基本问题，领悟人生真谛、树立正确的人生观，积极投身人生实践，创造有价值的人生。

(2) 教学重点

1）确立积极进取的人生态度。

2）用科学高尚的人生观指引人生。

3）人生价值的标准与评价。

(3) 教学难点

1）如何帮助学生树立为人民服务的人生观。

2）如何帮助学生正确理解人生的社会价值与自我价值的关系。

3）如何帮助学生正确对待和处理人生环境。

（4）教学内容

1）树立正确的人生观。

2）追求高尚的人生目的；确立积极进取的人生态度；正确认识人生价值；用科学高尚的人生观指引人生。

3）创造有价值的人生。

（5）教学方法建议

本专题内容也应该详细阐述，现实生活中有大量生动具体的例子能够帮助我们阐明观点，引发学生对于人生价值的深刻思考，比如，每年中央电视台推出的“感动中国”年度人物中就有许多感人的事例。尽量发掘本校在校生和毕业生中的典型人物作为教学例证，效果可能会更好。

5. 本模块实践教学建议

（1）设计背景

现代社会，科学技术和市场经济越来越发达，要求每个公民都能对自己的行为负责，为自己的未来着想，并懂得为他人、为社会、为国家着想，正确认识和处理人与自然、个人与社会、自我与他人、个人与其自身的关系。因此，要注重培养受教育者躬行实践的能力，从而促进他们包括责任感在内的优良品质养成。

（2）实践目的与要求

明确个体对自然、社会、他人和自己应该承担的责任，在总体上认同和接受以社会利益为重的集体主义价值观，强化做人的责任心，履行人生职责。

（3）实践项目

1）追寻职业榜样——“劳模”人生轨迹评议。

2）明确人生责任，坚定成功信念——主题演讲比赛。

3）走访本校优秀校友。

4）组织学生参观本地区的爱国主义教育基地。

三、伦理道德教育

大学时期是人生道德意识形成、发展和成熟的一个重要阶段，在这个时期形成的思想道德观念对高职高专学生的一生影响很大。大学生要牢固树立社会主义荣辱观，加强思想道德修养，自觉恪守公民基本道德规范，在公共生活领域遵守社会公德、在职业生活领域培育高尚的职业精神，在婚姻家庭生活领域树立新时代的家庭美德，同时正确地对待爱情，为走上工作岗位，打下良好的基础。因此，我们将第四章、第七章的部分内容进行整合，形成“伦理道德教育”模块。

通过学习道德的基本理论知识，帮助高职高专学生深刻认识道德在社会生活中的重要作用，自觉继承中华民族优良道德传统和人类道德文明的优秀成果，弘扬社会主义道德；恪守公民基本道德规范，努力提高道德修养的自觉性。帮助大学生树立在公共生活中自觉遵守社会公德，养成良好的文明行为习惯；帮助大学生正确对待恋爱婚姻问题，树立正确的恋爱婚姻观。

1. 学习道德理论　注重道德实践

（1）教学目的与要求

通过学习道德的基本理论知识，自觉继承中华民族优良道德传统，帮助高职高专学生深刻认识道德在社会生活中的重要作用，践行和弘扬社会主义道德、恪守公民基本道德规范，努力提高道德修养的自觉性。

（2）教学重点

1）中华民族优良道德传统的主要内容。

2）社会主义道德的核心和基本原则。

3）高职高专学生与诚信道德。

（3）教学难点

1）社会主义道德与社会主义市场经济的关系。

2）树立和践行社会主义荣辱观。

（4）教学内容

1）道德及其历史发展。

2）继承和弘扬中华民族优良道德传统。

3）践行与弘扬社会主义道德。

4）高职高专学生加强诚信道德建设。

（5）教学方法建议

本专题阐述基本道德观，是应该详细讲解的，可以综合运用讲授法、问题驱动法、讨论法、辩论法、案例法等多种教学方法，尤其是谈到诚信道德建设，可以结合学生们的实际情况采用问题驱动法加以引导，比如：“面临挂科危险时，选择作弊是否可以理解”，“我们是否可以突破道德底线去得到自己想要的东西”，上述提问可以反映出当主流价值观与学生眼前利益相冲突时，学生纠结的心态以及存在的思想道德困惑。针对上述情况，我们要在高扬主旋律、尊重多样性的同时，着力向学生阐明坚守道德底线的必要性。道德底线是一个人或社会所必须具备的一种基本、最低限度的道德水准，是道德最后的边界，是社会和人类的最后屏障。如果一些最基本的规则得不到遵守，社会就不成其为社会，社会就会任由“以力取胜”的丛林规则去支配，而人也就不成其为人了。道德底线是一个社会道德的生命线、文明的生命线，是每一个社会成员都应该遵循的义务。因此，教学中我们要明确告诉学生，任何时候我们都不应以任何方式突破道德底线，考试作弊一定是不可以的，“但求无愧我心”也要以道德底线为界限。

2. 遵守社会公德，培育职业精神，树立家庭美德

(1) 教学目的与要求

了解社会公德的基本要求，帮助学生树立在公共生活中自觉遵守社会公德，养成良好的文明行为习惯。通过学习认识职业活动的特点，以及与职业活动相关的道德规范，帮助学生自觉提高自身的职业道德，做好艰苦创业、实践成才的准备。学习与恋爱婚姻家庭有关的道德，帮助学生正确对待恋爱婚姻问题，树立正确的恋爱婚姻观。

(2) 教学重点

自觉提高自身的职业道德。

(3) 教学难点

1) 网络生活中的道德要求。

2) 大学生职业道德素质的培养。

3) 树立正确的恋爱婚姻观。

(4) 教学内容

1) 公共生活中的道德规范。

2) 职业生活中的道德规范。

3) 树立正确的恋爱婚姻观。

(5) 教学方法建议

本专题教学内容比较浅显易懂的，因此理论讲授不需要花太多的时间，主要引导学生通过学习将理论知识指导日常生活中的行为。现实生活中大量生动鲜活的典型案例为本专题教学活动提供了丰富的素材，可以进行案例教学、课堂讨论或是辩论。比如高职高专学生应如何提高自己的职业道德以适应社会的要求、应当怎样认识爱情与人生等。也可以采用情境创设法，组织

学生进行情景短剧表演，让学生通过角色扮演直接面对问题，学生的亲身体验可以帮助他们更好地理解教学内容，效果可能会更好。

3. 本模块实践教学建议

（1）设计背景

由于社会环境、教育导向、道德教育方式等因素的影响，不少大学生出现道德迷茫，价值观有所变化，社会主义、共产主义的理想信念有所动摇；在市场经济的大潮中，社会上出现的丑恶现象对高校的道德教育带来负面影响，学生中也出现请客送礼，抄袭舞弊等不良现象；对外交流的扩大，特别是互联网技术的应用和发展，西方腐朽思想文化向高校渗透，享乐主义、拜金主义和极端主义在一定程度上影响着大学生的思想观念。加强在校大学生的道德教育，刻不容缓。

（2）实践目的与要求

在活动中陶冶情操，升华道德，形成文明、高尚的校风，培养高职大学生成为校园道德生活的主体，加强德行养成，使德行成为学生自觉的意识、自身的习惯、自主的要求。

（3）实践项目

1）开展校园道德调查。

2）“成功职业人”——角色责任与情感设计。

3）组织学生参加志愿服务等公益活动。

四、法制教育

大学生既要具备良好的思想道德素质，也应具备相应的法律素质。学习和掌握法律知识，增强法律意识，了解我国宪法、重要的实体法和程序法律制度，提高运用法律的能力，并在实践中养成遵纪守法的习惯，增强维护法律尊严的责任感，这对于大学生增强法治观念，扩大有序的政治参与，促进自身发展具有重要意义。因此我们将第五章、第六章、第七章的一部分进行整合，形成“法制教育”模块。

1. 理解法律体系，领会法律精神

（1）教学目的与要求

通过学习，了解社会主义法律的内涵、体系及运行机制，领会社会主义法律的精神，帮助高职高专学生从整体上了解我国法律体系的基本框架，以及公民在法律关系中的权利与义务；增强对社会主义法律制度的认同感和维护法律尊严的责任感；学会面对和正确处理生活中常见的法律问题，懂得运用法律武器维护自己的合法权益。

（2）教学重点

1）掌握我国宪法的基本原则和制度。

2）中国特色社会主义法律体系。

（3）教学难点

1）如何正确理解和行使公民的基本权利。

2）中国特色社会主义法律体系的构成。

（4）教学内容

1）法律的概念及其历史发展。

2）社会主义法律精神。

3）掌握我国宪法的基本原则和制度。

4）了解中国特色社会主义法律体系。

（5）教学方法建议

本专题主要采用讲授法，并辅以与学生实际生活密切的案例加以说明。

2. 树立法治理念，维护法律权威

（1）教学目的与要求

帮助高职高专学生树立依法治国的法治理念，增强维护社会主义法律权威的自觉性，掌握社会主义法律修养的途径和方法。

（2）教学重点

树立社会主义法治理念。

（3）教学难点

1）法律权利与义务观念。

2）培养社会主义法治思维方式。

（4）教学内容

1）树立社会主义法治理念。

2）培养社会主义法治思维方式。

3）维护社会主义法律权威。

（5）教学方法建议

本专题内容主要以讲授法为主，此外，中学一般只是介绍我国的民主法治、权利义务、自由平等、公平正义等观念，教育学生要树立法律意识和修养，按照法律程序、法律思维处理问题、解决纠纷等，基本不介绍法律条文的具体内容。大学教材除介绍具体法律的立法目的和基本原则，还介绍了部分法律的基本规范，每个任课教师可以根据自己的专业背景、生活经历等选择适当的案例有重点地、生动地讲解法律条文的内容。

3．公共生活、职业活动、家庭生活中的法律规范

（1）教学目的与要求

公共生活领域越扩大，公共秩序就越复杂，道德和法律的作用就越突出。在公共生活中大学生要自觉增强法律意识，遵守法律法规，做维护公共秩序的模范。在职业活动和家庭生活中要认真学习相关法律，加强职业法律素质的培养。

（2）教学重点和难点

职业生活中法律的基本要求。

（3）教学内容

1）公共生活中的法律规范。

2）职业活动中法律的基本要求。

3）家庭生活中的法律要求。

（4）教学方法建议

本专题内容可采取讲授法、案例启发法、讨论法等进行教学，使学生真正能够学以致用。

4．本模块实践教学建议

（1）设计背景

加强道德法制教育，增强高职高专学生的道德观念和法律意识是高校精神文明建设的一项基础工程，也是高校法治校园建设的一个有机组成部分。这是一项长期的、艰巨的工作，学校要从学生日常的学习生活入手，结合社会主义市场经济条件下道德法制教育面临的新情况新问题，有针对性地扎扎实实地开展教育。实践证明，学生法制观念的强与弱对文明校园建设起着关键性的作用。创建现代文明校园，必须造就与之相适应的高素质的文明学生。

（2）实践目的与要求

增强学生的法治观念，训练学生的法律思维习惯，提高学生的法律素质，使其能运用与人们生活密切相关的法律知识来分析解决现实的法律问题。

（3）实践项目

1）旁听法庭审判；

2）模拟法庭——新《劳动合同法》案例仲裁。

五、加强个人品德养成，立志做“四有”新人

在开放与变革共进、机遇与挑战并存的时代，应该如何践行社会主义核心价值体系，锤炼高尚品格，成为“四有”新人呢？这最终要落实到个人品德的养成上。青年学子要与时俱进，让青春承担责任，让责任导航人生，其落脚点是立志做社会主义“四有”新人。

（1）教学目的

通过本专题的教学，让学生懂得，作为劳动主体的人是经济社会发展的核心动力，而个人品德是决定人综合素质的核心要素；让学生了解成为社会主义事业合格建设者和可靠接班人的重要意义，努力使自己成长为社会主义“四有”新人。

（2）教学重点与难点

1）加强个人道德修养的自觉性，采取正确有效的道德修养方法；

2）加强法律修养，重在增强法律思维；

3）成为社会主义事业合格建设者和可靠接班人的重要意义；

4）如何践行社会主义核心价值体系，成为“四有”新人。

（3）教学内容

在“基础”课教学中，我们认为要充分发挥学生的主体作用。这既是尊重学生主体地位的需要，又是搞好教学内容衔接，实现教学目标的要求。教学中具体应注意以下两点。

第一，“基础”课教师要根据学生情况认真备课，备教材、备学生、备教法等，开课前特别要深入细致地了解学生对本门课的现有学习状况。其实，教学内容的重复情况有很大区别，造成这种区别的原因是多方面的，包括地区性教学差异，文理分科的要求不同，学生学习基础、学习态度、学习方法和学习习惯不同等。据此，“基础”课教师应依据多数人的学习状况，确定教育教学内容和授课方式，同时要兼顾学生的个体差异性，对文理科及艺体类学生有针对性地设计教学内容、形式等。

第二，重视学生对“基础”课的学习评价。“基础”课的教学效果及纵向衔接的程度，不是以教师的自我感觉为准，而是以学生的实际接受程度、学生的认知和评价来衡量的。通过学生的学习评价有助于教师了解学生的学习程度和效果，发现教学中存在的问题，总结经验教训，为下一轮教学打好基础。对于“基础”课教师而言，上一轮教学的结束，标志下一轮教学的开始。

每一轮教学结束后，教师都有必要了解学生的学习情况，倾听学生的评价、意见、要求，这十分有利于今后的“基础”课教学。教师要以学生喜欢不喜欢、满意不满意、接受不接受作为评价教学是否成功的重要尺度。以学生作为教学评价的主体，引导学生积极参与对理论的思考、分析，才能收到好的教学效果。

第五章　高职高专院校毛泽东思想和中国特色社会主义理论体系概论课教学内容研究

由于高职高专院校未开设马克思主义基本原理概论、中国近现代史纲要课程，毛泽东思想和中国特色社会主义理论体系概论课（以下简称“概论”）就成为向高职大学生系统传授马克思主义基本理论，帮助高职大学生树立正确的世界观，培养运用马克思主义立场、观点、方法观察、分析和解决问题能力的主要途径。

第一节　高职高专院校毛泽东思想和中国特色社会主义理论体系概论课基本概述

一、课程性质与地位

高校思想政治理论课是大学生的必修课，是加强和改进大学生思想政治教育的主渠道，“概论”课是思想政治理论课的核心课程[1]。本课程以中国化的马克思主义为主题，以马克思主义中国化为主线，以中国特色社会主义建设为重点，充分展示了毛泽东思想和中国特色社会主义理论体系在中国革命、建设、改革和实现中华民族伟大复兴中的重要历史地位和作用。

二、课程任务与目标

本课程教学的主要任务是，通过“概论”的教学，帮助学生了解近现代中国社会发展的规律，了解中国共产党人实现马克思主义基本原理与中国具体实际相结合产生的历史飞跃及其理论成果，培养运用马克思主义的立场、观点、方法分析和解决问题的能力，培养艰苦奋斗、为大局、为民族的革命精神，提高对中国特色社会主义认同，增强建设中国特色社会主义的自觉性，

[1]《中共中央国务院关于进一步加强和改进大学生思想政治教育的意见》（中发〔2004〕16号）。

树立建设中国特色社会主义的坚定信念，成为有理想、有道德、有文化、有纪律的社会主义事业的主要建设者和接班人[1]。具体表现在三个方面：知识目标、能力目标、素质目标。

1. 知识目标

通过教学，使学生们掌握毛泽东思想、邓小平理论、“三个代表”重要思想和科学发展观的基本内容；掌握马克思主义中国化的最新成果；理解发展社会主义市场经济、社会主义民主政治、社会主义先进文化及构建社会主义和谐社会的意义；理解当代中国的公民道德建设和法制建设的基本要求。

2. 能力目标

通过教学，提高学生们用马克思主义立场、观点和方法面对实际问题，做出正确的价值判断和行为选择的能力；提高主动参与经济、政治、文化生活的能力；培养为未来生活而自主学习、选择、探索的能力；增强依法办事、依法律己和依法维护自身权益的能力；发展采用多种方法特别是现代信息技术，收集、筛选社会信息的能力。

3. 素质目标

通过教学，使学生们热爱中国共产党，坚定走中国特色社会主义道路的信念；热爱祖国，热爱人民，关心祖国命运，增强民族自尊心、自信心和自豪感，弘扬中华民族精神，树立为实现中华民族伟大复兴而奋斗的志向；关注社会发展，积极参加社会实践，诚实守信，增强社会责任感和民主法制观念，培养公民意识；热爱集体，奉献社会，关心他人，乐于助人，倡导团结友善的精神；乐于学习，尊重科学，追求真理，具有科学态度和创新精神；热爱生活，积极参加健康有益的文化活动，保持昂扬向上的精神状态，追求更高的思想道德目标；热爱和平，尊重世界各民族的优秀文化，关注全人类的共同利益，做仰望星空与脚踏实地相结合的大学生，激励他们为实现中华民族伟大复兴的“中国梦”而努力奋斗。

三、课程设计与学时安排

如何将教材体系转化为教学体系是“概论”课教学设计的核心。鉴于

[1]《中共中央宣传部教育部关于进一步加强和改进高等学校思想政治理论课的意见》（教社政[2005] 5 号）。

"05 方案"中高校思想政治理论课教材为全国各类高校本科、专科统一使用教材，又鉴于高职院校"概论"课课时较少，因此教师根据不同类别的学生取舍教学内容的详略就非常必要。对应教学设计可以分为教学目标、教学内容、教学方法和教学效果，即为什么学、学什么、如何学、学得怎么样[1]。

"概论"课的内容十分丰富，教材体系作相对集中的模块划分，这样有利于学生进行单元化学习，模块中的"章"可以保持教材已有的顺序及其独立性，这样也有利于学生进行对应学习，但是授课教师可以根据不同类别院校的学生、不同专业的学生对"章"中的"节"和"目"的内容作适当整合，这样更有利于提高学生学习的积极性和主动性。

一门课程的教学不可能承载太多的任务，一本教材的讲解也很难面面俱到，因此，思想政治理论课教学更需要解放思想，改革创新，大胆尝试。当然教学设计的任何创新一要源于教材、二要便于学生接受，三要符合大多数人的思维方式。本课题组对"概论"课教学设计作如表 5-1 所示的尝试。

表 5-1 知识模块及对应章节及学时分配列表

<table>
<tr><th rowspan="2">知识模块</th><th rowspan="2">对应章节</th><th rowspan="2">教学内容</th><th colspan="2">课时分配</th></tr>
<tr><th>理论</th><th>实践</th></tr>
<tr><td>总论部分</td><td>第一章</td><td>马克思主义中国化两大理论成果</td><td>10</td><td></td></tr>
<tr><td rowspan="3">毛泽东思想的三大理论成果</td><td>第二章</td><td>新民主主义革命理论</td><td>4</td><td></td></tr>
<tr><td>第三章</td><td>社会主义革命理论</td><td>4</td><td></td></tr>
<tr><td>第四章</td><td>中国社会主义建设道路初步探索的理论成果</td><td>3</td><td>1</td></tr>
<tr><td rowspan="4">中国特色社会主义的四大基本理论</td><td>第五章</td><td>中国特色社会主义总依据理论</td><td>3</td><td></td></tr>
<tr><td>第六章</td><td>社会主义本质和中国特色社会主义总任务理论</td><td>4</td><td></td></tr>
<tr><td>第七章</td><td>社会主义改革开放理论</td><td>3</td><td>1</td></tr>
<tr><td>第八章</td><td>中国特色社会主义总布局理论</td><td>15</td><td>5</td></tr>
</table>

[1]《中共中央宣传部教育部关于印发（中共中央宣传部教育部关于进一步加强和改进高等学校思想政治理论课的意见的实施方案）的通知》（教社政［2005］9 号）。

（续表）

知识模块	对应章节	教学内容	课时分配	
			理论	实践
中国特色社会主义建设的环境保障和力量保证	第九章	祖国完全统一的构想	4	
	第十章	中国特色社会主义外交和国际战略理论	3	
	第十一章	中国特色社会主义建设根本目的和依靠力量理论	3	1
	第十二章	中国特色社会主义执政党建设理论	4	
小　计			60	8

注：上表中实践教学不包括课内实践。

第二节　高职高专院校毛泽东思想和中国特色社会主义理论体系概论课基本内容

一、马克思主义中国化两大理论成果（总论部分）

本模块是课程的总论部分，其核心内容是马克思主义中国化，主要介绍了马克思主义中国化的历史进程、两大理论成果及其精髓和精神实质。由于高职院校的思想政治理论课不开设“马克思主义基本原理概论”和“中国近代史纲要”课程，因此“概论”课程的开篇应当补充“什么是马克思主义”、“马克思主义在中国的传播”等相关内容作为导言，使学生对马克思主义的基本理论和中国近代史有一个大致的背景认识。

（1）教学目的

通过本章的学习，了解马克思主义中国化的科学内涵和历史进程。对马克思主义中国化的几个重大理论成果形成的时代背景、历史根据、实践基础及其科学体系、主要内容、历史地位和指导意义有比较全面的把握，对马克思主义中国化理论成果之间的内在关系有一个基本认识。了解中国共产党的实事求是思想路线形成和发展的历史过程，深刻理解党的思想路线的核心和实质。

（2）教学要点

1）导言

什么是马克思主义。中国革命为什么选择了马克思主义。

针对高职高专院校未开设马克思主义基本原理、中国近现代史纲要两门课程，在讲授概论课之前，需补充介绍什么是马克思主义以及马克思主义是如何成为中国革命、建设和改革事业的指导思想的，作为本门课程教学的逻辑起点。

2）马克思主义中国化及其发展

重点分析马克思主义中国化的必要性和马克思主义中国化的科学内涵。用列表形式简要介绍马克思主义中国化的历史进程和理论成果。马克思主义中国化的重要意义可布置学生自学。

3）毛泽东思想

重点讲解毛泽东思想的概念、讲清毛泽东思想形成的时代背景和实践基础。可以采用列表的形式简要介绍毛泽东思想形成和发展的过程。因毛泽东思想的主要内容将在第二、三、四章展开论述，这里只需系统列举即可，不必展开。简单说明毛泽东思想的历史地位。

4）中国特色社会主义理论体系

重点讲解中国特色社会主义理论体系的概念、阐明中国特色社会主义理论体系形成的时代背景和实践基础。简要概括中国特色社会主义理论体系形成和发展的过程。系统列举中国特色社会主义理论体系的主要内容，具体展开留待以后各章进行。简要说明中国特色社会主义理论体系的历史地位。

5）马克思主义中国化两大理论成果的精髓和实质

讲清毛泽东思想活的灵魂的概念。重点讲解实事求是、群众路线的科学内涵，讲清解放思想、与时俱进、求真务实与实事求是的关系，实质上，实事求是本身就包含着解放思想、与时俱进、求真务实等思想，后来强调解放思想、与时俱进、求真务实等，这是内在思想的外化，其目的和归属都是实事求是。重点阐述实事求是思想路线的重要意义，讲清为什么实事求是思想路线是马克思主义中国化理论成果的精髓。

（3）教学资源应用

1）大型电视政论片《复兴之路》

大型电视政论片《复兴之路》是中央电视台第一部全面、系统地梳理中国近现代历史的系列节目。该片全景式地追溯了中华民族 1840 年以来探索复兴之路的历程，题材重大，主题深刻，条理清晰，观点精辟，视野开阔。通过梳理中国近现代以来的发展历程，帮助国人准确地了解国史、国情，清晰地看到国家发展的脉络；通过历史本身所呈现的国家发展的内在逻辑，充分地揭示“人民创造历史，人民选择了在中国共产党领导下走社会主义道路来发展中国”的历史规律。

帮助学生更深刻地体会到：人民选择了马克思主义，选择了中国共产党，选择了社会主义。没有共产党，就没有新中国。只有社会主义，才能救中国。只有中国特色社会主义，才能发展中国。只有改革开放，才能富强中国。从而更加坚定学生在中国共产党的领导下，创建一个富强、民主、文明、和谐的社会主义现代化国家的信心和决心。同时反映了自1840年以来中国艰难曲折的民族振兴之路和中国人民在中国共产党领导下所取得的伟大成就。

2）伟人邓小平——“三落三起”的传奇人生[1]

纵观邓小平同志波澜壮阔的一生，他曾经历的三落三起既是经典，更是传奇。回首中国共产党九十年的峥嵘岁月，作为中共第一代领导集体的重要成员与中共第二代领导集体的核心，伟人邓小平的三落三起的特殊经历告诉我们：中国共产党所开创的革命事业发展之路，本身就是一条充满艰难与曲折之路，中国共产党人对革命事业发展进程所遇到的问题有一个逐步认识、反复认识的过程。一个以广大人民群众利益为最高利益的政党，具有自我修正错误，改正错误的勇气、决心、能力、魄力。这样的政党将永远充满活力，充满希望。

3）纪录片《大国崛起》

它山之石，可以攻玉。《大国的崛起》立意高远、思想深刻，这一系列片的创作宗旨就是——以历史的眼光和全球的视野，为当下中国的现代化发展寻找镜鉴。《大国崛起》解读15世纪以来世界性大国（葡萄牙、西班牙、荷兰、英国、法国、德国、日本、俄罗斯、美国）崛起的历史，探究其兴盛背后的原因。

通过富有质感的视频和精辟的解说，使学生认识到今天的中国，正走在中华民族伟大复兴的道路上。拥有广袤土地、众多人口和悠久历史的中国的富强，将创造人类发展史上的重大事件。而这一过程也正深刻地改变着中国社会，影响着世界格局。近代以来160多年的追赶，让世界再次听到了中国的声音；新中国成立之后，尤其是改革开放近三十年来的巨变，使我们能够更自信和从容地立足于世界去探索自己的强国之路。

---

[1] 魏晓文，杨慧民。“毛泽东思想邓小平理论和‘三个代表’重要思想概论”课教学案例解析。高等教育出版社，2009。

（4）实践教学建议

1）交流讨论：马克思主义中国化的意义。

2）交流讨论：他山之石，可以攻玉——观看《大国崛起》并座谈交流。

3）参观当地博物馆，感受地方历史文化及经济社会发展成就。

二、毛泽东思想的三大理论成果

本模块主要讲述毛泽东思想体系中三个重要组成部分，在整个教材中起着承上启下的作用。这一模块分设三个部分，第一部分讲新民主主义革命理论，第二部分讲社会主义革命理论，第三部分讲中国社会主义建设道路初步探索的理论成果。

1. 新民主主义革命理论

（1）教学目的

新民主主义革命理论是毛泽东思想的重要组成部分，是中国革命实践经验的结晶，是马克思主义中国化的重要成果。通过本专题的学习，使大学生能够了解新民主主义革命理论的形成过程、基本内容及重要意义，能够深刻理解我国实现从新民主主义向社会主义转变、走上社会主义道路是历史的必然选择，只有社会主义才能救中国，从而树立走中国特色社会主义道路的坚定信念[1]。

（2）教学要点

1）新民主主义革命理论的形成和发展

重点分析新民主主义革命理论形成的背景。对中国民主革命发展的历程和新民主主义革命理论的发展过程，以列表的形式简单介绍。

2）新民主主义革命理论的主要内容

系统讲述新民主主义革命的总路线、基本纲领及其道路，讲解中注意对应上一章“马克思主义中国化理论成果的精髓”的内容，指明新民主主义革命理论的主要内容都是我们党贯彻实事求是思想路线的结果。对新民主主义革命的三大法宝，重点阐述统一战线、党的建设的内涵及其在不同时期的发展，分析它们的主要经验和在今天中国特色社会主义建设中的现实意义。讲清在新的历史条件下如何继承和发扬党在革命战争时期形成的优良传统和作风。

---

[1]《毛泽东思想和中国特色社会主义理论体系概论》（2010 年修订版），高等教育出版社。

3）新民主主义革命理论的意义

本目内容可以概要加以介绍，也可布置学生自学。

（3）教学资源应用

1）百集电视纪录片《共产党人》（选看新民主主义革命时期的党史人物）

《共产党人》以中国共产党的90年伟大历史为线索，展现在党的领袖人物领导下，广大共产党员在不同的历史时期为实现共产主义的伟大理想浴血奋战、顽强拼搏的革命精神与高尚情操。全片按党史分3个历史阶段，每个历史阶段为一部，共90集。3部分之间共有四部10集背景介绍式专题片，最终形成100集长卷式大型系列片。

2）历史文献纪录片《信仰》（选看）

历史文献纪录片《信仰》，通过丰富的史实和具体的事例，生动而深刻地阐释了共产党人的信仰从哪里来，追求什么信仰，如何坚守信仰。在国际形势风云变幻、挑战和机遇并存的新形势下，推出这部历史文献纪录片，具有很强的理论说服力和现实针对性。使人看后感受到信仰的强大力量，很受教育和启发。

共产党人要有高尚而坚定的信仰。毛泽东同志曾说过："人总是要有一点精神的。"信仰就是精神支柱，就是内生动力，就是努力方向。新民主主义革命时期，一批批有坚定信仰的共产党人前仆后继、舍生忘死，在艰苦卓绝的条件下，推翻了"三座大山"的压迫，中国人民从此翻身做主人；社会主义建设和改革开放时期，在雷锋、孔繁森、钱学森、杨善洲、沈浩、郭明义等一大批先进、模范人物的引领下，广大共产党人自力更生、艰苦奋斗，顽强拼搏、无私奉献，开拓创新、勇往直前，为党的事业和人民幸福奉献出青春、热血直至生命，他们用坚定的信仰和为之付出的行动，成就了共和国改革发展的宏伟基业，使中华民族傲然屹立在世界民族之林。

（4）实践教学建议

1）交流讨论：新民主主义革命的性质。

2）参观当地或附近地区革命纪念地、纪念馆或烈士陵园，撰写或座谈交流心得体会。

2. 社会主义革命理论

（1）教学目的

本章主要阐述社会主义改造的理论。通过阐述从新民主主义向社会主义转变的思想、社会主义改造的道路及其历史经验、社会主义制度在中国的基本确立及其重大意义，使学生了解我国新民主主义社会的过渡性质和社会主义改造的历史必然性，掌握社会主义改造的原则、方针、从低级向高级发展的形式及历史经验；使学生懂得我国实现从新民主主义向社会主义的转变，走上社会主义发展道路是历史的选择，认识只有社会主义才能够救中国，社会主义改造的理论是马克思主义基本原理与中国实际相结合的重大成果[1]。

（2）教学要点

1）从新民主主义到社会主义的转变

讲清新民主主义社会的基本特征。系统分析党在过渡时期总路线提出的时代背景、主要内容、理论依据、现实可能性。

2）社会主义改造道路和历史经验

重点阐明为什么我国的社会主义改造道路是具有中国特点的，以及我国社会主义改造的实践经验，加深学生对我们党在新的历史阶段坚持实事求是思想路线的认识。正面引导学生认识社会主义改造中出现的一些失误和偏差。

3）社会主义制度在中国的确立

系统阐明社会主义基本制度的内涵及其理论根据，重点分析我国确立社会主义基本制度的重大意义，使学生充分认识到社会主义基本制度的确立为实现“中国梦”奠定了坚实的制度基础。

（3）教学资源应用

1）“老字号”的故事——同仁堂的新生[2]

工商界人士听到改造资本主义工商业的消息时，心情是极其矛盾和复杂的。1953 年，各家企业正是蒸蒸日上，大家想大干一场的时候，国家提出把私营企业改造为社会主义企业，具体来说就是要实行公私合营，这对民族资本家的震动很大，思想上没有什么准备，心里真是“十五只吊桶打水七上八下。”有的说：“1949 年为什么不讲总路线？那时讲，人就都跑了。”还有的说，“夕阳无限好，只是近黄昏。”

1953 年，北京市地方工业局选择了同仁堂首先行公私合营，这对于同仁堂的经营者震动很大。同仁堂到这时已存在了几百年。它始建于清朝康熙八年（1669 年）。北平解放前夕，北平同仁堂有职工 190 多人，奖金约 80 万元，

[1]《毛泽东思想和中国特色社会主义理论体系概论》（2010 年修订版），高等教育出版社。

[2] 魏晓文，杨慧民。“毛泽东思想邓小平理论和‘三个代表’重要思想概论”课教学案例解析。高等教育出版社，2009。

年产值约16万元，年零售额约30万元，设备陈旧，管理落后。1949年北平解放时，同仁堂由乐氏十三世乐松生经营，他同时是天津达仁堂管理处总负责人。1950年抗美援朝开始，同仁堂向国家捐献99000元。

同仁堂一直受到党和政府的重视和关怀。公私合营的消息传来时，对乐氏家族的震动很大，他们对经营了几百年的老铺，将要失去所有权、经营统治权和企业利润分配权，确实十分痛惜。乐松生经过反复考虑，认识到：这是大势所趋，人心所向，历史潮流，不可违背，而且，合营后，自己仍任经理，生活待遇也不错，因此决定，同仁堂带头公私合营。

公私合营后，企业发生了很大的变化。如同仁堂虽然是个大药店，但以往的经营管理方式陈旧，存在生产计划性不强，物资储存分散，领取手续不清，库存积压产品过多等漏洞。公私合营后，改善了经营管理，建立起各种规章制度，增加设备，改进技术，自行设计了粉碎机、汽锅等，改进了生产包装。销售额也不断上升。门市部抓药从过去每天几十服，增加到每天200多服。经理乐松生高兴地说："别家的流水逐日下降，咱们的流水逐日上升，原来担心合营工作会影响生产，没想到合营后业务发展这么快，这下可放心了。"

1955年，毛泽东、周恩来在中南海接见了乐松生，询问了他生活、工作的情况，鼓励他为医药事业多做贡献。同年，他当选了北京市人大代表、市政协委员，出任北京市副市长。1956年1月13日，北京药业全行业公私合营，乐松生手捧大红喜报代表北京市工商界人士向毛泽东报喜。

2）家族企业的"神话"——荣氏家族的贡献

荣氏家族，是以荣毅仁为代表的中国民族资本家族，在长达一个世纪的岁月中，荣氏家族都在中国经济界占有举足轻重的地位，中国人民大学经济学院教授高德步评价说："从近代开始，荣家三代对中国经济的发展做出了巨大贡献。荣宗敬和荣德生兄弟创办的企业是中国民族企业的前驱；新中国成立后，荣毅仁支持中国政府的三大改造，对我国经济的发展起到非常积极的作用；改革开放以后，荣家第三代荣智健等人对中国市场经济、新兴民族企业的发展做出了重大贡献。"

（4）实践教学建议

1）交流讨论"社会主义改造和社会主义改革的关系"。

2）网络搜集："一五"建设期间的156个国家大型重工业建设项目。学校所在地有前述重点工程的，可以组织学生前往参观。

3. 中国社会主义建设道路初步探索的理论成果

(1) 教学目的和建议

通过本章学习，使学生了解在社会主义改造基本完成以后20年中，以毛泽东为代表的中国共产党人在探索中国建设社会主义道路过程中的理论成果和经验教训，深刻理解只有从中国实际出发，才能找到建设社会主义的正确道路，从而坚定走中国特色社会主义道路的信心。

(2) 教学要点

1) 社会主义建设道路的初步探索

简要分析苏联模式及其弊端、第一个五年计划执行过程中的经验教训，从照搬苏联到提出“以苏为鉴”，马克思主义与中国实际第二次结合的提出。

2) 社会主义建设道路初步探索的主要理论成果

重点讲解《论十大关系》、《正确处理人民内部矛盾》的主要内容。初步探索的其他理论成果可安排学生自学。

3) 中国社会主义建设道路探索的经验教训

结合我党在新民主主义革命初期的经验教训，组织学生讨论：认识国情、把握革命和建设的发展阶段、正确认识社会发展规律从而制定正确的路线、方针、政策的重要性、艰巨性和复杂性，深刻理解坚持实事求是思想路线的重要性。

(3) 教学资源应用——解读《论十大关系》

毛泽东《论十大关系》的报告明确了建设社会主义的根本思想是必须根据本国情况走自己的道路。在重工业、轻工业和农业的关系问题上，要用多发展一些农业、轻工业的办法来发展重工业；在沿海工业和内地工业的关系问题上，要充分利用和发展沿海的工业基地，以便更有力量来发展和支持内地工业；在经济建设和国防建设的关系问题上，在强调加强国防建设的重要性时，提出把军政费用降到一个适当的比例，增加经济建设费用。只有把经济建设发展得更快了，国防建设才能够有更大的进步；在国家、生产单位和生产者个人的关系问题上，三者的利益必须兼顾，不能只顾一头，既要提倡艰苦奋斗，又要关心群众生活；在中央和地方的关系问题上，要在巩固中央统一领导的前提下，扩大地方的权力，让地方办更多的事情，发挥中央和地方两个积极性；在汉族与少数民族的关系问题上，要着重反对大汉族主义，也要反对地方民族主义，要诚心诚意地积极帮助少数民族发展经济建设和文化建设；在党和非党的关系问题上，共产党和民主党派要长期共存，互相监督；在革命和反革命的关系问题上，必须分清敌我，化消极因素为积极因素；在是非关系问题上，对犯错误的同志要实行“惩前毖后，治病救人”的方针，要允许人家犯错误，允许并帮助他们改正错误；在中国和外国的关系问题上，要学习一切民族、一切国家的长处，包括资本主义国家先进的科学技术和科学管理方法，要反对不加分析地一概排斥或一概照搬。

（4）实践教学建议

阅读原著《论十大关系》、《正确处理人民内部矛盾》。

三、中国特色社会主义的四大基本理论

本模块讲述的是十八大强调的中国特色社会主义建设总依据、总布局、总任务理论及十一届三中全会以来一直坚持的改革开放理论。建设中国特色社会主义总依据是社会主义初级阶段，总布局是五位一体，总任务是实现社会主义现代化和中华民族的伟大复兴。改革开放是发展中国特色社会主义、实现中华民族伟大复兴的必由之路。

1. 中国特色社会主义总依据理论

（1）教学目的

通过教学使学生充分认识我国当前最大的国情就是我们正处于并长期处于社会主义初级阶段，在此基础上理解社会主义初级阶段的基本含义及党在社会主义初级阶段的基本路线、基本纲领和基本经验。

（2）教学要点

1）社会主义初级阶段理论

简要介绍社会主义初级阶段理论形成和发展的过程。重点阐明社会主义初级阶段的含义和特征。

2）社会主义初级阶段的基本路线和基本纲领

重点讲解党在社会主义初级阶段的基本路线和基本纲领。

（3）教学资源应用——小康社会的标准

国家有关部门参照国际上常用的衡量现代化的指标体系，考虑我国国情，从十个方面形成了全面建成小康社会的基本标准。

一是人均国内生产总值超过3000美元。这是实现全面建设小康社会目标的根本标志。2000年，我国人均国内生产总值为854美元。按照国内生产总值翻两番的发展速度测算，到2020年，我国人均国内生产总值将超过3000美元，达到当时中等收入国家的平均水平。

二是城镇居民人均可支配收入1.8万元（2000年不变价，下同）。过去20年，我国城镇居民人均可支配收入增长了3倍。预计今后我国经济将继续快速发展，城镇居民收入水平能够保持过去20年的增长势头，到2020年达到18840元，可以稍微超过小康指标。

三是农村居民家庭人均纯收入8000元。过去20年我国农村居民家庭人均收入增长了3.5倍，其中近10年增长1.6倍，到2000年为2253元。可以预计，随着农村改革的深入和农业现代化水平的提高，农民收入有可能增长3.2倍，农村居民家庭人均纯收入达到7210元，基本实现小康目标，城乡居民收入差距也有所缩小。

四是恩格尔系数低于40%。近10年，城镇居民消费的恩格尔系数下降了15个百分点，农村居民消费正处于新的升级过程中。2000年，全国恩格尔系数为46%，2010年下降到40%，预计到2020年前后下降到35%左右。

五是城镇人均住房建筑面积30平方米。近10年每人年均增加0.5平方米。2000年为人均19平方米，预计2020年可以超过30平方米。

六是城镇化率达到50%。我国近10年城镇化率年均提高1个百分点，2000年为36.2%。我国将坚持城镇化战略，工业化也进入加速发展阶段，城镇化率每年可以提高1个百分点，到2020年达到56%。

七是居民家庭计算机普及率20%。到2000年，我国城乡居民家庭计算机普及率约为4.2%左右，其中城镇居民家庭计算机普及率为9.7%。这几年，计算机普及率呈现加快提高的趋势，到2020年可以基本实现计算机普及率20%的目标。

八是大学入学率达到20%。2011年，我国大学入学率已经超过这一指标，达到24%。根据2010年发布的《国家中长期教育改革和发展规划纲要(2010—2020年)》，我国大学入学率到2020年将达到40%。

九是每千人医生数2.8人。2000年，我国每千人医生数为2人，高于世界平均水平，到2020年预计每千人医生数超过3人。

十是城镇居民最低生活保障率95%以上。这一目标在2010年就已经达到。

(4) 实践教学建议

校外现实性实践——社会调查：你家“小康”了么?

2. 社会主义本质和中国特色社会主义总任务理论

(1) 教学目的

通过教学使学生了解中国共产党人在探索中国建设社会主义过程中的理

论成果和经验教训，深刻认识社会主义本质理论的内涵和意义，认真把握社会主义的根本任务和党执政兴国的第一要务。

（2）教学要点

1）对社会主义本质的新认识

简要介绍社会主义本质理论提出的过程。重点分析社会主义本质的科学内涵。社会主义本质理论的重要意义可布置学生自学。

2）社会主义的根本任务

讲清为什么“发展才是硬道理”、“科学技术是第一生产力”，分析为什么必须坚持以科学发展为主题。

3）中国特色社会主义的总任务

通过时间线索整理出新中国成立后我们党对国家发展战略的基本思路不断成熟、明晰和具体，使同学们认识到从“两步走”到“三步走”再到“三个阶段性目标”的发展战略的确定，体现了我们党对我国国情认识的变化，体现了中国共产党人一切从实际出发，实事求是、坚持在实践中检验真理和发展真理的品质。

重点讲解党的十八大提出的建设中国特色社会主义总任务：实现社会主义现代化和中华民族伟大复兴，强调在中国特色社会主义道路上实现中华民族伟大复兴，在实现中华民族伟大复兴进程中坚持和发展中国特色社会主义，是中国共产党人的历史使命。帮助学生深刻把握中国特色社会主义的真谛，激励学生承担起推进中国特色社会主义事业的历史使命。

（3）教学资源应用

1）邓小平南巡讲话视频资料

1992 年 1 月 18 日至 2 月 21 日，邓小平南巡武昌、深圳、珠海、上海等地，发表了重要讲话。邓小平的南巡谈话对中国 90 年代的经济改革与社会进步起到了关键的推动作用。

2）解读中国梦

2012 年 11 月 29 日，新一届中央领导集体在国家博物馆参观《复兴之路》展览时，中共中央总书记习近平深情地阐述了“中国梦”。他说：“现在，大家都在讨论中国梦，我以为，实现中华民族伟大复兴，就是中华民族近代以来最伟大的梦想。”他坚信，到中国共产党成立 100 年时，全面建成小康社会的目标一定能实现，到新中国成立 100 年时，建成富强民主文明和谐的社会主义现代化国家的目标一定能实现，中华民族伟大复兴的梦想一定能实现。

中国梦的提出，极大地激发了人民群众实现民族复兴的内心渴望和高涨热情，同时提出了一个亟待阐释的重大课题，即中国梦该怎样解读，究竟有哪些特定的内涵。

（4）实践教学建议

1）交流讨论“坚持以科学发展为主题”。

2）“中国梦”主题演讲比赛。

3. 社会主义改革开放理论

（1）教学目的[1]

通过本章教学，要使学生了解改革的理论依据和实践基础，改革的主要内容，正确认识改革的性质及改革对巩固和发展社会主义的重大意义。弄清楚我国实行对外开放的必要性、步骤及如何进一步扩大开放。

（2）教学要点

1）改革开放是中国特色社会主义的必由之路

简要介绍中国共产党在20世纪70年代末作出实行改革开放重大决策的国内、国际背景，说明改革开放是决定当代中国命运的关键抉择；重点阐述改革开放是一场新的伟大革命，它既不是对原有经济制度的修修补补，也不是一个阶级推翻另一个阶级的革命，不是否定社会主义的基本制度，而是社会主义制度的自我完善和发展。帮助学生学习十八大关于改革创新的思想，理解理论创新、制度创新、科技创新、文化创新以及其他各方面创新，不断推进我国社会主义制度的自我完善和发展。

2）坚定不移地推进全面改革

简要说明对全面改革的理解：即改革一切不适应生产力发展的管理方式、活动方式和思想方式，包括经济体制、政治体制、文化体制、社会体制以及其他各方面体制的改革；重点分析在全面改革中，经济体制改革是重点；强调改革开放是一场深刻而全面的社会变革，每一项改革都会对其他改革产生重要影响，每一项改革又都需要其他改革协同配合；正确处理改革、发展、稳定的关系。

3）坚持对外开放的基本国策

重点分析中国的发展离不开世界，世界的发展也需要中国；我国的对外

[1]《毛泽东思想和中国特色社会主义理论体系概论》学考指导书，安徽师范大学出版社，2010。

开放是全方位、多层次、宽领域的开放。

（3）教学资源应用

1）华西村

华西村是全国农村走共同富裕道路的典型。2004年，华西村人均工资收入12.26万元，同年全国农民人均纯收入2936元、城镇居民人均可支配收入9422元。华西人的收入是全国农民的41.76倍、城镇居民的13.01倍。2009年，华西村入选世界纪录协会中国第一村，华西村创造了中国世界纪录协会多项世界之最、中国之最。2010年夏，华西村花费9000万从美国购买直升机，发展空中旅游。2011年5月初，有消息称华西村将来的发展目标是筹建自己的航空公司。2011年10月11日，华西村被曝再现万里长城和天安门城楼，甚至包括美国的国会大厦。

2）小岗村

小岗村，是中国农村改革的发源地。

官方媒体：20多年来，小岗村发生了巨大的变化，草房被瓦房和楼房取代；黄泥巴小路被宽敞的水泥大道替代，村小学、自来水、电灯、电话，还有卫星电视接收系统，都在小岗村出现；彩电、冰箱、摩托车等高档生活用品已进入农户家庭，成片的葡萄园已进入盛果期，……小岗村正在阔步迈向小康！

网民：水泥大道、村小学、自来水、电话，还有卫星电视接收系统等等，都不是小岗村人用自己的辛勤劳动获得的，而是由政府、企业和社会等无条件地施舍给小岗村的！——当地政府出资建立了村口的“大牌坊”，江苏省张家港市援建了水泥大道，安徽省出资建自来水供应系统和村办学校以及通到村里的柏油路，凤阳县电信局免费给家家户户安装了电话（不幸的是穷农户们打不起电话），家家户户都拥有的彩电和小岗村专用车全部由企业和社会赠予（只知自私自利的小岗村人，不知道爱惜集体财产，将卫星接收天线装制两个“大锅”翻倒在招待所院内，任其锈迹斑斑。），安徽省财政厅赞助5000元买物品发给村民过春节（每户一般发一桶油，当年18家按手印“分田单干”的村民每户发两桶，再加一条烟，分地时的生产队正、副队长严俊昌、严宏昌两位带头人除两桶油一条烟外，多补一箱酒），……小岗村村民严留昌对记者说：“你们记者在这里看到的绝大部分设施是在前国家主席江泽民1998年9月到访前的3个月内，官方投资突击搞起来的。上级不希望小岗给安徽丢脸。小岗人没有花钱，也没有钱花。”

非官方媒体：2004年被安徽省委组织部选派到凤阳县小岗村担任党委书记、村民委员会主任的沈浩（安徽省财政厅副处级干部），在向安徽省委领导如实汇报小岗村的发展现状时说：小岗村这些年几乎没有发展，“联产承包责任制”改革之前“贫穷落后”，现状是“温饱有余”。

小岗村村民严宏俊（当年按血手印分田单干的18名发起人之一）深有感触地说：“分那一亩二分地，现在只能管温饱，年轻人都出去打工，家里地靠留下的老弱病残人也照料不好，不是荒废着，就是廉价卖给私企老板。村民想干什么都不成，迈不开步子啊”！

陈桂棣、春桃夫妇在《中国农民调查》一书中曾经总结说：改革20年后的小岗村只有8个字可以形容——“江山依旧，旧貌犹存”。

南京农业大学陈文林教授认为：小岗现在应该是“落后”的代表！

谁正确呢？

2009年11月9日，主流媒体新华社无意中做了结论：“江山依旧，旧貌犹存”的说法是正确的！

讨论分析：“一年迈过温饱坎、三十年迈不进富贵门”！为什么？

3）小渔村

作为我国第一个经济特区，深圳一直被看作是中国改革开放的窗口。然而，这个如今车水马龙、汇聚四方的现代大都市，30年前却是一个荒凉的小渔村。特区的建立给这些在贫困中挣扎的深圳本地居民开启了新生活的大门。从1980年开始，渔民村利用特区的经济政策，组建起运输车队、船队，办起了来料加工厂。经过勤奋苦干，到1981年，渔民村户均收入达3.3万多元，成为深圳的第一个“万元户村”。

比较三个村，你怎么看？

（4）实践教学建议

1）交流讨论：比较三个“村”，你怎么看？

2）制作关于家乡的PPT，展现家乡的变化。

3）网络搜索或参观中国改革第一村——小岗村。

4）网络搜索或参观城市改革新风——傻子瓜子公司。

4. 中国特色社会主义总布局理论

（1）教学目的

通过本章学习，深刻领会党的十八大报告对推进中国特色社会主义事业作出“五位一体”总体布局：经济建设、政治建设、文化建设、社会建设、生态文明建设——着眼于全面建成小康社会、实现社会主义现代化和中华民族伟大复兴。

（2）教学要点

1）中国特色社会主义总布局的形成和发展

简要介绍党的十二大确立了社会主义物质文明和精神文明“两位一体”的总体布局，十五大确立了经济建设、政治建设、文化建设“三位一体”的总体布局，十七大确立了经济建设、政治建设、文化建设、社会建设“四位一体”的总体布局。重点分析随着我国经济社会发展不断深入，生态文明建设地位和作用日益凸显。十八大把生态文明建设纳入中国特色社会主义事业总体布局，使生态文明建设的战略地位更加明确，有利于把生态文明建设融入经济建设、政治建设、文化建设、社会建设各方面和全过程。把中国特色社会主义事业总体布局明确为“五位一体”，这是党对社会主义建设规律在实践和认识上不断深化的重要成果。

2）建设中国特色社会主义经济

简要介绍中国选择社会主义市场经济体制的理论和实践基础，重点分析社会主义市场经济的内涵、社会主义初级阶段的基本经济制度、社会主义初级阶段的分配制度，可以组织学生讨论怎样正确处理先富与后富的关系，以及公平和正义问题。

3）建设中国特色社会主义政治

简要介绍中国特色社会主义政治发展道路、社会主义民主、社会主义法治国家等，推进政治体制改革，重点分析：为什么我们必须坚持中国特色社会主义的基本政治制度？为什么不能照搬西方议会民主、“三权分立”和多党制？为什么要积极稳步推进政治体制改革，建设社会主义政治文明？组织学生讨论在推进政治体制改革，建设政治文明和法治国家进程中吸取人类文明成果时，必须分清马克思主义和西方理论在国家和法的理论上的根本区别，坚持马克思主义的指导地位[1]。

4）建设中国特色社会主义文化

简要介绍中国特色社会主义文化发展道路；建设社会主义核心价值体系；加强思想道德建设和教育科学文化建设；建设社会主义文化强国。重点分析建设社会主义核心价值体系和社会主义核心价值观的主要内容，组织学生讨

[1]《毛泽东思想、邓小平理论和“三个代表”重要思想概论》教师参考书，高等教育出版社，2009。

论加强思想道德建设与教育科学文化建设的必要性、重要性和方式方法。

5）建设社会主义和谐社会

简要介绍建设社会主义和谐社会的总体思路，构建社会主义和谐社会的重要性和紧迫性，以及我们党提出构建社会主义和谐社会的理论渊源和现实依据。选择关于保障和改善民生问题中的一两个问题如就业问题、住房问题等作重点分析，帮助学生深刻认识构建社会主义和谐社会的重要意义，可以组织学生讨论关于社会管理创新问题。

6）建设社会主义生态文明

这是党的报告中第一次将生态文明单独列出来加以论述，反映了我们党对生态文明建设的高度重视，是十八大报告的一个新亮点。重点分析十八大报告从四个方面对我国生态文明建设的部署：优化国土空间开发格局；全面促进资源节约；加大自然生态系统和环境保护力度；加强生态文明制度建设。帮助学生充分认识加强生态文明建设的重要性和紧迫性，全面把握生态文明建设的总体要求，树立生态文明理念，坚持节约资源和保护环境的基本国策。

（3）教学资源应用

1）自主品牌，创新发展——网络搜索或参观“奇瑞”公司

“自主创新”是奇瑞发展战略的核心。从创立之初，奇瑞就坚持自主创新，努力成为一个技术型企业。奇瑞已建成了以芜湖的汽车工程研究和研发总院为核心，以北京、上海以及海外的意大利、日本和澳大利亚的研究分院为支撑，形成了从整车、动力总成、关键零部件开发到试制、试验较为完整的产品研发体系。公司通过自主创新，在TGDI涡轮增压缸内直喷技术、DVVT双可变气门正时技术、CVT无级变速器以及新能源等一大批国内尖端核心技术上获得突破，带动了全系产品的全面技术升级。2008年，奇瑞成为我国首批“创新型企业”，“节能环保汽车技术平台建设”等两个项目分别荣获国家科技进步奖一等奖、二等奖。截至2011年底，奇瑞公司累计申报各项专利6626件，累计获得各项授权专利4595件，位居本土汽车企业第一位。

打造“国际名牌”是奇瑞的战略发展目标。奇瑞积极实施“走出去”战略，成为我国第一个将整车、CKD散件、发动机以及整车制造技术和装备出口至国外的轿车企业。2006年奇瑞被国家商务部、发改委联合认定为首批“国家汽车整车出口基地企业”；2011年，奇瑞获得了中国首批汽车出口AAA级企业信用评价。奇瑞正全面推进全球化布局，实施从“走出去”向“走进

去”扎根发展的转变，逐步通过产品本地化，人员本地化，合作方式本地化等来加深海外市场的深层次合作。

2）统筹区域发展——网络搜索或参观“皖江城市带承接产业转移示范区”或当地国家战略发展规划区

皖江城市带是《中共中央国务院关于促进中部崛起的若干意见》（中发〔2006〕10号）确定的重点发展区域，是国务院批复的《促进中部地区崛起规划》中明确提出建设的六大城市群增长极之一。

皖江城市带承接产业转移示范区规划从区内各市产业现状、资源状况和未来发展趋势考虑，提出了构建“一轴双核两翼”的产业空间格局的构想：“一轴”包括安庆、池州、铜陵、巢湖、芜湖、马鞍山6个沿江市，这是承接产业转移的主轴线；“双核”指合肥、芜湖，这是安徽省目前乃至今后一个时期经济发展最具活力和潜力的两大增长极，是承接产业转移的核心区域；“两翼”包括滁州和宣城，着力打造承接沿海地区特别是长三角产业转移的前沿地带。同时，规划还从空间上对构建现代城镇体系，实现产业与城镇互动发展作出了整体安排。

设立示范区，是顺应国内外产业转移新趋势，建立承接产业转移新模式的客观需要。承接内外产业转移，实现量的扩张，从根本上讲，是深入实施中部崛起战略、推动区域协调发展的重大举措。设立示范区，是更好地发挥皖江城市带综合优势，推动安徽又好又快发展的现实要求。

3）刘翔再度缺席“两会”，你怎么看？

刘翔于2008年成为第十一届全国政协委员，为期5年，但是当年因为有比赛任务未能参会。2009年，刘翔因为在美国疗伤只参加了后半程的会议。2010年，刘翔参加了两会并首次提交了提案，之后中途请假出国参赛。2011年，刘翔参会但是没有准备提案。2012年，刘翔因为训练，请假缺席两会，但是提交了一份呼吁推进运动员文化素质、行为品质提高的提案。2013年刘翔连任新一届全国政协委员并再度缺席。“翔飞人”能否履行好委员职责，值得关注。

白岩松评论说：正在当打之年的刘翔等体育界代表委员，一天不练自己知道，两天不练对手知道，三天不练连观众都知道。很难想象，十多天的两会，日程那么紧，任务又那么重，他们即使有心全程参与，运动员的特殊性也不允许他们这样做，再加上赛事频繁，他们作为政协委员和人大代表行使职责和义务的可能，就几乎为零。其实，对于刘翔这样的运动员，在他退役之后，工作稳定下来，思考更多，对现实的观察更多之后，再把他变成委员或选成代表，其实才更是对各方都有利的事情。起码在目前，运动员的“两会”应该在赛场上，那就是“会比赛，会出成绩”，至于参政议政，那不是仅靠速度和力度就能发挥出色的！

网民甲评论说：人大代表、政协委员应该是一种责任，是参与商讨国家大事，制订政策方针，可是政府总是喜欢把它当成荣誉奖励给名人。刘翔因为腿脚利索跑得快就获得了政协委员这个殊荣。假如刘翔在比赛的那一刻抽筋了，跑得慢了一些就没有他的份儿了，就参与不了商讨国家大事，制订不了政策方针了，虽然还是那个刘翔。

网民乙评论说：奖励有突出贡献的人有很多办法，比如让刘翔免费去新马泰旅游，去跟人妖合影留念，奖励他一套别墅或者一辆宝马，这都比请他去开政协会强。因为开会商讨国家大事，事关国家和民众的利益，要靠脑子靠思想，不是靠腿脚利索。长年在运动场上训练，没有挤过公交车，没有去菜市场上买过菜，不知道鸡蛋多少钱一斤，既不懂政治也不懂经济，到了会场能干啥？跟听天书似的，除了打瞌睡就是拍巴掌还影响正常训练和比赛，这实在是他本人也是被代表的民众的悲哀。

4）劳教制度：存？废？改？

杭州律师王成2010年7月16日在劳教制度实施53周年前夕会同上千名学者、公民和媒体人士向全国人大递交《公民权力主张书》，要求立即撤销劳教制度。2012年8月，唐慧案发生后，王成发起新一轮签名行动，呼吁各界更多人士在《公民权力主张书》上签名，敦促尽快废除劳教制度，李方平、江天勇等维权律师以及任志强、李开复等公众人物给予了公开支持。王成向本报表示，劳教制度无论废与改，其权力都必须收归法院来行使。

改革不能换汤不换药。

中国社会科学院研究生院、中国政法大学和中央财经大学兼职教授，长期研究劳教制度，曾任司法部研究室主任、司法研究所所长的王公义认为：“废除劳教制度是法治社会必由之路”这一说法可能有问题。劳教制度之所以至今未被废除，是因其在社会管理中有一定作用，主要是由于社会管理中存在这一部分对象，他们大约有两类四种人：一类是轻微犯罪的人；一类是严重违法的人。这两类人大约可分为4种，是目前劳教队伍中的主力：第一种是杀人、放火、抢劫、强奸等罪犯团伙中不够刑事处分的；第二种是流氓、卖淫、恶意传播艾滋病性病、盗窃、诈骗等违法犯罪行为，屡教不改，不够刑事处分的；第三种是聚众斗殴、寻衅滋事、煽动闹事等扰乱社会治安，不够刑事处分的；第四种是青少年犯罪。2012年，中国的劳教所里大约关押了5万到6万人。如果劳教制度取消，有什么制度来管理这些人？

5）播放视频

视频短片一：《喜羊羊与灰太狼之开心闯龙年》

（http：//v. youku. com/v_show/id_XMzQxODk5NDUy. html）

视频短片二：《哈利·波特》

（http：//v. youku. com/v_show/id_XMTcwNDEy. html）

导语：《哈利·波特》从小说出版开始，带动电影、软件、玩具、文具、服装、儿童用品、主题公园等相关产业的发展，创造了经济总量达2000多亿美元的奇迹。

视频短片三：《功夫熊猫》

（http：//v. youku. com/v_show/id_XMjQ4NTQ5MzMy. html）

导语：到2008年6月，《功夫熊猫》在北美已经稳居票房榜亚军宝座，票房成绩已达到了1.56亿美元，全球票房则达1.98亿美元。在内地上映头3周，票房就达1.35亿元人民币。2011年5月28日，《功夫熊猫2》在内地上映，头三周票房就接近3亿元。

思考：①文化与经济有什么关系？②大力发展文化产业有什么意义？

6）"第一夫人"文化与中国软实力

2013年3月22日，彭丽媛随国家主席习近平外访。作为中国"第一夫人"首次亮相国际，彭丽媛大方得体的着装立即引发一片赞叹，并引发外界对她服饰品牌的猜测。令人惊奇的是，彭丽媛的服装，既不是爱马仕也不是Tods等国外大牌，而是国内品牌。3月24日，广州市质监局官方微博"广州质检"证实，彭丽媛走出机舱时所穿的大衣及所拿手提包，均是广州市例外服饰有限公司为其定制，是实打实的国货，生产工厂就在海珠区。受此消息提振，25日A股服装板块表现活跃，50%以上的服装股飘红，朗姿股份、大杨创世两股涨停。

你怎么看？

7）感动中国——个人的经历或行为，代表了社会发展方向

作为中央电视台倾力打造的一个精神品牌栏目，《感动中国》已经连续举办多年，它以评选出当年度具有震撼人心、令人感动的人物为主打内容，《感动中国》节目向全国观众推出了许多人物，其中有徐本禹、高耀洁、田世国、

从飞、王顺友等来自民间的杰出人士，有成龙、濮存昕、刘翔、姚明等光彩耀人的明星，也有钟南山、袁隆平、桂希恩、黄伯云这样的睿智学者，每个人物身上都有一种让观众感到心灵震撼的精神力量。《感动中国》因此也被媒体誉为“中国人的年度精神史诗”。

8）舌尖上的中国——食品安全问题

苏丹红鸭蛋、孔雀绿鱼虾、三聚氰胺奶粉及牛奶、甲醛奶糖、带花黄瓜、爆炸西瓜、地沟油、染色花椒、墨汁石蜡红薯粉、瘦肉精、假牛肉（用牛肉膏让猪肉变牛肉），河南南阳毒韭菜、青岛福尔马林浸泡小银鱼、染色馒头、沈阳毒豆芽、宜昌毒生姜、合肥染色蛋糕、北京多家影院爆米花桶含荧光增白剂、海南的毒豇豆、陕西榆林学生奶中毒、广东中山查获1325公斤“墨汁粉条”、重庆一公司购26吨三聚氰胺奶粉生产雪糕、广州市场现“染色紫菜”、台湾塑化剂有毒食品，到期面包回炉再造热卖、漂白大米、面粉增白剂、下水道小龙虾、双氧水凤爪、避孕药养黄鳝、激素染色草莓、大肠杆菌超标青团、农药残留含敌敌畏、麻辣海带丝用苯甲酸防腐、毒竹笋焦亚硫酸钠超标至少144倍……

天哪，我们竟然还活着！

讨论：食品安全问题层出不穷的原因及应对之策。

9）钟南山：北京十年来肺癌增加60%，大气污染比非典可怕得多

世界卫生组织规定，最微小污染颗粒（即PM2.5）的平均浓度不应超过每立方米25微克。超过100微克的空气是不健康的。达到300微克，所有的儿童和老人均应待在户内。2013年1月12日下午，北京城东部、南部的PM2.5均值超过700微克/立方米。

钟南山表示：“大气污染是呼吸系统疾病发病的重要原因。北京十年来肺癌增加了60%，这是非常惊人的数字，空气污染是一个非常重要的原因。所以我想不单是人们所感受到的咽炎、鼻炎，或者眼睛的病症，从长远考虑，对人体造成更大的危害还在后头。”

据介绍，钟南山院士的一位香港同事曾做过研究，PM2.5每立方米增加10个微克，呼吸系统疾病住院率可以增加到3.1%。要是灰霾从25个微克增加到200微克，日均病死率可增加到11%。灰霾不仅对呼吸系统有影响，而且对心血管、脑血管、神经系统都有影响。

钟南山认为，在大气污染的现状面前，个人生活方式的改变“杯水车薪”，原因在于大气污染跟整个外环境、内环境息息相关，比非典可怕得多。

非典可以考虑隔离，或采取各种办法。但是大气污染、室内污染是任何人跑不掉的。最关键的问题是要想尽办法改善人类最基本的生存环境。

(4) 实践教学建议

1) 交流讨论："第一夫人"文化与中国软实力。

2) 网络搜索或参观"奇瑞"公司。

3) 校园生态文明调查报告。

四、中国特色社会主义建设的环境保障和力量保证

本模块主要讲中国特色社会主义建设的环境保障和力量保证：涵盖教材第九、第十、第十一、第十二章内容，即讲解中国特色社会主义建设面临的内政、外交大背景，中国特色社会主义建设的领导力量和依靠力量。

1. 祖国完全统一的构想

(1) 教学目的

通过本章的教学，使学生认清实现祖国完全统一是中华民族的根本利益所在，学习我们党关于实现祖国统一的基本立场、战略策略和方针政策；了解我们党和人民对解决台湾问题的坚定信念和决心，把握建国 60 多年来我们党和政府对台方针政策经历了从"解放台湾"到"和平统一"的两个重要历史过程；把握"和平统一、一国两制"构想的形成确立过程、基本内容和重要意义。

(2) 教学要点

1) 实现祖国完全统一是中华民族的根本利益

简要介绍维护祖国统一是中华民族的爱国主义传统，是中华民族伟大复兴的历史任务，实现祖国统一是中国人民不可动摇的坚强意志。

2) "和平统一、一国两制"的科学构想及其实践

重点讲解"和平统一、一国两制"基本方针的形成和意义；"和平统一、一国两制"在香港、澳门的成功实践；新时期的对台方针政策。使学生认清实现祖国完全统一是中华民族的根本利益所在，了解我们党和人民对解决台湾问题的坚定信念和决心。

(3) 教学资源应用——1997 香港回归直播（全程纪录片）

1997 年 6 月 30 日午夜至 7 月 1 日凌晨中英两国政府香港政权交接仪式在香港会议展览中心新翼五楼大会堂隆重举行。6 月 30 日 23 时 42 分，交接仪式正式开始，中方国家主席江泽民、国务院总理李鹏、国务院副总理兼外交

部部长钱其琛、中央军委副主席张万年、香港特别行政区首任行政长官董建华，英方查尔斯王子、首相布莱尔、外交大臣库克、离任港督彭定康、国防参谋长查尔斯·格思里，同时步入会场登上主席台主礼台。1997 年 7 月 1 日零时，中华人民共和国国旗和中华人民共和国香港特别行政区区旗在香港升起。零时 4 分，中华人民共和国主席江泽民庄严宣告：根据中英关于香港问题的《联合声明》，两国政府如期举行了香港交接仪式，宣告中国对香港恢复行使主权。中华人民共和国香港特别行政区正式成立。这是中华民族的盛事，也是世界和平与正义事业的胜利。经历了百年沧桑的香港回归祖国，标志着香港同胞从此成为祖国这块土地上的真正主人，香港的发展从此进入一个崭新的时代。零时 12 分，香港政权交接仪式结束。

（4）实践教学建议

交流讨论：台湾问题中的美国因素。

2. 中国特色社会主义外交和国际战略理论

（1）教学目的

通过本章教学，使学生了解二战后国际形势的发展变化及其基本特点；认识和平与发展仍是当今时代的主题；掌握我国外交的基本原则、方针和政策；通过对中国在国际舞台上地位和作用提高的分析，明确中国在反对霸权主义，维护世界和平上的决心和信心。

（2）教学要点

1）外交和国际战略理论的形成依据

简要介绍国际形势的发展及其基本特点，重点分析和平与发展是当今时代的主题，分析世界多极化和经济全球化趋势在曲折中发展，组织学生讨论中国如何抓住和用好重要战略机遇期。

2）中国独立自主的和平外交政策

简要介绍新中国成立以来，我国独立自主和平外交政策的形成和发展的历程，重点分析独立自主的原则是中国外交政策的根本原则，阐述维护世界和平，促进共同发展的意义，组织学生讨论实施互利共赢的开放战略。

（3）教学资源应用——中国钓鱼岛海权维护

当前，我国海洋维权形势严峻：岛礁被占领，资源被掳夺，权益被侵犯，域外大国和周边国家正采取各种手段抢夺海洋空间及海洋资源。东海：钓鱼岛主权受到侵犯；南海：东沙、西沙、中沙和南沙海域划界争议升温；黄海：200 海里专属经济区出现利益争端，中国周边海洋维权任重而道远。

（4）实践教学建议

1）网络搜索：当代八大国际海洋争端。

2）交流讨论：中国“三海维权”。

3. 中国特色社会主义建设的根本目的和依靠力量

（1）教学目的

通过本章教学，帮助学生理解建设中国特色社会主义必须依靠工人、农民、知识分子；在社会变革中出现的新社会阶层都是中国特色社会主义事业的建设者；人民军队是社会主义祖国的保卫者和社会主义建设的重要力量。理解高举爱国主义、社会主义的旗帜，加强全国各族人民大团结，巩固和发展最广泛的爱国统一战线。掌握中国共产党是工人阶级的先锋队，同时是中国人民和中华民族的先锋队。

（2）教学要点

1）中国特色社会主义建设的根本目的

简要介绍中国特色社会主义建设的根本目的，重点分析共同富裕的目标，可以组织学生讨论经济社会发展与人的全面发展的统一。

2）中国特色社会主义建设的依靠力量

简要介绍工人、农民和知识分子作为建设中国特色社会主义事业的根本力量在社会主义建设中的作用，重点分析新的社会阶层是中国特色社会主义事业的建设者，可以组织学生讨论新的社会阶层中高层收入者对社会的价值。

3）巩固和发展爱国统一战线

简要介绍新时期爱国统一战线的内容和基本任务，重点分析党的民族宗教政策。可以组织学生讨论关于统一战线是中国革命、建设和改革的重要法宝的内容。

4）国防和军队现代化建设

简要介绍新世纪新阶段人民军队的历史使命，组织学生讨论关于中国特色的军事变革。

（3）教学资源应用——“航母 style”

“航母 style”的走红，背后是祖国的日益强大和群众的自豪之情。“航母 style”也叫“起飞 style”。2012 年 11 月 25 日，中国首艘航母“辽宁舰”成功起降歼－15 舰载机后，航母起飞指挥员以半蹲为姿势，右手蜷缩伸出食指和中指，指向飞行甲板前端，代表“允许起飞”信号。起飞指挥员帅气、干净、有力的“起飞手势”成为最大亮点，受到网友的热情追捧和模仿，被誉为“航母 style”。

“航母 style”的流行，说明了人们对国家进步的激动心情，而对于资深的军事迷来说，不仅仅代表了对于祖国的热爱，也是对我国海军从弱到强，从近海到远海，一路走来的辛酸历程的一个莫大的安慰。

那就说说中国航母吧。

（4）实践教学建议

1）班级调查“你幸福么?”——谈谈民生。

2）网络搜索“中国航母”。

4. 中国特色社会主义执政党建设理论

（1）教学目的

通过本章教学，使学生了解中国共产党是建设中国特色社会主义事业的领导核心；立党为公、执政为民，是党的根本宗旨的体现，是党始终恪守的政治立场；充分认识以加强党的执政能力建设和先进性建设为重点、全面推进党的建设新的伟大工程的现实途径和重大意义。

（2）教学要点

1）党的领导是社会主义现代化建设的根本保证

简要介绍中国共产党的性质和宗旨，重点分析中国共产党的执政地位是历史和人民的选择，特别提示学生注意对坚持党的领导和改善党的领导辩证统一关系的认识。

2）党的建设是一项新的伟大工程

简要介绍立党为公、执政为民是党的根本宗旨的体现。重点分析中国共产党的最大政治优势是密切联系群众，党执政后的最大危险是脱离群众。特别提示学生认识中国共产党开展反腐败斗争是非常坚决的。

3）全面提高党的建设科学化水平

简要介绍党的建设是一项新的伟大工程，重点分析新时期推进党的建设新的伟大工程的重点，是加强党的执政能力建设和先进性建设。

（3）教学资源应用

1）进京“赶考”的答卷[1]

1949 年 3 月 23 日，毛泽东乘车离开河北平山县西柏坡进北平时，对中央

[1] 魏晓文，杨慧民。“毛泽东思想、邓小平理论和‘三个代表’重要思想概论”课教学案例解析。高等教育出版社，2009。

总部的一些同事说："我们去进京赶考。"周恩来说："我们会考出好成绩的。"毛泽东接着说："但愿我们能考出好成绩，不要退回来，我们不做李自成。"

毛泽东把从西柏坡去北京城比作进京赶考，那么毛泽东进京以后考得怎样？交了份什么样的答卷？

答卷一：布衣平民装；答卷二：正人先正己；答卷三：不搞裙带关系。

2）网络参政——腐败与反腐败的较量

当前，互联网日益成为群众表达诉求、进行社会监督的重要平台，网络监督力量势不可挡，互联网反腐事件接连发生。"天价烟"查出了腐败局长，审计局长超规格接待网络曝光后受到处分，"表哥"、"房叔"、"官员不雅视频"等网络曝光事件被查实。互联网反腐通过对公权力、公职人员的监督，让一些腐败分子、腐败行为无所遁形，也引发了社会公众的热议、忧虑。

主张制度化组织群众参与反腐倡廉建设，反对"运动式"、"情绪化"反腐。面对互联网日益成为群众参与反腐的阵地，在保障群众参与反腐热情的前提下，当务之急要解决好互联网反腐的无序化、自生长问题。在信息化社会，如能有效地将互联网反腐纳入制度化、法治化轨道，充分利用好群众通过网络空间进行的政治参与，我们有理由相信，互联网反腐将充分释放其社会监督的"正能量"，最大限度地减少其副作用。

（4）实践教学建议

1）与学院团委、学生处共同开展"入党积极分子爱党活动"。

2）与学院团委、党校共同开展"党史知识竞赛"。

第六章 高职高专院校思想政治理论课课堂理论教学

第一节 思想政治理论课教育教学的历史沿革和基本经验

一、思想政治理论课教育教学的历史考察

1. 1949—1956 年，高校思想政治理论课地位、体系的初步确立

我国的第一个思想政治理论课教育教学体系创立于新中国成立后至 1956 年这一期间。新中国成立后，我国学校教育的主要工作是进行政治与思想教育，使教师和学生逐步地建立革命的人生观。1949 年 10 月 8 日，华北人民政府高等教育委员会颁布的《华北专科以上学校一九四九年度公共必修课过渡时期实施暂行办法》规定“辩证唯物论与历史唯物论”、“新民主主义论”和“政治经济学”为文法教育学院学生必修课。在教学实践的基础上，1952 年 10 月，教育部发出《关于全国高等学校马克思列宁主义、毛泽东思想课程的指示》，明确规定各类高校必须设置三门马列主义理论课程，即“新民主主义论”、“政治经济学”及“辩证唯物论与历史唯物论”，规定都要学一学年。从此，马克思主义政治理论课与专业课、基础课一样，成为高等学校各系各专业学生的公共必修课。经过一段时间的教学实践，教育部对课程设置作了相应的调整。自 1953 年起新开了“马列主义基础”，学时与“政治经济学”相同。自 1953 年秋季起将高校一年级开设的“新民主主义论”一律改为“中国革命史”，其学时与“新民主主义论”相同。这样，当时共开设了四门政治理论课程，无论从课程体系上还是教学安排上已初步体现出我国高校思想政治理论课的基本形态。那时所确立和遵循的原则对后来乃至今天的思想政治教育都具有重要的指导意义。这样，高校第一个思想政治理论课教育教学体系初步形成。

在这个课程体系中，高校思想政治理论课是“新民主主义性质的”，即民族的、科学的、大众的教育，其首要任务就是通过课程教学，肃清封建的、买办的、法西斯主义的思想，发展为人民服务的思想。而要建立和巩固为人民服务的思想，就应该提倡和鼓励马克思列宁主义和毛泽东思想的学习。三大改造完成后，高校思想政治理论课的性质才明确为“社会主义性质的”，即提高“社会主义觉悟”，为自觉积极地参加祖国建设做好思想准备。

2. 1957—1976 年，高校思想政治理论课经历了曲折

从 1957 年至 1976 年的 20 年，是我国在政治、经济特别是意识形态领域经历诸多波折、出现严重失误的时期，这不可避免地给高校思想政治理论课带来极大的冲击。

1957 年 12 月，教育部发出《关于在全国高等学校开设社会主义教育课程的指示》，明确规定全国高校四门政治课一律停开，改上一门“社会主义教育”课程。全体学生和研究生必须无例外地参加学习。该课程的学习内容是：以毛泽东的《关于正确处理人民内部矛盾的问题》为中心教材，同时阅读一些必要的马列主义经典著作、党的文件和其他文件，并结合各校大鸣大放期间和反右派斗争中暴露出来的政治思想问题，确定学习重点。成绩的考核，改变过去考记忆的方法，于学期或学年终结合学生平时的思想、行动表现进行学习总结。1961 年，教育部又下发了《关于 1961—1962 学年度上学期高等学校共同政治理论课安排的几点意见》，恢复了“马列主义基础”课。两年后规定 1963 年入学的研究生，开设两门政治理论课，即“马克思列宁主义理论”和“思想政治教育报告”。1964 年 10 月，中央下发了《关于改进高等学校、中等学校政治理论课的意见》，强调政治理论课的根本任务是：用马列主义、毛泽东思想武装青年，向他们进行无产阶级的阶级教育，培养坚强的革命接班人；配合学校中各项思想政治工作，反对修正主义，同资产阶级争夺青年一代。意见明确规定除“形势与任务”课外，各高校必须开设“中共党史”、“哲学”、“政治经济学”三门公共政治理论课。强调毛泽东思想是反对帝国主义和现代修正主义的强大思想武器，是马列主义理论的新概括和新发展，是我国青年革命化的最好教科书。在这一阶段，毛泽东著作成为政治理论课的基本教材。

“文化大革命”期间，全国学校遭受了一场浩劫，马列主义教师队伍被分裂瓦解，马列主义、毛泽东思想被糟蹋得面目全非，声誉被严重破坏，以致名存实亡。

3. 党的十一届三中全会后，高校思想政治理论课不断改革发展完善

随着高考的恢复，特别是党的十一届三中全会后，全国各高等院校根据教育部的统一要求，都开始恢复正规化的马列主义理论教育，开设了“中共党史”、“政治经济学”、“哲学”和“国际共产主义运动史”四门课，学时都为一学年。马列主义课在各类专业中，都是必修课程。各校严格考试考查制度，马列主义课的学习成绩作为学生能否升级和毕业的根据之一。

1985 年，党的十一届三中全会后第一次高校马列主义理论座谈会在北京召开，会上，中央要求增加“中国社会主义建设基本问题”课程，并由中宣部牵头集体编写了《中国社会主义建设》教材。1985 年中共中央下发《中共中央关于改革学校思想品德和政治理论课程教学的通知》（中发〔1985〕18 号），1986 年 3 月，原国家教委根据文件精神，颁布了《关于在高等学校进一步贯彻〈中共中央关于改革学校思想品德和政治理论课程教学的通知〉的意见》，规定课程设置由原来的老四门变为新四门，即“中国革命史”、“中国社会主义建设”、“马克思主义原理”和“世界政治经济与国际关系”。1992 年党的十四大召开后不久，国家教委印发《关于高校马克思主义理论课和思想品德课教学改革的若干意见》的通知，提出“两课”教学要以“邓小平同志建设有中国特色社会主义理论”为中心内容，要“编成教材，进入课堂”。复旦大学首先开设了“邓小平理论”课程。1995 年 10 月，国家教委印发了《关于高等学校马克思主义理论课和思想品德课教学改革的若干意见》，将“马克思主义理论课”和“思想品德课”简称为“两课”。

1998 年 4 月，为了适应形势发展的需要，经党中央研究决定，由中宣部、教育部联合发文，提出了新的“两课”课程设置方案（简称“98 方案”）。按照“98 方案”，本科生马克思主义理论课包括“马克思主义哲学原理”、“马克思主义政治经济学原理”、“毛泽东思想概论”、“邓小平理论概论”和“当代世界经济与政治”5 门课程；思想品德课程包括“思想道德修养”、“法律基础”和“形势与政策”3 门课程。2003 年 2 月，教育部发出通知，将“邓小平理论概论”调整为“邓小平理论和‘三个代表’重要思想概论”，要求各高校秋季学期普遍开设。“98 方案”的特点是注重思想政治课的学科建设，把马克思主义理论教育和思想政治教育作为人文社会科学的重点学科加以建设，把“两课”作为学校的重点课程加以建设。1997 年 12 月，国家教委成立了普通高等学校马克思主义理论课和思想品德课教学指导委员会。这是新形势下加强“两课”教学和学科建设的一项重要举措。“98 方案”延续到 2005 年。

4. 十六大以来，新一轮改革启动

2004年中共中央、国务院以16号文件的形式发布了《中共中央国务院关于进一步加强和改进大学生思想政治教育的意见》。根据中央16号文件的精神，中宣部和教育部于同年12月联合发布了《关于进一步加强和改革高等学校思想政治理论课的意见》（中共中央政治局于2005年1月批准），将“两课”统一为“高等学校思想政治理论课”，简称“思想政治理论课”，并对具体的课程内容作了新的调整：在本科院校开设“马克思主义基本原理”、“思想道德修养与法律基础”、“中国近现代史纲要”、“毛泽东思想、邓小平理论和‘三个代表’重要思想概论”（2008年改为“毛泽东思想和中国特色社会主义理论体系概论”）、“当代世界经济和政治”、“形势与政策”；在专科院校开设“毛泽东思想、邓小平理论和‘三个代表’重要思想概论”、“思想道德修养与法律基础”和“形势与政策”。本方案从2006年秋季开始实施，简称“05方案”。

5. 十八大以来，加入最新理论成果

党的十八大胜利召开之后，教育部启动了“高校思想政治理论课贯彻落实十八大精神教学建议”编写工作，列入中央和教育部马克思主义理论研究和建设工程的高校思想政治理论课4本本专科教材和5本研究生思想政治理论课教学大纲编写课题组，将分别研究制定“高校思想政治理论课贯彻落实党的十八大精神教学建议”，为各地各高校春季开学后的思想政治理论课教学提供权威的教学指导意见，并为思想政治理论课教材和教学大纲的修订奠定基础。高校思想政治理论课4本本专科教材和5本研究生思想政治理论课教学大纲，也将根据党的十八大精神进行修订，计划2013年秋季开学前投入使用。

二、思想政治理论课课堂理论教学的基本经验

1. 坚持以马克思主义的立场、观点、方法育人

马克思主义是我们立党立国的根本指导思想，是社会主义意识形态的旗帜和灵魂。坚持和巩固马克思主义在我国意识形态领域的指导地位，是党和人民团结一致、始终沿着正确方向前进的根本思想保证。高校作为思想文化建设的重要阵地，历来是意识形态领域比较敏感的地方。而思想政治理论课作为对大学生进行思想政治教育的主渠道和主阵地，马克思主义不仅具有一般意义上的指导作用，而且具有不可替代的主导作用。能否始终坚持马克思主义在高校思想政治理论课中的主导地位，不仅直接关系到社会主义意识形态建设的成败，而且对我国的发展方向和社会主义事业的命运产生重大影响。

新中国成立初期，通过开设“辩证唯物论和历史唯物论”课程，来培养学生的马克思主义立场、观点和方法。改革开放之初，教育部明确指出，马克思列宁主义是党和国家的指导思想和理论基础，开设马列主义理论课，是社会主义大学的特点之一，必须旗帜鲜明地对学生进行系统的马克思列宁主义、毛泽东思想基本原理的教育，培养学生运用马列主义立场、观点和方法分析问题和解决问题的能力，逐步树立辩证唯物主义和历史唯物主义的世界观。“98 方案”指出，马克思主义理论课必须着眼于引导和帮助学生掌握马克思主义的立场、观点和方法，为树立正确的世界观、人生观和价值观，确立建设有中国特色的社会主义的共同理想，为大学生坚持党的基本理论和基本路线不动摇，打下坚实的理论基础。“05 方案”则强化了马克思列宁主义理论教育的灵魂地位。

2. 坚持以马克思主义中国化的最新成果育人

早在 1872 年《共产党宣言》德文版序言中，马克思、恩格斯就告诫人们：“宣言”所阐述的一般原理整个说来是完全正确的，但这些原理的实际应用，随时随地都要以当时的历史条件为转移，而且这个纲领有些地方已经过时了。在 1938 年中共六届六中全会上，毛泽东同志第一次提出“马克思主义中国化”的命题。他明确指出：“马克思列宁主义的伟大力量，就在于它是和各个国家具体的革命实践相联系的。对于中国共产党说来，就是要学会把马克思列宁主义的理论应用于中国的具体的环境。成为伟大中华民族的一部分而和这个民族血肉相连的共产党员，离开中国特点来谈马克思主义，只是抽象的空洞的马克思主义。”将马克思主义中国化，使之在每一表现中带着中国的特性，“按照中国的特点去应用它，成为全党亟待了解并亟须解决的问题。”

所谓马克思主义中国化，从内容上讲，就是要运用马克思主义的立场、观点和方法，研究和解决中国的实际问题，丰富和发展马克思主义的理论宝库；从形式上讲，就是要运用中国人民喜闻乐见的民族语言来阐述马克思主义理论，揭示中国革命和建设的本质规律，使之成为具有中国风格和中国气派的马克思主义。实践证明，脱离中国实际，生搬硬套马克思主义经典著作或照搬照抄别国的理论、体制，必然会给党和国家的事业造成极大的危害。将马克思主义基本原理同中国具体实际结合起来，不断推进马克思主义中国化，是我们党保持先进性、增强创造力的关键所在。十六大以来，以胡锦涛同志为总书记的党中央明确提出，党的理论创新每推进一步，理论武装就要跟进一步。与时俱进，坚持以马克思主义中国化的最新成果育人，是思想政治理论课长期保持旺盛生命力的关键所在。

3. 坚持理论联系实际的马克思主义学风

理论联系实际是马克思主义的学风，也是思想政治理论课教学的根本原则和方法，在指导思想政治理论课教学诸原则中居于主导地位。在教学中，既要联系社会经济、政治、文化、外交、军事的实际与学生个人的生活实际、思想实际，学习和掌握基本理论知识，生动活泼地学习，又要运用理论去分析实际问题，达到观点和材料、感性认识和理性认识、理论与实际、学与用、知与行的辩证统一。

不管是思想政治理论课课程改革、建设还是教育教学，都要深深植根于中国特色社会主义建设和改革的伟大实践。新中国成立以来，每个时期的思想政治理论课课程改革、建设和教育教学都是从中国特色社会主义建设和改革根本需要的高度，坚持理论联系实际的原则来进行的。随着中国特色社会主义建设和改革的推进，特别是全面建成小康社会的推进及建设社会主义核心价值体系的深入，对思想政治理论课课程建设和改革提出了新的要求，即要密切结合全面建成小康社会和构建社会主义和谐社会实际，引领学生正确认识当今世界错综复杂的形势，把握国际局势的发展变化和人类社会的发展趋势；引导学生正确认识国情和社会主义建设的客观规律，增强在中国共产党领导下全面建成小康社会、加快推进社会主义现代化、实现中华民族伟大复兴的自觉性和坚定性；从而引导学生正确认识肩负的历史使命，努力成为德智体美全面发展的中国特色社会主义事业的合格建设者和可靠接班人。

4. 坚持政治性和科学性的有机统一

思想政治理论课教育教学必须讲政治。坚持正确的政治方向，是思想政治理论课教育教学的灵魂，也是进行社会主义意识形态教育的题中应有之义。纵观新中国成立以来思想政治理论课的历史沿革，均一以贯之地将坚持正确的政治方向放在首位。1995 年《关于高校马克思主义理论课和思想品德课教学改革的若干意见》强调“两课”教学的根本目标就是引领学生确立为中国特色社会主义而奋斗的政治方向。随后颁布的《中国普通高等学校德育大纲（试行）》明确规定高校德育要把坚持坚定的政治方向摆在首位：高校德育的第一原则就是方向性原则，即高校德育必须坚持社会主义方向，坚持以马克思主义为指导，抵制各种错误思想影响。这一思想在“98 方案”和“05 方案”中也得到了继承和延续。

思想政治理论课是哲学社会科学中的一个分支，它具有一般社会科学学科的特点，即科学性的特点。思想政治理论课教学的实效性，从根本上讲，必须依靠“以理服人”来实现。实现思想政治教育的政治性功能必须以发挥其科学性功能为前提。马克思说：“理论只要说服人，就能掌握群众；而理论只要彻底，就能说服人。所谓彻底，就是抓住事物的根本”。长期的教学实践也表明，思想政治理论课教育是否真正有效，被学生所接受，关键在于教育的内容是否科学，能否将这一科学内容与学生的思想实际紧密结合。“以理服人”就是要通过知识教育即真理教育向学生揭示正确的价值观并引导其接受的教育实践活动。因此，从这个意义上讲，知识教育承担着价值观教育即思想政治教育的任务，担当着向学生阐发正确价值观赖以建立起来的相关真理的任务。只有对学生进行马克思主义理论的科学宣传和教育，使其获得马克思主义的真理性认识，才能促进其真正认同和接受马克思主义，引导帮助其树立正确的世界观、人生观和价值观。所以说，思想政治理论课教学中的科学性是前提和基础，突出思想政治教育的政治性必须依托于科学性。

5. 提高认识，加强领导，切实保障

我们党历来重视大学生思想政治教育。十六大以来，中央对此更是高度关注。2004 年年初，胡锦涛针对大学生思想状况和思想政治理论课的建设情况作出了两个批示。有关部门十分重视，立即组织开展工作部署。2004 年 8 月，中共中央、国务院下发 16 号文件，系统总结和阐述了改革开放特别是十三届四中全会以来，大学生思想政治教育的新经验，结合新情况、新问题，鲜明地提出了加强和改进大学生思想政治教育的指导思想，对新时期大学生思想政治教育作出了周密部署和全面动员。根据中央 16 号文件的精神，中宣部和教育部于同年 12 月联合发布了《关于进一步加强和改革高等学校思想政治理论课的意见》，2008 年又联合下发了《关于进一步加强高等学校思想政治理论课师资队伍建设的意见》，显示了对思想政治理论课建设的高度重视。特别是“05 方案”作为一把手工程从 2006 年秋季开始实施后，教材编审与质量之高前所未有，各级教育行政领导、院校党委重视程度之高前所未有，思想政治理论课教学方法改革的深度与广度前所未有，极大地调动了高校思想政治理论课教育工作者与广大教师队伍的积极性，思想政治理论课在各级各类高校课程体系之中的地位有了明显提高，随着思想政治理论课教学方法改革的深入，在许多高校出现了思想政治理论课成为学生最喜欢的课程之一的可喜局面。思想政治理论课建设发展环境更趋良好、政策措施更趋全面、课程规范更趋具体、教材体系更趋配套、思政工程更趋完善、培训体系更趋健全、网络平台更趋丰富、交流活动更趋活跃、研究体系更趋专业、先进典型更趋闪亮，思想政治理论课建设进入了前所未有的发展时期。

6. 建设一支高素质的思想政治理论课教师队伍

思想政治理论课教育教学能否收到成效，能否完成教学目的，教师队伍的整体素质是关键。因此，培养一支坚信马克思主义，政治上坚定，有较扎实的马克思主义理论基础，较强的科研能力，深厚的人文社会科学知识，必要的自然科学基础知识，较丰富的思想政治教育经验，愿献身于思想政治理论教育事业的教师队伍极为重要。

长期以来，特别是中央16号文件、中宣部教育部关于进一步加强高等学校思想政治理论课教师队伍建设的意见（教社科〔2008〕5号）等文件颁布以来，各高校以文件精神为依据，结合实际，采取多种措施，加强思想政治理论课教师队伍建设，取得了明显的成效。目前，已初步建立起一支比较稳定、爱岗敬业、乐于奉献的教师队伍，中青年教师已成为这支队伍的主体，具有马克思主义理论和思想政治教育专业学科背景的教师人数不断增加，教师的知识结构、年龄结构明显改善，学历、学位层次也有所提高，教师从事思想政治理论课教育教学的能力，有了较大程度的增强，成为提高思想政治理论课教育教学质量和水平的重要保障。据统计，目前全国高校思想政治理论课专任教师为2万多人。国家还提倡教师在职攻读马克思主义理论和思想政治教育硕士学位、举办骨干教师培训班、培养学术带头人等，较大程度地提高了高校思想政治理论课教师的整体素质。

第二节　高职高专院校思想政治理论课课堂理论教学的现状及基本要求

一、高职高专院校思想政治理论课课堂理论教学的现状

1. 少数学生学习兴趣不高

高职院校学生，面对社会日益加剧的竞争，为了在未来的择业中处于有利地位，专业课学习、考证、过级（外语、计算机）等已成为相当一部分人的主攻方向。学生专业课负担很重，学习压力大，有些专业还有生产实习活动，客观上弱化了大学生对政治理论课的学习。另一方面，传统政治观念的消极作用以及现实政治生活领域负面现象的影响，淡化了大学生的政治热情，造成了对政治理论课的错觉。极少数学生对思想政治理论课产生一种莫名其

妙的抵触情绪，认为思想政治教育就是一种“教化”，是空洞的说教。

2. 少数教师不适应教育教学需要

由于各种因素，现阶段高职院校思想政治理论课教师队伍普遍存在结构不合理、数量不充足、队伍不稳定和素质不平衡等现象。思想政治理论课教师教学任务十分繁重，基本上疲于应付，缺乏钻研教学的时间和精力，更无科研的热情和动力。不少教师知识陈旧，没有把握时代脉搏，不关注社会热点问题和党的重大路线、方针、政策，教案几年不变，课堂上只是用抽象的名词解释抽象的理论，僵化、空洞、干瘪、陈旧，不善于运用理论诠释现实社会问题，或者结合现实社会问题来展开理论，使思想政治理论课变得索然无味，加之严重影响和制约思想政治理论课的实效性。更有甚者，部分高职院校对思想政治理论课教师队伍建设缺乏足够的重视，认为这门课什么人都可以教，致使许多思想政治理论课教师都是学其他专业的，讲课时就是现学现卖。一些真正的科班出身的思想政治理论课教师也因为高职院校重技能轻德育的内部环境而普遍缺乏职业归属感，育人意识普遍淡薄，从而使高职院校的思想政治理论课教育教学被边缘化。

3. 相关教育教学资源不足

受传统教育目的观的影响，目前我国高等职业教育的功利价值取向变得日益明显，在巨大的就业压力下，一些高职高专院校往往片面强调培养的是“面向生产、建设、管理、服务第一线”的专门性、实用性人才，而有意或无意地忽视思想政治理论和人文素质教育，其主要表现就是专业设置、课程设置、实践教学全部围绕市场和职业转动；在一些学校，国家规定必须开设的思想政治理论课在“务实”、“实用”的包装下甚至被公开地、赤裸裸地予以削减或以各种形式变相削减；思想政治理论课教师缺乏严格的准入条件，真正科班出身的教师比例并不高，职业思想不稳定现象比较普遍，存在着大量使用兼职教师的现象；思想政治理论课很难获得科研立项，经费投入普遍不足，难以有效地改善教学条件、科研条件等；对思想政治理论课教师实行“差别”待遇（例如思想政治理论课教师的教学工作量比专业课教师高，课时费打折等）；思想政治理论课一律实行大班教学，一两百人甚至两三百人一起上课，没有专业针对性等。

二、高职高专院校思想政治理论课课堂理论教学的基本要求

1. 教育教学理念的要求

“以人为本”是科学发展观的核心。在高职高专院校思想政治理论课课

堂理论教学中，落实“以人为本”，需要做到两个方面，一是必须树立“育人为本、德育为先”的教育理念；二是必须树立“以学生为本、以学生为主体”的教学理念。这就要使所有教学资源的配置，都以学生为中心，从学生出发，以学生为归宿，一切为了学生。或者说，思想政治理论课教学的根本出发点和落脚点就是为了完善人、发展人、尊重人和关爱人，而不是为了压抑人、禁锢人、控制人和拒斥人。以学生为本，就应该把思想政治理论课的整个教学环节，都打造、建设成为一个符合人的内在需要，能引导、激励和帮助大学生更主动更有效地学习和接受的过程，而不是一个偏离人的内在需要，消极被动无效地学习和接受的过程。这也应成为判断和衡量思想政治理论课教学是否优良合格的基本价值尺度。在教学实践中，思想政治理论课教师只有牢固确立以学生为本的教育理念，立足于此并以此作为根本目的，才能使思想政治理论课教学真正从有利于学生主体的学习和接受、促进大学生的健康全面发展来展开，才能备好课讲好课，才能不断增强思想政治理论课教学的感染力和实效性，把思想政治理论课教学的以人为本真正落到实处。

长期以来，我国高校思想政治教育形成了以“教师为中心”的师生关系，学生只是被动地去接受理论。这种片面强调学生接受正统的政治理论和价值观念的做法严重忽视了学生个体的利益。如此教学怎能实现“以学生为本、以学生为主体”？著名教育学家布鲁纳认为“现代的教学方法是教师与学生合作的方法。教学是一种双向或多向的互动关系，这种互动具有平等性、民主性和合作性”[1]。以学生为本就要充分认识到这些特性，努力营造新型的师生关系。

2. 教学形式的要求

在教学形式上，要做到系统讲解与专题讲解相结合。所谓系统讲解与专题讲解相结合，就是根据学生的学习需求及专业特点，既充分考虑教材内容及体系，又坚持“实用”原则，适当照顾知识的系统性，将教材内容划分为若干专题进行教学。

思想政治理论课是一个开放综合的课程，应当针对目前教学内容与中学政治课内容部分重复，三门课程之间部分重复等实际情况，大胆探索，努力实现教材体系向教学体系转变，将现行教材内容分解为若干理论专题，采取

[1] 杰罗姆·布鲁纳。布鲁纳教育文化观［M］。北京：首都师范大学出版社，2011 年。

若干教师分若干专题同授一门课，或若干教师同授一个专题的模式进行教学试点，努力做到教师深入研究理论，把理论专题讲深讲透，学生自主攻读理论，教师在知识、方法和思维层面进行学习指导。

专题式教学在教学内容上主题鲜明、重点突出。专题式教学的每个专题都是依据不同的主题而设计的。师生借助专题这一形式，从多角度、多层次、多侧面共同探究某一专题领域所涉及一般规律。这样的教学模式必然是主题鲜明，难点、重点更加突出。

专题式教学在教学方法上更具有多样性。教师在教学过程中可以采用启发讲解式、课堂讨论式和研究讨论式相结合的方法，让学生跳出书本，使学生真正学到知识，懂得道理，提高能力。

专题式教学在师生关系上实现主客体适时变换。在授课时，教师扮演着引导者的角色；讨论时，则既是老师，又是朋友，与学生形成一种亲切和谐的“良师益友”的关系，以学生为主体，教师为主导，师生互动，双向交流。

3. *教学方法的要求*

在思想政治理论课教学中，既要联系社会经济、政治、文化、外交、军事的实际与学生个人思想实际、生活实际，帮助学生生动活泼地学习、掌握基本理论知识，又要运用理论去分析实际问题，达到观点和材料、感性认识和理性认识、理论与实际、学与用、知与行的辩证统一。

教理论，要注重科学性、彻底性。马克思主义理论之所以能够说服人，教育人，成为改造世界的强大思想武器，根源之一就在于这一“时代精神的精华”本身具有的科学性、准确性和彻底性。反之，如果只有理论本身的科学性、彻底性，而无教师点拨和学生领会的科学性、彻底性，马克思主义理论就会在学生的心目中失去应有的吸引力、生命力和战斗力。

选例证，要注重典型性、针对性。例证对于学习理论、突破难点、理解重点、揭示联系有着特殊的作用，特别是那些联系党和国家政治生活以及学生学习、思想、生活实际的事例，效果更佳。

讲结合，要注重情感性、艺术性。怎样结合呢？在授课过程中，一般先由教师选择典型例证，根据理论教学的需要，进行层层剖析。同时，根据教学实际，选择最恰当的教学方法，从艺术的高度加以运用发挥，从而把学生的注意力始终吸引在“理”“例”和两者的“结合点”上，让他们全身心地投入到学习和思考的过程中，使课堂焕发出“生命活力”。

授方法，要注重仿效性、可学性。“学习的目的全在于应用”。通过思想政治理论课的学习，不仅要使学生掌握该门学科的科学知识，而更重要的还在于使他们掌握该门学科独有的科学方法和其方法的价值，使之把所学的知识“活化”为实践的工具和手段，成为认识世界、改造世界的强大武器。

总之，必须站在科学的高度，全面、准确、深刻地理解、把握、运用“理论联系实际”的教学原则，以更好地推动思想政治课教学的改革和实践，全面提高教育教学质量。

4. 教学内容的要求

高职高专院校思想政治理论课教学与普通本科高校使用相同的统编教材。高职院校与普通本科院校在培养目标、培养模式上有较大差异，教学要求和课时分配也有较大不同，统编教材在体现高职学生特点上及以“应用”为主旨和特征构建课程与教学内容体系上存在明显不足，没有突出以培养技术应用能力为主的内容，难以符合高职教学基本要求，高职特色反映不够。因此，要在统编教材的框架内，充分研究高职教育教学特点，把握高职高专院校思想政治理论课教育教学规律，使教学更有针对性。

另外，高职高专院校的思想政治理论课在坚持理论教学必要性的同时，还须把握理论教学的适度性。这是因为高职院校的培养目标决定了理论教学必须“有度”，要“适度”，坚持“精讲、够用”原则，即教学要在保持学科完整性、全面性、系统性的前提下，体现出前瞻性和适应性统一，系统性与实用性统一，理论性与实践性统一，突出教材内容的思想性、时代性、实用性。

第三节　高职高专院校思想政治理论课课堂理论教学的本质和实施

一、高职高专院校思想政治理论课课堂理论教学的本质

1. 思想政治理论课教学首先是教师“教”的实践活动

思想政治理论课教师的“教”，在本质上是一种特殊的实践活动，具体是指思想政治理论课教师（教育者）的教学实践活动[1]。

[1] 陈连生，张心淼，孙丽娜等。高职院校“毛泽东思想和中国特色社会主义理论体系概论”教学研究［M］。北京：中国人民大学出版社，2011 年。

教师“教”的过程不同于对人的身心发展发生影响的其他过程，它是教师的有目的的活动过程。所以，离开了教师及其有目的、有意识的活动，也就谈不上什么教育。教师是教育实践活动中的人的因素，而且是一个基本要素。他把学生（受教育者）作为“教”的对象，以教育影响为手段，把引导和促进学生（受教育者）身心的发展变化作为活动目的，力求使自己“教”的对象的身心发生合乎自己要求的变化。因此可以说，教师作为教育活动中的人的因素，是教育实践活动的主体，更确切地说是“教”的主体。

因为教师的“教”必然要面对“教什么”和“教谁”这样两个问题，所以，作为“教”的主体的教师自然有两种“教”的活动对象或客体，其一是教育内容，其二是受教育者。在具体的教育实践活动中，两种“教”的客体是共同存在于一个统一的教育过程中，而不是作为单独的客体独立存在，所以教育者“教”的客体不是双客体，而是一种复合客体。

教师作为教育过程中“教”的主体，其主体性具体表现为：教育过程设计的目的性、教育内容安排的计划性、教育方法选择的科学性、疑难解答的即时性、品德陶冶的全面性以及技能训练、能力形成、智力发展的意识性等。

2. 思想政治理论课教学同时是学生“学”的认知活动

学生的认知，只有在经历学习活动过程后才能完成。因此学生“学”的过程，在本质上又是一种特殊的认知活动。

思想政治理论课的教学过程既是教师“教”的过程，也是学生“学”的过程，是教师的实践活动与学生认知活动的统一。在教学过程中，教师是教学活动的主导，他选择教学内容、进度和方式对学生实施教育。而学生则是认知活动的主体，他对是否接受教师的教育、是否思考和理解学习内容、是否用学习内容指导自己的行动等起着决定性作用。学生在学习这种认知过程中的主体地位是任何人无法替代的，再好的教师只能是这一过程的“宾”，而不是“主”。教师的作用是要形成一种学生能够独立探究的情境，而不是提供现成的知识。教一门学科不是要建造一个活着的小型藏书室，而是要让学生自己去思考，参与知识获得的过程。“认识是一个过程，而不是一种产品。”[1] 学生不是被动的、消极的知识接受者，而是主动的、积极的知识探究者。

[1] 杰罗姆·布鲁纳。布鲁纳教育文化观［M］。北京：首都师范大学出版社，2011年。

二、高职高专院校思想政治理论课课堂理论教学的实施

1. 教学实践活动的实施

在高职高专院校思想政治理论课课堂理论教学中，教师的教学实践活动，要紧紧围绕思想政治理论课课程的教学目标开展教学。思想政治理论课是大学生思想政治教育的主渠道，是高等教育人才培养工作的重要组成部分，是教育目的在思想政治领域的具体化。高职院校思想政治理论课教学要认真落实“05 方案”规定的三门必修课（毛泽东思想和中国特色社会主义理论体系概论、思想道德修养与法律基础及形势与政策）的教学任务和教学目标，同时，要围绕高职院校培养生产、建设、管理、服务第一线高端技能型人才的目标，结合高职学生的思想特点和成长成才规律，将三门必修课的教学目标作为一个系统来认识，以政治思想、公民意识、人生价值、职业精神等为系统要素，构建高职院校思想政治理论课教学目标系统，注重目标系统的整体性、动态有序性和最优化，不断提高高职学生的综合素质，培养全面发展的人。

提高思想政治理论课的实效性，教学方法及授课形式的选择及应用很重要。如何使思想政治理论课具有吸引力和感染力，是能否达到思想政治理论课教学目标的最重要因素。

坚持理论灌输法。灌输法目前是高职院校思想政治理论课的主要方法，也是传统方法。许多思想政治理论课教师在研究思想政治理论课创新方法时，都会提到不要使用灌输法。但是就思想政治理论课性质而言，适当的灌输法还是必要的，尤其是马列主义及一些基本的法律法规，这些纯理论的知识还是需要教师用灌输法来传授给学生。古人云，“孔子圣人，其学必始于观书。”列宁也曾说过：“工人本来也不可能有社会民主主义的意识，这种意识只能从外面灌输进去。”[1] 这些说明，在思想政治理论课的课堂上进行必要的理论灌输是对高职学生进行思想政治教育的重要手段。但是，在进行理论灌输的同时，也应清楚地认识到，这里所说的理论灌输法并不是指传统的“填鸭式”教学法，而是充分重视教育对象主体的理论灌输。目前一些高职院校由于教师在传授知识时采用了“填鸭式”的理论灌输，使学校开始怀疑思想政治理论课的实效性，想以学生实践来代替课堂教学，从而消减思想政治理论课的

[1]《列宁选集》。北京：人民出版社，1995 年版第 1 卷第 267 页。

课时。究其原因，还是由于一些思想政治理论课教师运用违背教学规律的灌输方法。在理论灌输中，不提倡的是忽视教育对象主体性的注入式、“填鸭式”的教学方法，而倡导的是正确的、合理的理论灌输。因为一些正确的思想理论是不可能在高职学生的思想中凭空产生的，必须经过科学的、合理的、有效的理论灌输才会使他们理解并掌握。因此，在高职院校思想政治理论课上必须要坚持并不断完善理论灌输法。

此外，还要加强启发互动。启发式教学是提高思想政治理论课实效性的主要措施。在高职院校思想政治理论课教学中，教师在进行理论灌输的同时，要善于创设问题情境，启发学生积极思考，在尊重正确理论知识的前提下，引导学生发散思维，运用启发式的教学方法来充分调动学生的学习主动性和积极性，使学生通过自己的智力活动去掌握知识和理解知识。具体的方法包括案例分析、设问启发、情境再现式启发以及悬念推理等。而在进行启发式教学中，除课堂上的讲授、讲座及一些报告外，还可以采用一些学生参与的实践活动。例如通过演讲与辩论，使学生明白一些理论知识的重要性；通过情景演绎使学生懂得一些法律法规的重要性等。教师在进行理论灌输时，要积极鼓励和支持学生发表不同的观点，甚至允许学生与教师进行讨论，这样，可以使学生在平等的交流中获取信息，在积极的讨论中得到启迪。总之，思想政治理论课教师在传授知识时要根据高职高专学生的自身特点，紧扣课程主题，综合考虑教学的各方面因素来采取合适的教学方法进行启发式教学，以此来实现教学最优化。

同时，要增强思想政治理论课教学的时事性和趣味性。教师在课堂上除了要注意方式方法外，还要增强思想政治理论课教学的时事性和趣味性，要把教学内容与学生的生活实际结合起来，把社会上的一些热点问题引入课堂，把学生关注的问题补充到教学内容中来，使教学内容丰富起来，从而调动学生学习的积极性、主动性，实现教学目标。

最后，还要用好多媒体教学，增强思想政治理论课的感染性和互动性。运用现代科学技术手段，借助多媒体课件进行教学，已经是很普遍的事情。然而，大部分的教师只是充当了多媒体课件的解说人员和播放人员，没有使多媒体教学发挥其应有的作用。教师应通过多媒体课件，把沉闷的理论知识用生动的形象表现出来，使抽象的知识具体化、形象化，从而使学生对理论知识更容易理解。同时，高职院校应对思想政治理论课教师进行专门的网络知识和计算机应用技能的培训，使其能够自如进行多媒体课件的制作，以便更好地利用多媒体手段为自己的教学内容服务。当然，多媒体教学毕竟也只是教学上的一种手段而已，它需要在先进的教学理念的指导下才能运用得当。因此，只有教师选择适当的教学手段，并不断丰富教学内容，才能真正提高思想政治理论课教学的实效性。

2. 学生认知活动的实施

思想政治理论课教学是教与学相互作用的双边活动，是师生双向反馈的教学相长过程。教师在教的过程中的主导作用，只有在学生主体作用的发挥下才能落实和体现，学生的主动学习和发展能力才能得到提高，才能帮助其认同正确的价值标准、把握正确的政治方向。

一是要正确处理教师的主导作用与学生主体地位的关系。在教学中发挥学生主体作用，强调学生的积极参与，不能忽视教师的主导地位。思想政治理论课的教育，从基本概念、观点的传授到观念、信仰的确立都离不开教师的讲授和引导。在发挥学生的主体作用时，教师要始终对处于主体地位的学生起调控作用，同时教师要树立重在引导的思想，树立没有主体就没有主导的理念。在教学中，做到有张有弛，参与适度，力求在形式与内容的最佳结合点上求得教学效益。

二是要确保主体作用有效性的发挥。在教学中要发掘学生的内因作用，变“要我学”为“我要学”，因此，要注重形式与内容的有机结合和统一。学生主体作用的发挥关键在于思维参与，即要与教师在教学目的与要求上的同步思维。

三是要让学生主动参与，积极表达自己的思想。部分学生感觉在教育过程中，还没有被赋予主人翁地位，因而普遍感觉是被迫接受教育，而不是在老师引导下自我教育。甚至有人说上思想政治理论课是要对他们“洗脑”而不是让他们用脑，国家想把他们“复制”成它需要的工具而不是把他们培养成有自我个性的人才。要解决这一严重偏颇的认识问题，并使学生真正从思想政治课中受益，第一要务就是让学生表达思想。

让学生表达思想绝对不是让他们直接从书本上念读，也不只是回答老师的提问或者把老师的话复述一遍，应该是面对教学主题经过学生自己的独立思考（不是听同学提示），用自己的语言（尽量不参考书本）尽可能地把自己真实的所思所想表述传递出来，不唯书，不唯师，不唯上，只唯实。

第四节 高职高专院校思想政治理论课教学内容的衔接与整合

一、高职高专院校思想政治理论课与高中政治课教材内容的纵向衔接

高中政治课的课程设置分为必修课程和选修课程。必修课程包括“经济生活”、“政治生活”、“文化生活”以及“生活与哲学”，选修课程包括“经济学常识”、“国家和国际组织常识”、“科学思维常识”、“生活中的法律常识”、“公民道德与伦理常识”、“科学社会主义常识”，体现了内容目标的层次递进性，又保持了以生活主题为基础的系统联系；选修课程是基于必修课程的延伸和扩展，是先进性与广泛性的结合，既着眼于学生升学的需要，又考虑到学生毕业后的就业需求。

公民道德常识和法律常识教育是所有个体完成社会化的重要环节，应该在高等教育之前普遍实施。但“生活中的法律常识”、“公民道德与伦理常识”等课程，在高中只是作为选修课来开设，这对于那些没有选修这些课程、又未能进入高校进一步学习的大量理科学生而言，缺失了这部分内容的学习，既不利于为他们的终身发展奠定良好的思想政治素质基础，也不利于切实提高参与现代社会生活的能力。而高职院校开设“思想道德修养与法律基础”必修课，这就出现了“中学讲爱国主义，大学讲公民道德常识”的错位现象。

此外，高职高专院校的2门思想政治理论课必修课与高中的4门必修课有直接的内容重复。如《毛泽东思想和中国特色社会主义理论体系概论》第八章“建设有中国特色社会主义经济”与高中必修“经济生活”重复较多，第九章“建设有中国特色社会主义政治”与高中必修“政治生活”重复较多，第十章“建设有中国特色社会主义文化”与高中必修“文化生活”内容重复较多。另一方面，高中一般实行文理分科，高校的思想政治理论课与高中文科学生所选修的“公民道德与伦理常识”、“生活中的法律常识”、“经济学常识”、“科学思维常识”等部分内容有一定的重复现象。而对于进入高校的理科背景学生来说，这部分内容则基本上属于空白点。由此便造成了进入高校以后文理科学生具有不同的知识背景和信息储存，给增强课堂教学的吸引力和感染力增加了难度。

二、"基础"课与"概论"课教材内容的横向整合

"05方案"对高职高专院校开设的两门思政必修课的设置目标进行了原则性的规定。"概论"侧重于马克思主义中国化的历史进程，旨在开展党的基本理论、基本路线、基本纲领和基本经验教育。《思想道德修养与法律基础》侧重于马克思主义在日常生活中的具体应用，旨在开展马克思主义人生观、价值观、道德观和法制观的教育，引导学生树立高尚的理想情操和养成良好的道德品质。两门课程之间蕴含着一种内在的逻辑演绎关系，但是因为教材的编写需要考虑体系的完整性，使得不同课程的教材内容也存在一定程度的交叉重复现象。如"基础"教材中的"社会主义道德建设"与"概论"教材中的"建设中国特色社会主义文化"相互裹挟，"基础"教材中的"掌握我国宪法的基本原则和制度"、"科学对待人生环境"等内容分别与"概论"教材中的"建设中国特色社会主义政治"、"建设社会主义和谐社会"等内容也有一定的重复现象。

当然，思想政治理论课在课程内容设置上存在重复与交叉有其必要性，在一定程度上也可以实现有系统、分层次地向学生进行马列主义理论与信仰教育的效果。然而，在思想政治理论课教学内容方面存在比较频繁的交叉性与重复性问题，既造成了教学过程中相关概念的混乱和教学内容的重复，又极大地降低了学生接受知识的新鲜感和课堂上的抬头率。这就要求我们整合好相关联的教学内容，根据各门课程的教学目标，确定相关内容的教学任务由哪一门课程加以承担，在教学中避免不同课程教学内容的交叉重复。

三、高职高专院校思想政治理论课教学内容整合与优化的对策建议

1. 依据思想政治理论课教育教学的总体目标和阶段性任务，科学合理地安排课程教学内容，处理好教材内容的纵向衔接和横向整合问题

在从教材体系向教学体系转化过程中，要合理安排不同阶段的课程设置、教学目标和教学任务。既要做到宏观上的与时俱进，又要在中观层面上注意到与邻近学科群之间的协调问题，如历史学、政治学、经济学等；更要在微观层面上统筹中学和大学的思想政治理论教育。要认真研究高校阶段不同思想政治理论课程之间的内容交叉与重复问题，确定具有良好整体性效应的教学内容，而不是片面追求各自体系的自洽性与完备性。

2. 高职高专院校思想政治理论课教师要加强与中学政治课教师的交流与互动，深入研究并熟悉中学政治课的教材内容与教学方法

在理论上要搞清大学与中学思想政治理论课不同的功能定位和目标任务，通过对教材内容的详尽比对和实证分析，找出两者之间的重复与提高部分，在日常教学中尽量着力于提高而少笔墨于重复。中学政治课教师一般都经过正规的师范教育和岗前实习培训，尤其是毕业班的教师，大多具有娴熟的教学技巧和丰富的实践经验，对于教材体系和考核要点的把握也较为深透。但由于受到高考竞争的压力，一般倾向于应试化教学，要求学生对相关知识点作机械性记忆。高校思想政治理论课教师尽管一般都具有较深的理论素养，但是不少人并没有经过严格的师范教育，岗前培训也多为知识性的理论识记，缺乏实践环节的锤炼。加强两者之间的交流与互动，深入了解对方的课堂教学活动，能够取长补短，把握不同阶段学生的学习心理特征和思想政治状况，有利于进一步提高高校思政教育的针对性和实效性。

3. 教师要强化整合意识，各门课程之间要优化分工，以有效增强教学效果

作为全国统编的教材，思想政治理论课的文本内容，一般都具有较强的普遍性和概括性，较少兼顾到学生不同学科背景、不同地区和不同需求的差异性和特殊性。但是，教师并不是教材的被动执行者，而是教育的积极建设者。在现有的课程体系和教材框架下，教师在把握思想政治理论教育的本质、领会有关文件精神的前提下，学会从“教教材”转变到“用教材教”。首先，要研究并且熟悉两门课程的编排体系和教材内容，厘清彼此之间的内在逻辑关系，找出其间交叉与重复的部分，而不是仅仅局限在自己所讲授的某一两门课程上。其次，要将不同课程放在一起加以讨论和研究，加强不同教研室之间的联系。要依据内容的内在逻辑关系和学生的认知心理特征，相互协调、统筹安排，明确每门课程讲授的重点和难点，尽量避免不必要的重复。第三，各种教辅音像资料的选择和使用，既要做到关联性和共享性，又要注意衔接性与协同性，避免教学资源的重复与浪费，优化整体使用效果。

4. 要系统设计、科学实施实践教学，将理论教学与实践育人有机统一，以实现教学体系内化为学生的信仰体系

思想政治理论课教学也并非局限于课堂上的理论灌输，社会实践本身就是高校思政教育的重要组成部分。整合与优化，就不仅仅包括单独的教材文本内容，还包括总体的理论教学和实践教学。高校思想政治教育中的社会实

践，不同于一般的专业实习和生产锻炼，而是有其特殊内涵，具有教育性、参与性、社会性和组织性等特殊的质的规定性，在注重学生参与性和活动社会性的同时，更强调实践活动中要有明确的意识形态渗透和思想政治教育目的。因此，不能狭隘地理解思想政治理论教育，人为地将理论教学与实践教学割裂开来。学校要为思想政治理论课教学中的社会实践环节，提供足够的课时保障和经费保障。教师也不能简单地将社会实践理解为看看电影、听听报告或外出参观，要注意选择恰当的社会实践形式，加强过程管理和目标管理，整合、优化理论教学与实践教学，切实提高思想政治理论课的针对性和实效性。

第七章 高职高专院校思想政治理论课的教学方法和手段

《中共中央关于进一步加强和改进学校德育工作的若干意见》指出："学校政治理论课和思想品德课是系统地对学生进行马克思主义理论教育和品德教育的主渠道和基本环节，要重点进行教学内容和方法的改革。"教学方法和手段关系到高职院校思想政治理论课的课堂效果、教学效果、教育效果，直接影响到思想政治理论课教学实效性。但长期以来，在思想政治理论课教学过程中，有些教师过多沿袭传统的"注入式"教学方法，重教有余，重学不足，灌输有余，启发不足，导致学生在教学中参与程度较低，削弱了学生的主体作用，让学生认为，思想政治理论课就是枯燥乏味的课，思政书就是晦涩难懂的书。要想提高学生的兴趣，增强思想政治理论课的趣味性，提高思政教育的实效性，就必须加强思政理论课教学方法和手段的改革。

第一节 模块化、专题式教学模式

英国学者丹尼斯·麦奎尔和瑞典学者斯文·温德尔曾指出："适用于一切目的和一切分析层次的模式无疑是不存在的。重要的是针对自己的目的去选择正确的模式。"[1] 教学模式是课程观、课程内容、课程结构、课程方法及其评价体系等的特定组合形式，即教学模式是由一定的课程观指导下的课程内容及其进程和安排在时间和空间方面特定的组合方法。教学模式是沟通教学理论与教学实践的中介，它既能丰富教学理论，更新教学思想和观念；又能为教学实践提供具有典型示范意义的教学范型，为培养合格人才提供直接功效。高职思政"基础课"专题模块的构建从课程观的调整、课程内容的整

[1] 托斯顿·胡森等主编。《国际教育百科全书·教学》，第 236－237 页，贵州教育出版社，1991。

合、课程方法的探索等方面突破了思政理论课程传统灌输的教学模式，以“模块”和“专题”建设为内涵，全面推进思想政治理论课教学改革。所谓“模块”，就是要在尊重教材的基础上，整合教学内容，根据培养学生职业能力的需要，打包教学任务，将知识的传授、能力的训练、素质的培养相结合，并融于高职思政理论课的教学中。所谓“专题”，主要体现在教学实施环节，采取具体的方法实现“模块”任务包的任务，结合授课学生的专业及预备职业的特点，将每个模块具体地细化，针对学生实际和社会现实，按照问题来组织课堂教学，根据具体教学内容选用具体教学方法，同时设计相应的教学活动。

一、教学模式改革的必要性

1. 模块化专题式教学有利于从教材体系向教学体系转化

“05方案”后，思政理论课的教材全国统一，对于高职院校的学生而言，理论性偏强，学生觉得书本晦涩难懂，对思想政治理论课也缺乏兴趣，这就要求教师在授课时要将教材体系转化为教学体系。教材体系指某一门或某一类课程的各种类型和形式的教材系统，它是某一门或某一类课程的教学目的和标准的载体系统。如核心教材（可称教科书）、教学指导书、教学参考书、学习参考书、教学案例分析等，这些目前都是全国统一的。教学体系指由教学主体（主要指教师和教学组织）设计的使各种教学要素朝向实现教学目标的合理组合，它是统一运作的有机系统。教学要素指构成教学活动中既独立又联系的基本实体成分。如教学主体（教师与学生）、教学目标和内容、教材与其他教学资源、教学活动、教学（教学与学习）评价与反馈、教学制度与管理。这些方面，高职院校可以结合学校实际，学生实际，社会需求来开展教学。模块专题化的教学模式正是将原有教材体系打散，结合实际重组模块，再根据模块细化专题，实施的过程也是将教材体系转化为教学体系的过程。

2. 模块化专题式教学有利于提高教师的整体教学水平

首先，从模块专题式教学的准备来看，模块专题化教学通常需要一个学校的所有思政教师集体参与，从教材的理解到如何实现教材的转化，从教学目标的定位到如何实现目标，从学生实际情况的探讨到如何因材施教，从社会需求到如何培养适应需求的人才，这些方面都需要教师共同探讨。其次，从模块专题化教学的实施来看，从标准化的教材体系，到特色模块的制定，再到具体的专题，教师在实施模块化教学的过程中，定会不断探索，不断提高，不断创新。最后，从对模块专题教学的总结来看，教师根据教学过程中出现的问题，存在的不足，会进一步思考探索，总结经验教训，以不断提高。综上所述，模块专题式教学有利于提高教师的整体水平。

3. 模块化专题式教学的资源组织方式，有利于提高课堂效率

高职高专思想政治理论课有三门：一是“思想道德修养与法律基础”，3个学分；二是“毛泽东思想、邓小平理论和“三个代表”重要思想概论”，4个学分；三是“形势与政策”，1个学分。思想政治理论课每个学分不少于16课时[1]。虽“05”方案对学时学分做了具体规定，但是相对于教材来说，这些学时如果利用得不好，远远不够且达不到教学效果。而增加学时又是不切实际的，因为高职院校学生在校时间只有两年半左右，需要学习的课程太多，这种情况下，需要思政教师探索如何利用最少的学时取得最好的教育效果，这就需要提高课堂效率。模块专题式教学优化了资源组织的方式，例如，对教材内容的把握上，有增有减，详略得当，教学组织过程中也注意结合各种教学方法，提高了教学效果，这样一来极大地提高了课堂效率。

4. 模块化专题式教学的针对性，使学生更易于接受

传统的思想政治教育教学，重说教、重灌输。学生容易反感，难于接受，他们对课程产生一种轻视和莫名其妙的抵触情绪，认为只要应付得过去就行了，没有必要花大量的时间和精力去学习，因而普遍存在为及格而被动学习的现象。课堂上表现不积极，有的学生虽然来到课堂，基本处于低头玩手机或者聊天的状态。而采取模块专题式教学方法后，一个好的专题往往会激发学生的学习热情，会活跃课堂讨论氛围。由于专题式教学的授课主题十分集中、突出，易于学生参与讨论，从而体现了以学生为本的教学理念。在专题式教学中选题要围绕着授课知识点，选取贴近实际、贴近生活、贴近学生，着眼于学生的兴趣爱好利益的专题讲座，把课程讲到学生的心里去。

二、模块化教学的几种划分模式

1. 根据时间线索划分模块

模块化教学中模块的划分可以根据学生实际、课程实际区别对待，可以采取不同的划分方式。以时间线索划分模块是以时间为轴线，对教学内容进行加工整合，形成依据时间更迭为参照的专题模块。例如在“概论”课教学

---

[1] 中宣部教育部《关于进一步加强和改进高等学校思想政治理论课的意见》（教社政［2005］5号）。

中，可根据马克思主义与中国实际结合的先后顺序及形成的几大理论成果进行模块整合。这样不仅可以帮助学生梳理清楚理论发展的脉搏，同时也利于把握几大理论成果之间的内在逻辑。在根据时间线索划分模块时应注意区分时间线索和时间顺序，按时间线索划分并不是一定严格按照时间顺序划分。

2. 根据理论主题划分模块

模块化教学课可以根据理论主题划分模块，例如在“概论”课教学中，可以划分三个大的模块，即马克思主义中国化基本理论问题，从新民主主义社会走向社会主义社会理论问题，建设中国特色社会主义。例如在“基础”课教学中可以划分为学习生活篇，立志爱国篇，道德感恩篇，法律规范篇。

3. 根据社会热点划分专题

专题化教学模式则是在对教材内容全面系统把握的基础上，结合现实社会和学生实际需要选择若干问题进行专题讲授，将教材中的知识点用专题贯穿起来，重在每个专题内知识结构的系统性和严谨性。实施专题化教学模式，每个专题的设置都能够与社会现实、学生生活，尤其是与学生关注的热点问题紧密相连，可增强思想政治理论课教学的针对性和实效性，既满足学生的求知欲望，也唤起学生的学习兴趣。随着网络的普及，学生几乎可以在第一时间知道国事、家事、天下事，据调查，这些信息将全面影响学生的思维。大学生是青年群体中较为关注社会热点问题的，他们希望思政教师上课不回避社会热点和现实，所以划分模块时可以将学生关注的热点问题讲深讲透。

第二节　思想政治理论课教学中的主体方法——讲授法

面对人类社会在长期发展中积累的浩瀚文明成果，在有限的学校教育时间内，不可能“课课、事事”让学生亲历过程、发现体验。讲授法是教师向学生传授知识的主要手段，是教育史上教师最早使用的方法，也是应用最广泛的方法，在思政理论课的教学过程中，讲授法依然是主要的方法，其他的方法只是穿插使用。在讲授法教学中，教师通过语言系统向学生描绘情境、叙述事实、解释概念、论证原理和思想教育。其特点是学生所学习的内容都是教师以系统的形式向学生呈现的，而学生则把教师所提供的内容经过整理、消化、吸收，存贮到自己的脑中。讲授法主要包括讲述、讲解、讲评、讲演四种形式。

一、讲授法在思想政治理论课教学中的基础地位

1. 讲授法是系统教育的基础

讲授法系统性强，教师通过系统地讲授知识，有利于解决大多数学生面临的疑难问题，还可以通过增加或删减其中的某些内容以适应教材或学生的变化。讲授法在思政教学中的运用，最明显的一种方式就是将内容形成专题向学生传授。形成专题的本身就是教师对书本章节内容进行整合、优化组合的过程，使内容讲解更加系统深入，更具针对性。因此，讲授法是系统教育的基础。

2. 讲授法是课堂教学的基础

课堂教学可以采用的教学方法和手段很多，但是无论使用何种方法都必须搭配运用到讲授法，讲授法虽传统，但一支粉笔、三尺讲台仍是学校教师传道授业解惑的主要工具。在讲授教学法中，教师是课堂的主导，教师合乎逻辑的分析、论证和生动形象的描绘，有利于发展学生的智力和对学生进行思想教育，能充分发挥教师的主导作用。讲授法作为一种与现代化教学方法相对应的传统教学方法，不仅没有过时，而且运用得非常广泛。有些教师觉得讲授法过时了，需要改革，其实需要改革的不是讲授法本身，而是“讲什么，怎么讲”，怎样把讲授法和其他教学方法更好地结合。

3. 讲授法是思想教育的基础

思想教育是社会或社会个体用一定的思想观念、道德规范，对其成员施加有目的、有计划、有组织的影响，使他们形成符合一定社会所要求的思想品德的社会实践活动。思想教育可以分为学校思想教育，家庭思想教育，社会团体思想教育等，思想政治理论课属于学校思想教育。学校思想教育可分为理论课和实践课，实践课对学校思想政治教育虽很重要，但课堂仍然是思想政治教育的主阵地。在课堂上，讲授法便于教师集中向学生传授正确的社会价值观和思想观念，讲授法是思想教育的基础。

二、讲授法在思想政治理论课教学中的应用

1. 讲授基本知识、基本概念、基本原理

高职开设的思想政治理论课课程主要为“思想道德修养与法律基础”、“毛泽东思想和中国特色社会主义理论体系概论”、“形势与政策”三门课程。这三门课程虽然不是以知识传授为主的课程，但是在教学过程中仍然需要教师讲解基本知识、概念、原理。尤其是针对理科生，只有在初步讲解概念原

理的基础上，才能结合实际，否则仅仅就事论事，难以达到思想教育的效果。缺乏思想性。

2. 讲授课程的重点、难点、热点

高校思政理论课的教学大纲中涉及的重点、难点、热点问题教师不能回避。在涉及这些问题时，教师不能单纯地采用讲授法，但是无论采用何种教学方法，或是采用几种教学方法的结合，都必须运用到讲授法。在高职院校的思想政治理论课教学中，要善于运用讲授法的诸多形式，如讲述、讲演、讲解等，变换使用有助于阐述课程的重点、难点、热点。

3. 讲授实践教学的设计理念、活动方案、互动效果

有些教师认为，理论教学要以讲授为主，实践教学教师要少讲，要以学生为主体，发挥学生的主观能动性。虽然实践教学学生是主体，但是仍然需要教师主导和指导。教师在指导的过程中必然要讲到实践教学的设计理念、活动方案、互动效果等。总之，无论是理论还是实践教学，都离不开教师的讲授。

三、讲授法在思想政治理论课教学中容易出现的误区

1. 讲授法不能等同于“满堂灌”

在思政理论课教学中，如果教师把讲授法等同于“满堂灌”、“填鸭式”，则是一种误解。因为讲授未必就是“灌输”，因为灌输式教学根本不考虑学生的学习心向，仅仅把学生当作一个容器，将所有的东西全部塞进去。传统的讲授法有点儿像灌输式教学，这要求思政教师在运用这种教学方法时，要在继承的前提下转变和创新，既不完全放弃传统的讲授法教学，又灵活地加以应用。教师要充分考虑学生的原有认知结构、心理发展规律和内容的逻辑顺序，把新旧知识建立起实质性的联系，采取旁征博引、深入浅出、拓展思维的讲授法，才能使学生的情感被调动、大脑被激活、潜能被开发。这样的讲授就不是灌输，而是学生有效学习的重要途径。思政教师在应用讲授法的过程中，应注意穿插其他的教学方法，以提高教学效果。

2. 讲授法不能等同于“空洞乏味”

首先，在教学方法上，讲授法要与其他各种教学方法相结合。讲授法最突出的优点是学生能在短时间内获得大量系统的知识。教师合乎逻辑的分析、论证，生动形象的描绘，巧妙的设疑和正确的解疑，都有利于学生智力的发展。但这种方法的缺点也是显而易见的，就是没有多少机会让学生对所学的

内容及时作出反馈，学生学习的主动性、积极性不易发挥。要消除讲授法这一弊端，就要把讲授法与提问法等其他教学手段相结合，取长补短，才有可能获得好的教学效果。其次，在教学内容上，讲授法要精心准备内容，内容要准确无误。思想政治理论课程中的概念相当多，有些概念、内容近似或类似。在讲授中，教师既要讲清该课程的概念和内容，又要正确指出与其他课程中同一概念和内容的联系和区别。内容除了准确无误之外还要生动形象，能引起学生的兴趣。讲授过程中要注意逻辑一致性，突出重难点。总之，讲授法不是照本宣科，不能等同于“空洞乏味”。

第三节　思想政治理论课常用的几种教学方法

一、问题驱动法

1. 问题驱动法的基本要求

“问题驱动式教学法”是教师通过巧妙设计教学任务，将要讲授的知识通过问题蕴含于任务之中，使学生在通过回答或解决问题完成任务达到掌握所学知识的目的。学生在完成一个个具体而真实的任务过程中要对任务进行分析，进而提出问题，并研究解决问题的方案，并通过自主学习、小组合作学习与探究活动，完成学习任务，达到最终目标。问题驱动教学法的主要环节是：创设情境、确定问题（任务）、自主学习和合作学习、学习效果评价。

（1）创设情境：教师创设教学情境，使学习直观化和形象化，从而激发学生联想，唤起学生原有认知结构中有关的知识、经验及表象，从而使学生利用有关知识去“同化”或“顺应”所学的新知识，发展能力。例如在讲到“道德”时，可以创设这样一个简单的情境，在校园里一个男生看见前面一个女生摔跤了，要不要上去扶。

（2）确定任务：在创设的情境下，设计与当前学习主题密切相关的任务作为学习的中心内容，让学生面临一个需要立即去解决的现实问题。假设上面创设的情境，就要请学生给出扶还是不扶的答案，男女生给的答案可能不一样。

（3）自主学习与协作学习：教师提供相应的资料，或者提供收集资料的线索，学生在自主学习的基础上，再进行小组合作讨论与探究。同样是上面的例子，请学生分组讨论，并在讨论的基础上达成共识。

（4）效果评价：学生反思问题解决的过程，进行相互评价或自我评价，教师适当作出点评，并帮助学生作归纳与总结。对于刚才的情境，男女生会有不同的答案，女生摔跤可能不希望被看见，由此告诉学生，道德不是乐于助人那么简单，还要看情况，如果女生摔得很重，爬不起来，该出手时就出手。

2. 问题驱动法的注意事项

首先，应该注意问题的创设和情境的选择。问题的出现要有情景性，通过问题设置情景以提高学生的注意力；问题的切入要有生活性，结合现实生活设问以体现生活中学习；问题目的的明确性，这是问题的核心，它包括明确教学目的、区分重难点、分析学情和问题的时限性等；问题形式具有挑战性，对问题的设置形式既有矛盾式设问，也有发现式设问；问题内容要有思维性，设置的问题应有层次性，以满足不同层次学生的需要；问题效果要有拓展性，通过问题即可以生成问题，又可以生成课题。

其次，教师要发挥主导作用，引导学生进入情境，讨论问题。任务驱动教学法的课堂更为开放，但这一“放”就不好“收”，学生讨论或者平淡，或者激烈，平淡时一言不发，可能冷场，老师不能草草收场，激烈时教师可能控制不了局面，容易影响教学进度，这些都要求教师发挥好主导作用，能够控制场面和进度。

再次，教师要注重教学评价。一方面是对问题本身的评价，不能学生讨论得热烈，老师简单总结即收场，这达不到思想教育的目的，学生对问题的认识也无法深刻透彻；另一方面教师要细心观察学生的讨论，对学生准确评价。传统教学强调“单打独斗”，学生表现很容易掌控，但采取任务驱动教学法，可能有个别学生滥竽充数、浑水摸鱼，给教师造成形势一片大好的错觉，影响到教学效果。

二、讨论答辩法

1. 讨论答辩法的基本要求

所谓讨论答辩法是指在教师的组织和引导下，学生通过语言交流、切磋乃至辩论达到预期教学目标的一种教学方法。课堂讨论，按人数的多少，分为两种基本形式：小组讨论和全班讨论。有时可以把两者结合起来，先小组讨论，后全班交流。

课堂讨论，按类型可分为以下几种：辩论式、演讲式、对话式、咨询式、设置情境式和调查研究式讨论。讨论法的运用离不开严密的教学组织工作。讨论答辩法的运用不能单纯追求讨论结果，一定程度上要注重讨论的过程，关注在讨论的过程中，学生产生了哪些思想和认识，培养了哪些情感，锻炼了哪些能力等。教师在利用该方法时要承担好组织者、协助者、引导者的角色。

2. 讨论答辩法的注意事项

首先讨论前，要有准备。教师要提出讨论题目和具体要求。设拟的讨论题要难度适中，学生有话可说；题目小而精，不要大而全；易于联系实际，力戒“空对空”。教师指导学生带着问题阅读有关教材和资料，写好发言提纲。同时，做好小组长的训练工作，使组长懂得如何主持小组讨论以及有关注意事项。

其次讨论中，要有引导。要善于设置对立面，有意设立逆命题，让学生进行思考；比对多种意见归纳出不同见解，让学生比较鉴别；要耐心疏导，因势利导，调动全体讨论者的积极性，形成民主、平等的共同磋商气氛，让大家都能大胆发表见解，把讨论引向深入，使问题得以解决。学生有时会偏离题目而高谈阔论，争论不休。在这种情况下，教师要善于及时地把握住讨论方向，引导讨论围绕中心议题开展；要使学生在讨论中学会摆事实，讲道理，做到观点与材料的统一，或用实例来论证观点，或用学过的观点来剖析现实生活和社会现象，使讨论既能进一步明确事理，又能理顺思路，掌握正确的思想方法。

再次讨论后，要有总结。对学生的准备情况、发言情况作出实事求是的评价；对讨论问题应表明自己的观点，要充分肯定有创造性的见解或联系实际较好的发言；对讨论中提出的不正确观点，也要给予客观的科学分析，使学生心悦诚服，从而提高他们的认识水平，使他们形成正确的情感、态度、价值观。

三、案例启发法

1. 案例启示法的基本要求

所谓案例启示法是指通过对典型事例的剖析、讲解、讨论，启发引导学生运用案例式教学方法，又称情景教学法，是当代一种很有发展潜力的教学方法，也是目前思想政治理论课教师在运用所学基本理论去分析、认识案例所揭示的一般道理并指导自身实践的一种教学实践活动。案例启发教学的核心在于让学生在对案例进行分析、探讨并解决具体问题的过程中，获得启迪，渐渐归纳并领悟出适合个人特点的有效的思维路线和思维逻辑。把理论运用于实际，深化理论学习，真正做到学理论、懂理论、用理论三者的有机结合，从而化理论为方法，全面提高学生自身的素质和能力。

案例启发法教学包括五个环节：

(1) 介绍案例，可用图像、录像等多种教学手段；

(2) 选择案例，案例必须有代表性、典型性；

(3) 分析案例、提炼理论，使学生不断接近案例中包含的理论实质；

(4) 应用所学理论再次分析、审视案例；

(5) 搜集、分析并交流案例，使学生在多个案例中开拓视野，巩固所学理论。

2. 案例启示法的注意事项

首先，科学选取教学案例。"思想政治理论课可供选择的案例很多，但如果没有一定的取舍标准，"捡到篮子都是菜"，可能有的案例一讲就是几年，学生会没有新鲜感，而且没有跟上时代的步伐。"[1] 在选取案例时，应注意贴近学生的思想实际，又要符合课程的理论体系，两者缺一不可；还要把握好趣味性、针对性、时代性，有趣味性的案例才能调动学生讨论的兴趣，有针对性的案例才能说明问题，时代性强的案例能引起大家的共鸣；选取案例的深度要符合教育对象的知识水平，对高职学生而言，案例本身的理论性不能太强，一定要是学生易于接受的，深度不过高的同时也不能过低；选取的案例数量也要适当，教师不能通堂说故事，不宜过分追求量多，思想政治理论课不是故事课。

其次，灵活控制课堂。选取好的案例后，围绕案例展开讨论是案例教学的核心，这一环节教师应控制好课堂，做好如下工作：活跃课堂气氛，鼓励大家积极发言讨论案例，充分表达自己的意见，陈述个人理由，集思广益，可分组讨论，也可以自由发言、形成辩论；加强引导，在讨论的过程中，教师要注重学生的思想动态，把握学生的思想脉搏，对于极端言论或者反动言论，要将其引导到正确认识的轨道上来；注意调控时间，有些案例能引起学生兴趣，学生感悟颇多，即可延长讨论时间，有些案例，讨论透彻后便可以

[1] 胡斌武主编，《特区高校思想政治理论课程教学创新研究》，第124页。人民出版社，2009。

进入总结阶段。

再次，注重对案例的总结。对案例的点评和总结是案例启发式教学中很重要的环节，它对于拓宽学生的思维空间，提高学生综合能力和素质有着重要的作用。教师对学生讨论的总结和点评，既要指出学生讨论过程中的优缺点，又要从理论上拔高案例的高度和深度。此外，还要总结讨论案例时的方法和角度，引导学生拓展思维方式，从不同角度看案例可能会有不同的结论，还可以启发学生从多角度去考虑问题，留给学生课下思考问题的空间和余地，这样学生才能从案例中得到启发和启示，并通过思考获得思想和认知的提升。

四、情境创设法

1. 情境创设法的基本要求

情境创设教学法是指在教学过程中，教师有目的地引入或创设具有一定情绪色彩的、以形象为主体的生动具体的场景，以引起学生一定的态度体验，从而帮助学生理解教材，并使学生的心理机能能得到发展的教学方法。情境教学法的核心在于激发学生的情感，是在对社会和生活进一步提炼和加工后才影响于学生的。

2. 情境创设法的注意事项

首先，情境创设要贴近学生的实际，具有生活性。创设教学情境，要注重联系学生的现实生活，在学生鲜活的日常生活环境中发现、挖掘学习情境的资源。其中的问题应当是学生日常生活中经常会遭遇的一些问题，例如讲到“基础”中适应部分时，面对人际交往中的问题，教师可以结合实际创设情境，寝室中的矛盾，卫生问题，影响他人休息问题，霸道问题等都可以通过情境模拟来解决。

其次，要紧扣教学目标，追求情境的实效性。从课程目标上来看，思想政治理论课的教学目标可以分为知识目标、能力目标、情感态度价值观目标；从情境的选择到所采取的相应活动都要本着更为重要的情感态度价值观目标。

再次，要注重情境创设的探究性。创设情境，要留给学生思考的时间和探索的空间，“逼”着学生从自身已有的知识储备中提取有价值的信息来消费知识，从而让他们自己去探索、去学习、去发现、去领悟，学生在探究中，创新意识和创造能力将会逐步得到提高，从而也提高了课堂效率。

五、直观教学法

1. 直观教学法的基本要求

直观教学法是指在教学中以亲身实践或以具体事物、现象以及事物、现象的逼真描绘来激起学生的感性认识，使之获得生动的表象，从而促进对知识比较全面、深刻地掌握和理解的一种教学策略和技能。相对于抽象的理论教学而言，直观教学法更利于学生对知识的理解和吸收。学生是学习的主体，在思政理论课的教学过程中，应注重学生的主体作用，不能仅仅依靠传统的灌输，有些教学内容可以让学生亲身经历、实践。直观教学法不仅注重学生学习的结果，同时更要注重学生学习过程中的体验、参与程度，以及在学习过程中所体现出来的创新精神和实践能力，让学生根据自己独特的感受来观察、思考和解决问题。教师在进行直观教学时应坚持以下原则：教师主导，学生主体原则；理论联系实际原则；可操作性原则；围绕教学目标的目的性原则。

2. 直观教学法的注意事项

首先，树立以学生为本的学生主体观。直观教学法以培养学生的情感、态度和价值观为切入点，深化教学目标，提升教学效果，这就要求教师要树立以人为本的学生主体观，确立民主、平等的教学观，把学生看成是共同解决问题的伙伴。教学的着眼点要落实到每个学生的发展，加强课堂研究、课堂合作，努力创设合作探究的学习氛围，实施师生合作、生生合作。特别是思政教师，决不能单纯地进行理论说教，而应通过各种直观形式与学生进行思想交流，以增强师生的相互理解，加强与学生的情感交流，提高教学效果。

其次，搜索直观材料，精心设置情境。直观教学法强调锻炼学生的动眼、动脑、动手能力，注重实践操作，这当然也包括课堂思维逻辑推演，现象分析，从直观材料到抽象思维，从感性认识到理性认识，符合认知规律。这就要求教师要不断收集感性材料，以最大程度地挖掘课程资源并合理用好这些资源。直观材料应该是贴近生活的，情境应该是符合大学生实际的。

再次，重视实践操作，提高学生兴趣。在思想政治课教学中，运用实物演示、人物表演、漫画、图片资料、歌曲、电影、电视、光碟、录像、录音带及其他电教手段配合教师的讲解，能够创设一些可感可知、有声有色的直观情境，变呆板为生动，给学生创造一个轻松、愉快的氛围，从而激发广大学生积极动眼、动脑、动手的能力，让他们在乐中求学，在学中求乐。

第四节　高职高专院校思想政治理论课教学方法的灵活运用

一、高职高专院校思想政治理论课教学方法运用的基本要求

前面我们探讨了在思想政治理论课课堂教学中常用的几种教学方法，常言道：教无定法，贵在得法。可以说，思政理论课的教学效果怎么样，教学方法起着举足轻重、甚至是关键性的作用。每个老师可能都有自己独特的方法，我们不可能要求所有的老师在教学方法上做到整齐划一，而是应该鼓励百花齐放、各显神通。但是，在多年的教学实践中，我们体会到：针对高职高专院校的总体生源结构，思想政治理论课教学方法的运用应该有一个总的要求，就是不管你用什么教学方法，都要符合“多样、直观、生动、参与”的八字要求。

1. 多样

多样是指在思想政治理论课教学中要做到多种教学方法交替使用、综合使用，增强课堂教学的多样性，避免单一教学使学生产生“审美疲劳”，进而提高教学效果。

2. 直观

直观包含两层含义，第一是思想政治理论课教师课堂教学的语言表述要直观、通俗易懂，避免使用过于专业，特别是深奥、晦涩的字词和语句。第二是课件要真正实现多媒体化，恰当使用图片、照片、音频、视频等教学资源丰富课件，通过课件实现课堂教学的直观化。可能时使用一些实物教具，可以有效增强教学的直观性。

3. 生动

生动要求老师多运用案例法、情境法、讨论法、辩论法等生动性强的教学方法。运用讲授法时，教师的教学语言要生动。如能做到幽默风趣、抑扬顿挫、绘声绘色，效果最好。另外，教学中例证的选择也能在一定程度上决定生动与否。教师讲课时举例子不能动不动就是伟人怎么样、名人怎么样，学生们会觉得这些人是伟人、名人，高不可攀，他们能做到的，我们普通人做不到，这样教学效果就会打折扣。相反，如果我们多用发生在学生之间、学生身边的事例，学生会更觉生动，也更易于为学生认可和接受。例如，我

校2011级有位女生叫马肖肖，22岁，身高还不及10岁正常女童，脊柱严重侧弯、手脚畸形，身体重度残疾，生活不能自理，她的5位室友在家里也是娇生惯养的独生女，却不嫌不弃，把马肖肖同学照顾得无微不至，在没有家长陪读的情况下，马肖肖同学在学校里生活得很好。我们在教学中以此为例证，使全校都知道了她们的事迹，并传播到社会上，芜湖《大江晚报》专门派出记者来校采访，做了专题报道，赞誉马肖肖的室友为芜湖版的“中国好室友”。我校2008级有位同学叫郭昌泓，中学时就创办了“千纸鹤慈善基金会”，开展多项慈善公益、志愿服务活动，先后被中国生命关怀协会评为“全国优秀生命关怀志愿者”，被中国关心下一代工作委员会等评为“全国十大感恩励志公益人物”，被中国雅虎公益频道评为“中国雅虎十大优秀志愿者”、被团省委、省文明办、省青协评为“安徽省第八届优秀青年志愿者”，被共青团安徽省委和安徽省教育厅评为“安徽省三好学生”、被市红十字会评为抗震救灾先进个人，被芜湖市文明办等单位评为“芜湖市首届优秀志愿者”等。在他的事迹激励下，投身志愿服务、公益慈善活动在我校蔚然成风。我们学校有一个大学生创业园，入园企业30多家，创业的学生200余人，平均每月营业额700万，涌现出很多感人的事迹，在讲创新创业相关内容时，我们以此为例，对学生震撼很大，比以前用马云、俞敏洪等人做例证时教学效果明显改善。

4. 参与

意思是指让学生参与到教学过程中来，发挥学生的学习主体作用。多运用像讨论法、辩论法、短剧小品表演法、答问法、情境法、案例分析法等能充分调动学生、凸显学生主体作用的教学方法。运用讲授法时，也要尽量避免一言堂、满堂灌，注意穿插使用问答法、案例讨论法等其他能突出学生主体作用的教学方法。

二、高职高专院校思想政治理论课应注意实施分类教学

在把握好多样、直观、生动、参与的“八字”总要求的前提下，针对高职高专院校的生源结构，在教学方法上，我们认为还有一个基本的东西，就是“分类教学”，即注意教学对象的差异性，实施分类教学，尽量做到因材施教。

以我校为例，我们首先从大的方面把我院生源结构划分为三类——第一是高考统招类，这类学生文化基础与学习自觉性都比较好；第二是中职对口

类，这类学生文化基础较差，但学风较好；第三是艺术与自主招生类，这类学生文化基础与学风都比较差。

对高考统招生，理论教育的分量要重一些，讲授法可以适当多运用一些，对学生参与的要求也高一些，必须有一定的理论深度。对中职对口类，安排他们先预习。对艺术与自主招生类，先将学生分组，每 8～10 人一组，老师在课前围绕教学内容布置讨论题，让学生再准备，上课时先让学生以小组为单位进行讨论，学生在讨论中自然就形成了辩论的局面。这时老师适时讲解，其抬头率、注意力就提高了。在安排教师时，我们把不会做课件的老教师选派到高考统招生班级，语言生动性有欠缺的老师选派到中职对口生班级，课件做得比较好、善于调动课堂气氛的老师选派到艺术与自主招生的班级。

具体到一个班级，男生与女生，高中时学理科的与学文科的，性格外向的与寡言少语的，行为习惯较好与较差等，在教学时都要兼顾到，注意用适当的方法手段把各类学生的注意力拉到教学中来。

需要注意的是，分类不是固定的：随着不同届别、男女比例、教师的针对性、课程、教学手段与方法等的变化，学生的情况也会发生变化：

例如，我校文秘专业 2012 级一个班级只有两个男生，在课堂和班级活动中都被边缘化了，即使在专业课教学中，也存在着经常旷课、不参与课堂互动等现象。本学期，上概论课，我们的任课老师了解这一情况后，就特别关注这两个学生，第一节课就提前近十分钟进了教室，笑呵呵地走到这两个学生面前，先跟他们开玩笑、拉家常，拉近师生关系，使这两个常感到被人遗忘的学生产生被重视感。就在这样看似随意、实则有心的闲聊中，老师了解到其中一位男生计算机比较好、一位学生中学时历史学得比较好，以后上课时，老师经常借故让计算机比较好的学生帮忙弄弄课件，经常问问历史比较好的学生历史事件中的人物、时间、地点等，结果，这两个学生从未旷课、上课注意力集中、积极参与课堂讨论。

与此相反，像汽车维修、机械制造等专业常常一个班只有一两个女生，男生就表现得太闹，课堂秩序难以维持。在这样的班级我们就安排女生做“学风监理”，协助老师维持班级课堂纪律，并负责进行评分，按 20％的比例计入总评成绩。有了这样的“学风监理”，男生们就安静多了。

从这两个例子我们得出一个结论：就是对学生要以正面鼓励为主，少批评指责，进行必要的批评时要注意方式方法，不能粗暴。但有的时候，反面激励可能更有效果。例如，我们把学生的日常品行表现纳入到思想政治理论课的考核体系之中，由班主任、辅导员打分，占总评成绩的10%。有一次，一位同学在公交车上不给老师让座，有点凑巧的是，这位老师这一天因为调课的原因，上了6节课，很累了。所以看到这个学生没给她让座，心里很不是滋味，就跟班主任反映了这件事，班主任给他的日常品行打了个不及格，并建议授课教师给他的思想政治理论课总评成绩判为不及格。老师没多想，觉得班主任的建议有道理，就给这位同学判了个不及格。后来这位学生找到老师，认为老师的做法不合理，老师也感到当初的做法有点草率，没有向学生解释清楚这么做的理由。于是，经过教研室讨论，决定把这件事变成养成教育的一个契机。我们先把这个学生找来谈话，告诉他思想政治理论课一个很重要的功能是进行思想品德教育，它的目标不是仅仅让学生掌握有关知识，而是要求学生把学到的知识落实到行动上。作为学生在公交车上看到老师不让座，其他课程不能判为不及格，如果判了，可以说老师是公报私仇，但思想政治理论课判为不及格是有道理的。这个学生勉强接受了，还不是想得很通。我们又把这件事设计成一个案例，上课时让学生讨论：学生在公交车上不给老师让座，思想政治理论课能否及格？讨论的结果，多数学生都认为不能及格，这位同学这时想通了，以后成为行为习惯非常好的一位学生。

第五节 多媒体技术应用

一、多媒体课件

1. 多媒体课件的含义

“多媒体课件”简单来说就是老师用来辅助教学的工具，课件创作人员根据自己的创意，先从总体上对信息进行分类组织，然后把文字、图形、图像、声音、动画、影像等多种媒体素材在时间和空间两方面进行集成，使它们融为一体并赋予它们以交互特性，从而制作出各种精彩的多媒体应用软件产品。

多媒体课件的主要类型包括演示型多媒体课件、个别辅导型多媒体课件、模拟实验型多媒体课件、训练型多媒体课件、游戏型多媒体课件、资料工具型多媒体课件、网络开放学习型多媒体课件。思想政治理论课的多媒体课件多见于演示型、资料工具型、网络开放学习型。

2. 多媒体课件的制作

在思想政治理论课多媒体课件的制作过程中，应该遵循以下原则：教育性原则，课件是为教育教学服务的，课件的制作一定要围绕教学目标，要选择适应教学对象的题目，难点应分散，重点要突出，知识点要深入浅出，容易被学生接受。启发性原则，课件要能对学生思维提高有所促进，能力培养有所提高，要使用典型的例题、练习题和作业题。科学性原则。科学性是评价多媒体课件的一个非常重要的指标，它要求多媒体课件中所讲述的内容不仅要正确，而且要层次清楚、逻辑严谨，所举的例子要准确真实并合情合理、模拟仿真时要形象，要选择符合有关规定的场景、素材、名词术语进行操作并且规范。技术性原则，技术性可以反映多媒体课件的制作技术水平，它要求多媒体课件中文字要醒目、色彩要逼真、画面要清晰、动画要连续、配音要标准、音量要适中、智能性要好、交互设计要合理。艺术性原则，多媒体课件在教学使用过程中要取得良好的教学效果必须能体现出比较高的艺术性，一个优秀完美的多媒体课件应当是新颖并具有创意，整体构思要巧妙并且节奏要合理，整体画面要简洁，要使用悦耳的声音。使用性原则，我们制作的多媒体课件最终是要拿到实践中进行具体应用的，面对不同的使用者，多媒体课件的操作要灵活并且要简单方便，应该具有很强的容错能力，文档配备要齐全。

在课件的具体制作时，遵循以下几个步骤：第一步，撰写脚本。多媒体课件的脚本就相当于影视剧制作中的剧本，当把一个教学内容选定以后，最先要做的事情是根据教学内容撰写教案，因为教案中会告诉我们这一教学过程所要解决的具体内容是什么，重点、难点是什么，然后根据教案内容撰写多媒体课件的脚本，多媒体课件的脚本有时也被我们称为多媒体教案。多媒体课件脚本需要撰写的内容一般有：多媒体课件制作过程中所用到的工具、多媒体课件的整体结构以及多媒体课件的展示手段等等。第二步，制备素材。素材的好坏、是否充足等在多媒体课件制作过程中起着非常重要的作用，同时素材的制备也是多媒体课件开发过程中最繁重、费时最多的一项工作。多媒体课件的素材制备包括：文字信息的收集与整理；背景音乐与配音等声音素材的录制与编辑；动画和视频的编辑等等。第三步，整合课件。根据前面撰写的脚本，利用合适的开发工具把已经准备好的素材摆放到相应的位置，如果脚本撰写详细、素材准备充分，这一步完成是比较容易的。第四步，完善课件。许多教师不注重这一环节，认为可有可无。事实上，这一步在课件制作过程中也是比较重要的环节。因为，在撰写脚本和多媒体课件制作过程中，有些问题可能未被发现，只有实际运行中才能被发现，所以我们多媒体课件制作好以后，需要反复试用，发现问题及时修正，这样经过几次反复试用和修正后，才能制作出比较优质的多媒体课件。

二、教育教学资源库

高校教育技术的发展和推进为教育教学资源库的构建提供了重要保障，极大方便了教师和学生集中获取教育教学资源。思政理论教学借助信息化的便捷快车，丰富了自己的教学资源，大体上可以分为以下三类：

1. 阅读库

思政理论课几门课程相关的阅读材料都很多，可以有与课程相关的史实、文件、语录、评论、政论片、纪录片、文献片等。如以《毛泽东思想和中国特色社会主义理论体系概论》为例，可以选择的影像资料电影电视专题片或文献纪录片，如《邓小平》、《毛泽东》、《张思德》、《我的长征》、《中国之路》、《新时期的旗帜》、《东方之光》、《走近毛泽东》、《复兴之路》、《爱我中华》、《中国 1978—2008》、《西藏今昔》、《马克思主义中国化最新成果专题解读（总论篇）》等。也有与学生的困惑和成长需要息息相关的励志篇章，如围绕学生入学适应、生活适应、交往适应、情感适应、实习适应、创业适应等主题而形成的系列素材。阅读库的建设一方面要体现学科阅读的针对性，同时又要突破单纯的阅读材料堆积的狭隘，通过链接、好书点评、精彩推荐等方式，最大限度扩充资源信息量，成为阅读信息的指导。

2. 案例库

生动形象的案例是进行思政理论课教学的必备素材，不仅可以丰富课堂，印证教材理论，同时也可以通过鲜活的事例触动学生的思考。因此，可以在网络上设置案例库。案例库不仅可以来源于社会资源，也可以是发生在本校园的人和事、往届学子的事迹、本班同学日常生活事迹。这些案例不仅可以起到记录同学们生活的作用，而且会激励着同学们在成长的足迹中感悟收获，体验进取的乐趣。

3. 试题库

试题库可以包括专升本真题库、自考真题库、考研真题库、练习题库。如专升本真题库，真实在线本专业考试科目的历年真题，从而了解考试题型，重点难点，通过比较详细的答案，及时检查自己的做题水平。

目前，各高校都在积极构建专门的思政教学资料平台，自建校园网，设立专题网站、论坛等，这些资源平台既对教师开放，也可以对学生开放。但是，目前思政理论课程的相关资料库的建设存在教与学应用不对称的情况，资源库更新慢，资源利用率低、资源信息整合度不够等不足。为更有效地推进思政理论教学信息化进程，我们需要思考“资源是如何为学习者所运用”的问题，构建基于资讯传播、资讯整合、资讯共享、资讯互动等多效能的资源平台，提升资源库的内涵建设。

三、多媒体教学手段的合理使用

对多媒体教学技术的运用目前还存在着争议。在2012年长三角地区高校思想政治理论课教学比赛期间，就发生了这样的争议。有人不赞同用多媒体手段进行教学，尤其反对年轻教师用多媒体，认为年轻教师首先要把一支粉笔拿稳拿好，等教学基本功打扎实了，再去用多媒体手段进行教学。上海大学的李梁老师坚决反对这种观点，认为用不用多媒体，关键不是看老师，而是看教学对象，我们今天面对的学生，都是90后的孩子，他们是在网络时代长大的，对内容与形式都丰富多彩的多媒体教学易于接受，对传统的一支粉笔的教学模式感到单调乏味，提不起兴趣。我赞同李梁老师的观点。

反对青年教师使用多媒体的同志，当然有他们的理由，这个理由就是：很多青年教师的课件里面只有整版的文字，没有图片、动画、视频等素材，甚至上课时就是读PPT，课件翻得很快，学生还没反应过来，一页就翻过去了。这样的课件，只是起到了一个代替板书的作用，其效果当然远没有一支粉笔来得好。所以，实际上，人们反对的只是不合格的使用多媒体，并不是反对多媒体教学技术手段本身。我们认为，应该鼓励老师使用多媒体技术手段开展教学活动，但前提是必须把课件做好，使之成为真正的多媒体课件。

第八章　高职高专院校思想政治理论课实践教学

中共中央宣传部、教育部在《关于进一步加强和改进高等学校思想政治理论课的意见》及其实施方案中要求，新课程的实施“要加强实践教学，思想政治理论课所有课程都要加强实践教学环节，建立和完善实践教学保障机制，探索实践育人的长效机制”。根据这一文件要求，高校思想政治理论课在面对新形势、新任务、新变化的情况下，必须要加强实践教学，通过形式多样的教学实践活动，帮助大学生观察和分析社会现象的能力，提高思想道德素质和政治法治素质，进一步深化思想政治理论课教育教学改革，提升其教育教学的效果。而作为培养生产、建设、管理、服务第一线的高端技能型专门人才的高职高专院校，更应特别重视实践教学。

第一节　高职高专院校思想政治理论课实践教学的目的与原则

一、高职高专院校思想政治理论课实践教学的目的

1. 帮助学生深入认识世情、国情、社情

通过有代表性、启发性的实践活动，让学生走出课堂、走近校园、走向社会，开展参观考察、社会调研和社会服务等，可以帮助学生拓展视野，增加对世情、国情、社情的了解，有利于学生树立正确的世界观、人生观和价值观，从而达到实践教学的目的。

2. 帮助学生深化对马克思主义理论的理解

理论与实践相结合，是马克思主义的本质特征，也是马克思主义的基本原则。思想政治理论课教育教学，首先是马克思主义世界观和方法论的教育。要达到良好的教育目的，就必须坚持理论与实际相结合的原则。开展实践教

学，让学生在实践教学过程中体会到理论对实践的指导作用，还通过典型事例印证理论的科学性和重要性，激发学生学习理论的兴趣和热情，有助于受教育者把理论与实践结合起来，深化对理论的理解和认识。

3. 帮助学生实现从被动接受到主动探求的转变

长期以来在思想政治理论课教学中存在着教学方法和手段形式单一的问题，缺乏吸引力和感染力。在课堂教学中老师所讲授的抽象的理论比较多，而生动活泼的实例比较少，提不起学生学习的兴趣。而实践教学采取灵活多样的方式方法，调动了学生学习理论知识的兴趣，使学生由被动变主动，自觉去发现问题、分析问题，进而解决问题。这可以有效弥补思想政治理论课课堂教学形式单一的不足，提高学生学习的主动性和积极性，帮助学生实现从被动接受到主动探求的转变，进而增强教学效果。

4. 帮助学生提高运用理论认识、分析和解决问题的能力

思想政治理论课教育是一种思想理论教育，当然要注重理论的讲解、观点的引导，使学生掌握理论，但学习理论贵在学以致用。思想政治理论课教育教学的目的不仅仅在于使他们在校园有良好的表现，更重要的是使他们毕业后在社会上有良好的表现。如果教育教学不能面对社会现实而展开，不能圆满解释社会变革时期表现的种种现象，不能正确有力地阐明形形色色的社会思潮，不能使学生真正在“知”的基础上达到“信”，在“信”的基础上达到“行”，那么，思想政治理论课教学在社会现实生活面前就难免会显得苍白无力。而通过实践教学，可以帮助学生提高运用理论认识、分析和解决问题的能力，使理论不仅“入耳”，更能“入脑”、“入心”。

二、高职高专院校思想政治理论课实践教学的原则

1. 从高职高专院校实际出发

高职高专院校思想政治理论课实践教学体系的开发与实施，涉及组织、经费、安全保障等方方面面，一直是个难题。因此在设计实践教学环节时，要立足高职高专院校特点，把思想政治理论课实践教学同高等职业教育的办学特色结合起来，把思想政治理论课实践教学与专业课程的实践教学相结合、与大学生日常品行实践相结合。同时，要改革高职高专院校思想政治理论课考核的方式方法，使考核范围从单纯注重对理论知识的掌握，拓展到对课程的参与意识的高低、对所学理论的践行程度与运用能力以及日常品行表现等多个方面，这样更能全面准确地反映学生的思想实际和理论水平，从而更具

科学性。

2. 与课堂理论教学相对应

与课堂理论教学相对应的原则主要包含三个方面：一是指所设计的实践教学内容应当是以理论教学内容为依据的，不能脱离理论教学内容另搞一套，比如社团的、课外的等与理论教学内容不相关的实践活动不能视为思想政治理论课实践教学，也不能把一般的社会实践活动等同于思想政治理论课的实践教学，导致课堂理论教学与社会实践活动互不关联。二是指所设计的实践教学内容应当是有助于增强理论教学内容的可接受性，即通过实践教学的内容能够使理论教学的内容从抽象和思辨的状态转化成具体的、直观化的、形象生动的，可以被学生感知、体验和践行的状态。三是指所设计的实践教学内容应当是理论教学内容的基本原理与实际相联系的表达，即实践教学的内容不是要把全部的理论教学内容都去一一对应的转化，而是对其中的基本原理进行与实际相联系的转化，主要是对理论教学内容之基本原理指向实际的运用性设计。这一点尤为重要，因为实践教学的主要目的是要培养或提升学生理论联系实际的能力，其中运用基本原理联系实际的能力是学生真正理解、把握和运用理论精髓的重要基础。

3. 全覆盖

很多高校开展的以参观爱国主义教育基地、革命传统教育基地为主的思想政治理论课实践教学，面临的最大问题就是参与率低、受教育面窄。因此，可将思想政治理论课实践教学与高职高专院校每个学生都要参加的专业课程实践教学、假期社会实践及日常品行实践融为一体，这样学生的参与面即可达到百分之百。同时，把学生的日常品行表现纳入思想政治理论课实践教学体系，可以拉近思想政治理论课教学部门与各专业教学院系的距离，增强各院系对思想政治理论课教育教学的支持力度，也能在一定程度上促进各院系对学生的管理，提高学生学习思想政治理论课的积极性和主动性，使主渠道的思想政治教育与日常思想政治教育融为一体，从而提高思想政治教育的合力和效果。

4. 具备可行性

可行性是实施实践教学本质理念的客观要求，它是指设计的实践教学内容应当是教与学双方可以去做、去为、去行动、能感知和体验的项目。也就是说在设计内容时，必须要充分考虑内容的可行性，最为重要的就是如何把理论命题转化为教与学双方都能够去做的课题。如此，就需要对理论教学内容的基本原理进行与实际相联系的操作化设计，使实践教学的内容更具针对性和可行性。

第二节　高职高专院校思想政治理论课实践教学的组织实施

一、校园实践

1. 日常品行实践

本项实践主要包括学生的日常思想品行与行为表现，主要由一线学生管理人员（班主任、辅导员）进行引导和指导，并于每学期结束前根据学生的品行表现进行评价，然后将成绩交思想政治理论课教学部门以相应比例计入该学期思想政治理论课总评成绩。

2. 主题实践活动

可围绕思想政治理论课的教学内容，组织开展各种形式的校园文化主题实践活动。教师可组织学生自编自演情景剧；组织观看主旋律影视及文献资料片；举办读书会、辩论赛；开展与大学生生活、学习、思想修养有关的校内调研；组织相关学生社团开展专题研究等。而后，学生分别撰写剧本、观后感、读书笔记、辩论词、调研报告、小论文、心得总结等，这些书面材料可与参与程度、活动效果一起作为成绩评定的依据。

二、社会实践

1. 与专业顶岗实习同步进行思想政治理论课实践教学

高职高专院校以“校企合作、工学结合”人才培养模式为特色，各专业都安排有至少一学期的校外实习实训或顶岗实习。我们可以将专业课程的校外实训基地同时作为思想政治理论课的校外实践教学基地，在学生进行专业课程实习实训或顶岗实习的同时，同步开展思想政治理论课的实践教学。具体可在学生赴企业实习前，结合专业与实习企业的具体情况，由所在班级的思想政治理论课教师拟好若干个带有调研性质的论题，要求学生在实习过程中进行调研，运用所学理论分析实际问题。

2. 暑期社会调查

可将思想政治理论课实践教学“嫁接”进由团委或学生处组织实施的大学生暑期社会实践活动中。其具体做法为：一年级暑假前，各班级思想政治理论课教师将调研参考选题布置给学生，学生根据各自家乡的实际情况进行选题，并组成调研小组在假期自主进行考察、调研，完成调研报告；开学后将调研报告交给下学期的思想政治理论课老师评阅、打分，评定成绩按一定比例计入该学期的思想政治理论课总评成绩。

3. 参观考察

由思想政治理论课教师根据表现在每个教学班遴选部分学生组成思想政治理论课实践考察团，到革命纪念地、博物馆、乡镇、街道、社区、企业、法院、部队等实践教学基地进行参观考察，或接受爱国主义与革命传统教育，或亲身感受改革开放的伟大进程，了解社会主义新农村建设、新型工业化和城市化的伟大成就。参加考察的学生返校后，以班级为单位举行主题报告会。参加考察的学生以主题报告会的效果、其他学生以听取报告会后撰写的心得体会作为成绩评定依据。

三、网络实践

1. 虚拟体验

在现代社会，计算机网络本身就是一个虚拟的校园，在信息化的校园，充分共享的数字资源已经成为包括校园人在内的整个社会学习共同体的共有知识财富，包括多媒体、超媒体、人工智能以及数据库在内的信息技术和计算机网络，全新的智能化教学系统和教学环境应运而生，先后出现了“虚拟教室”，“数字化图书馆”、“比特书店”，以及“虚拟计算机”等，在校园范围内把计算机用光缆连接起来，这样校园的教学科研资源与社会知识资源实现了高度的整合，校园成了完全开放的、超越时空的网络平台和知识中枢。虚拟体验逐渐在教育中占据了重要的角色，青年学生在网络活动中充当了主体。在思想政治理论课实践教学中开展“虚拟体验”，可以避开现有实践教学遇到的一些难点，在无限广阔的网络空间大显身手。具体来说，可以要求学生带着实践任务，在选定的虚拟目标空间譬如网上博物馆、网上纪念馆等进行参观、体验，其成果可以是图文并茂的电子报或幻灯片。

2. 网络调研

由于传统调研样本采集困难、调研费用昂贵、调研周期过长、调研环节监控滞后等一系列问题的进一步暴露，加之随着互联网的不断发展，科技不断完善以及在线调查具有高效便捷的特性及其质量的可控性不断增强，网络调研便呼之欲出了。在思想政治理论课实践教学中，可以要求学生或是自拟问卷、或是采用门户网站组织的调查，就某一社会热点问题、焦点事件进行网上调查研究，并对调查结果进行理论分析和评价，最终形成调研报告。

3.“网事”研究

“网事”研究是指学生充分利用网络资源，就网络世界关注的理论问题或社会转型期凸显的现实问题进行深入研究，形成具有独到见解的研究论文，并以数字化形式提交。

4.影像体验

在信息时代，思政领域的图片与影像资料丰富多彩，在线播放相关影像资料，对学生进行喜闻乐见的感性教育，既可丰富教学内容，增强教学的直观性，又能充分激发学生的学习兴趣。

5.网上辩论

与传统辩论赛不同的是，网上辩论可全部在互联网上进行，辩手们可通过键盘以灌稿方式进行陈辞、论证、反驳等。基于网络的开放性，不仅参赛辩手之间可以激烈交锋，比赛现场外的网友也可以在线发表自己的意见，表明立场。

第三节　实践教学基地建设

稳定、充足的思想政治理论课实践教学基地是思想政治理论课实践教学切实有效开展的前提，建立相对稳定的实践教学基地是使实践教学得以长期开展的基本条件。为使思想政治理论课实践教学更富有实效性，高校应致力于实践教育教学基地的物色、规划和建设，较好地将校内外的教育资源整合起来，充分发挥各类实践教学基地在思想政治理论课教育教学中的作用。

一、校内实践教学基地建设

1.完善校园内学生学习、生活场所基本设施建设

校园本身就是思想政治理论课实践教学的重要基地，是环境育人的重要载体。为了营造良好的育人环境，增加思想政治教育的实效性，应不断完善和改善校园内学生学习、生活场所基本设施建设。要加大校园建设、后勤建设、实验室建设、图书资源、网络和信息等基础设施建设的投入，改善办学条件和育人环境，满足师生学习和生活的需要。

2. 建设思想政治理论课校内实践教学基地（德育实验室）

思想政治理论课校内实践教学基地（德育实验室）建设应是学术性知识与体验性知识、理论与实践、显性教育与隐性教育的有机结合，其建设要遵循前瞻性、针对性、典型性、真实性和教育性原则。校内实践教学基地的建设，主要着眼于多部门齐抓共管，发挥院系两级的领导、组织、协调和整合功能，形成德育合力，它有利于提高教师和学生的参与度，体现师生双向互动效果。具体说来，可以建立本校优秀毕业生、在校生先进事迹展览室，通过学习参观有感染力和震撼力的典型事迹和典型材料，使其对青年学生的心灵起到净化的作用；建立音像体验室，通过现代传媒手段如录音、录像、多媒体教室等手段对学生实行立体教育，把具有典型意义的教育材料，以图文结合、声情并茂的形式展示给学生，使学生接受立体化的教育；建立道德、法纪、心理和人际关系等多种自学和测试系统，让学生通过自学自测，对自己的公德意识、法纪观念、心理健康程度和人际关系状况，有一个比较准确的定位；建立品德矫正系统，要求受教育者对照合格大学生标准，从外在形象到内在品质的结合上进行剖析和检查，以达到矫正自己形象的目的等。

3. 校园环境建设

（1）软环境

校园的软环境即精神环境，是将物质环境进行“包装”，营造积极向上、健康有序的校园文化氛围，并形成学校特有的制度和传统。主要包括学校纪律、校训校规、规章制度、奖励惩罚、校风等校园内一切制度、文化形态的东西。此内容决定了学校“育人”的目标和办学的方针，对师生的具体要求，是“环境育人”课题的核心。“育人”的过程中客体是师生的精神世界，而其主体同样也是师生的精神世界。师生如果主观上抵制社会对学校的要求或学校对师生个人的要求，他们的精神生活是绝难符合思想政治教育目标的。师生的主观能动性是其自身精神生活的根本动力，是“育人”决定性因素。学校必须在课堂教学以外开展丰富的校园活动，包括师生课余的科技活动、娱乐活动、体育活动、社会实践活动等等，才可以有效地引导和充实师生的精神生活。

通过加强软环境的建设，营造学校的健康、积极、开放、进取的文化氛围，实现全员育人，让置身其中的莘莘学子处处能感受到先进文化和精神的熏陶感染。

（2）硬环境

校园的硬环境即物质文化环境，是校园文化建设的重要组成部分，也是校园文化的重要载体，主要是指校园规划建设，校园的整体建筑和设计等，包括校舍建设、场馆设施、仪器设备、教学用具、图书资料、花草树木、园林景观、雕塑饰物、光线、色彩以及各种有形的东西。从表面上看，它与思想政治教育没有直接的联系，但是归根结底，物质环境设施为教育、教学活动提供了重要的阵地和场所，使师生教有其所、学有其所、乐有其所；建筑风貌也体现了一个学校的风格与办学传统，反映出是否以人为本的办学方针。进行学校物质建设，特别应强调“文化”意识，注重考虑如何发挥学校物质设施潜移默化的教育功能，发挥隐性教育作用，使校园物质建设在充分发挥使用功能的基础上，尽可能适合学生的生理和心理的特点，尽可能富于文化意义，尽可能美，以发挥物质形态的校园文化的教育功能。物质的校园文化最直观地反映了学校的教育方针，而且一旦设计定型，很难改变，因此必须予以足够的重视。

二、校外实践教学基地建设

可根据教学内容模块，选择建立相应类型的校外实践教学基地：

与革命纪念地共建校外实践教学基地，可对学生进行革命传统、近现代史、爱国主义等方面的教育。

与博物馆共建校外实践教学基地，可对学生进行地方历史、区情及地方经济社会改革与发展等方面的教育。

与乡镇、街道、社区共建校外实践教学基地，可对学生进行社会主义新农村与“三农问题”、城市社会管理与创新、社会主义和谐社会建设、生态文明建设等方面的教育。

与企业共建校外实践教学基地，可对学生进行经济体制改革、社会主义市场经济、自主创新等方面的教育。

与法院共建校外实践教学基地，可对学生进行社会主义法治教育。

与部队共建校外实践教学基地，可对学生进行爱国主义、国防与军队现代化等方面的教育。

第四节　高职高专院校思想政治理论课实践教学存在的问题与对策

一、高职高专院校思想政治理论课实践教学实施过程中普遍存在的几个问题

1．少数学校认识不到位，重视程度不够

思想政治理论课是高校的必修课，实践教学是思想政治理论课教学中非常重要的环节，但是却有被边缘化的现象存在，还存在“说起来重要，做起来次要，忙起来不要”的情况。一方面，“重理论、轻实践”的传统观念一定程度上还继续存在，部分老师注重理论知识的课堂灌输，而轻视实践教学的重要性。另一方面，一些现行的教育管理制度和管理理念制约了思想政治理论课实践教学的开展。此外，由于受多种因素制约，思想政治理论课实践教学的内容和形式较为单一，对学生没有吸引力，使学生觉得“可有可无”。

2．参与面窄，不能覆盖全体学生

目前，大多数院校的思想政治理论课实践教学学生参与面窄、不能覆盖全体学生。究其原因，是因为近年来高校不断扩招，学生数量不断增加，许多院校思想政治理论课都采取大班上课，思想政治理论课教师所承担的教学任务越来越重，每学期每位教师授课对象成百上千。在承担繁重的教学工作同时教师还要从事教科研工作，面对几百个学生的实践指导任务，困难可想而知。而目前思想政治理论课实践教学还没有一套成熟、完善的制度体系，组织缺乏规范性，影响了学生的参与积极性等等，都影响了思想政治理论课实践教学所应有的效果。

3．开设不正常，随意性较大、计划性不强

科学的教学计划、合理的教学安排是思想政治理论课实践教学取得良好效果的基本要求。思想政治理论课实践教学的有效开展，需要有与之紧密联系的理论教学作为基础，根据教学计划的整体安排，相互支撑、相互关联。但是在具体的教学过程中，实践教学环节往往不被重视，而且考核的内容大多以学生写实践报告为主；受到思想政治理论课总体学时的影响，课堂教学中教师已不可能划出充裕的时间供学生在课堂上开展以培养学生综合素质为目的的实践环节；大量的思想政治理论课实践教学环节被安排在寒暑假和节假日进行，整体实践教学的效果无法进行有效的监控和考核。

4. 教师自身实践能力不足

在实践教学中教师既是实践活动的参加者，又是学生实践活动的组织者和指导者，身兼两职，足显其在实践环节中的重要地位和作用。但是，在现实中，部

分教师对实践教学信心不足，顾虑重重。多数思想政治理论课教师都是从学校到学校，自身缺乏必要的时间经验和能力，对社会的实际情况了解得不太多，理解得也不太深刻。此外，每个教师课时多、学生人数多、工作量大、教学任务重，组织活动难度很大，往往是心有余而力不足。教师组织实践活动没有经费、没有时间、也没有丰富的经验去满足学生的求知欲。在教学计划中虽然有实践学时，却没有安排具体的时间，要教师自己想办法落实，思想政治理论课教师往往承担很多班级的教学任务，要组织学生开展实践活动，不仅需要经费支持，还需要精力的支撑，需要各部门的协调与配合。但是，由于教师得不到必要的支持，在具体的操作过程中往往流于形式。

5. 实践教学评价标准不完善

目前很多院校虽然已开展实践教学多年，不同学科、不同教师都在组织实践教学，实践活动的形式、内容、方法、手段也各不相同，如何评价实践教学的质量和效果，还须明确规定统一的评价指标。比如，看录像与组织参观，听报告与社会调查等，每种活动的教学效果，组织的难易程度，学生接受程度，教师付出的代价等，应如何评价，教师的工作量该怎样计算？这些，目前都没有明确的评价体系。同样是看录像，“看什么”、“怎么看”、“看多少时间”、“要达到什么目的”，这些问题处理得不好就会产生选片不当、目的不明，甚至会出现用看电影代替授课，淡化理论教学的问题。同样是组织活动，如果没有明确的目的和要求，没有科学的评价指标加以衡量，实践活动就达不到应有的效果，甚至会成为一种旅游活动。

6. 场所受限，经费不足

任何学科实施实践教学环节都是要有经费来支持的，如理工科的实验室建设资金动辄几万、几十万甚至上百万。思想政治理论课的实践教学也不例外，如聘请校内外专家学者给学生做报告，组织学生参观革命纪念馆、博物馆、专项主体展览等，组织学生走出校门到工厂、农村、社区进行参观访问、调查研究，在校园内组织专题辩论会、演讲会、知识竞赛等活动，都需要经费的保障和支持。部分高校在财务预算中，虽然有实践教学的经费项目，但是经费保障制度不完善，经费的具体使用办法和管理办法不明确，致使经费

的监督管理混乱，使用效率较低，效果无法体现。

实践教学基地建设是开展实践教学的重要环节。在实践教学环节中，强化校内、校外实践基地建设，重点在于推进校社合作，学校、社会联手共同培养学生的综合实践能力。根据学校的培养目标，充分发挥地区优势，围绕思想政治理论课教学目的开展实践教学基地的开发与建设。然而现实问题却是实践教学基地的数量和质量同实际需求存在着极为突出的矛盾，学生参与思想政治理论课实践教学正面临着无处可去的境遇。究其原因：一方面可以归咎于学校的投入不够，而更主要的原因在于社会的理解和支持度不够，例如工厂、企业都有其生产任务，接待学生进行思想政治理论课实践教学，势必耗费人力、物力，影响生产进度等，因此不愿履行此一社会义务。高校思想政治理论课实践教学基地的不足，严重制约了实践教学工作的落实与开展。

7. 安全方面的顾虑

此外，组织大量学生外出参加实践教学活动的责任重大。目前，大多数学生都是独生子女，带他们外出不得不考虑安全和责任等问题，这也制约着思想政治理论课实践教学的开展。

二、应对思想政治理论课实践教学问题的基本措施

1. 提高认识、转变观念

思想政治理论课实践教学的健康有序进行，需要对其提高认识、转变观念，从各方面加强领导、管理和指导。

要明确实践教学是思想政治理论课教育教学的内在要求，是思想政治理论课理论联系实际的重要途径。要建立完善的思想政治理论课实践教学领导机制。按照分工协作的原则和工作的需要设立实施机构，建立相应的工作制度，确保实践教学顺利开展。思想政治理论课实践教学需要学校有关部门加强协调，应成立由校领导、宣传部、教务处、学生处、财务处、团委、思政部等部门组成的领导小组，对思想政治理论课实践教学总体规划、科学指导和监督，及时解决社会实践活动中的重大问题，出台相应政策，促进实践教学各个环节、各项内容的协调发展，使思想政治理论课实践教学健康有序地进行。

思想政治理论课教师要改变传统的教学观念，投入到思想政治理论课实践教学的探索研究中来，不断提高思想政治理论课教学的实效性。思想政治理论课教师和各院系辅导员及学工干部要相互配合，对实践教学进行具体管

理和指导。

2. 科学设计、精心选题

为了使思想政治理论课实践教学具有科学性、针对性、实效性，思想政治理论课教师要结合教学大纲和实践教学的目的，提出若干课题，为学生提供参考和指导。思想政治理论课教师通过课堂教学、举办讲座等，教育学生提高对实践教学意义的认识，了解实践教学的内容，在实践教学的课题选择、技能要求、调查方法、论文撰写等方面进行培训。

3. 规范实施、注重实效

要把实践教学纳入整体教学计划，对思想政治理论课实践教学的指导思想、方针原则、目标要求、形式要求、方法途径、时间要求、成绩考评、工作量计算、奖励办法、组织、领导、经费保障等有关政策作出明确规定，如制订和实施学校《思想政治理论课实践教学管理办法》、《思想政治理论课实践教学大纲》、《思想政治理论课实践教学教师工作职责》、《思想政治理论课实践教学考核和成绩评定参考标准》、《学生参加社会实践的管理规定》等，把实践教学纳入教学计划，规定学时，有明确的时间和任务要求，并制订行之有效的考核办法和激励机制。同时，教育主管部门要把思想政治理论课实践教学纳入学校党建和教育教学评估指标体系，作为对学校办学质量、办学水平评估考核的重要指标，保证实践教学落到实处。

4. 形式多样、简单易行

鉴于目前时间、经费、资源有限等客观原因，各种形式的思想政治理论课实践教学原则上应与专业学习和实习相结合、与服务社会和公益活动相结合、与勤工助学和择业就业等相结合，尤其是校外实践教学形式原则上应与大学生寒、暑期社会实践活动融为一体，并在新的实践中不断总结、不断研究、不断改进、不断提高。在操作上要因地制宜、因课程施教、灵活运用、简单易行。

第九章　网络教学在高职高专院校思想政治理论课教学中的运用

思想政治理论课“05方案”实施以来，各高校开展了多方面的课程建设和教学改革。江泽民曾深刻指出：“信息技术特别是信息网络技术的发展，为我们开展思想政治工作提供了现代化手段，拓展了思想政治工作的空间和渠道，要重视和充分运用信息网络技术，使思想政治工作提高时效性、扩大覆盖面、增强影响力。”[1] 运用网络进行思想政治理论课教学，是思想政治理论课教学改革与发展的重要趋势。

在当今信息网络化时代，网络教学为思想政治理论课教学创设了广阔的领域，提供了丰富的资源，拓展了教学空间。构建网络环境下思想政治理论课传统教学与网络教学相结合的教学模式是现代高科技发展特别是信息网络技术发展的必然产物。

思想政治理论课网络教学就是将经过数字化处理，在计算机或网络环境下运行的多媒体信息材料，依托网络教学平台并辅以即时通信工具、媒体编辑美化、FTP传输等技术工具付诸实施，其实质就是运用多媒体互联网技术手段进行思想政治理论课教学。它是一种既能发挥教师主导作用又能充分体现学生主体地位的，以自主、探究、合作为特征的教学方式，尤其它能够激发学生通过自主、合作、创造的方式来寻找和处理各种信息从而使数字化学习成为可能。

网络教学在思想政治理论课教学中的运用是在传统教学之外，开辟一个全新的教学空间和形式，它是思想政治理论课教学的创新形式和有机组成部分。网络教学资源一般包括教学资源库、网络课程、教学网站三种类型。在内容结构设计上，构建网络教学的整体框架，建立教师的共用模块，教师在

[1] 江泽民在2000年中央思想政治工作会议上的讲话。江泽民文选第三卷［C］。北京：人民出版社，2006。

具体运用时根据具体课程特性、教学需要、学科背景、特色取向和审美特性，进行调整和丰富。就其技术层面来说，思想政治理论课网络教学平台是建立在数字技术、网络通信技术、计算机多媒体技术、虚拟现实技术等现代信息技术平台上的一种教学载体，利用现代信息技术手段，把信息技术与思想政治理论课教学内容、教学方法等相结合设计出一种有效的学习环境，并在这种环境下培养学生的自主探索精神和创造性学习能力。

第一节　高职高专院校思想政治理论课教学中应用网络教学的必要性及意义

一、思想政治理论课中应用网络教学的必要性

思想政治理论课传统教学的局限性主要表现在它是以“教师为主体，学生为客体”的课堂教学，学生的主体意识淡化、教学方法手段落后容易陷入“填鸭式”，教学内容“以书本为核心”，导致教学效果较差。提高思想政治理论课的教学效果，急需将传统教学与网络教学有机结合，以网络教学的优点弥补传统教学的不足。因此，在思想政治理论课中应用网络教学是提升教学实效性的必然要求。

1. 网络教学是深化教学手段及教学方法改革创新的需要

要有效提升思想政治理论课教学实效性，内在地要求其教学资源具有时效性，教学方式具有多样性，教学手段具有先进性。网络教学以其先进的技术手段，在教学方法上突破了教学的时空界限，能及时地将思想政治理论课的教学信息传递给教学对象，以丰富思想政治理论课网络资源，实现其教学资源的共享。

因此，对思想政治理论课教师而言，要把现代化的教育理念落到实处，在教育目标的设定、教育内容的展现和教育方法的创新等方面体现现代教育精神，实现教师教育活动的现代转换，都离不开网络教学平台。思想政治理论课网络教学平台充分利用了现代教育技术，克服了传统教学平台在教学的时间、内容、进度、地点上都相对固定和师生面对面的时间大多仅限于课堂的缺点，为思想政治理论课教学的现代化提供了必不可少的条件。一方面，网络教学平台可以不受时空限制地提供教学内容、学习课件等资源，学生可以随时随地根据自己的需求来选择适合自己的学习方式、学习时间和学习地

点；大量教学内容以图像、声音、动漫等逼真、直观的形式展现在受教育者面前，大大激发了学生学习的主观能动性和积极性。另一方面，知识经济时代的信息更新速度极快，作为思想政治理论课教师，可以利用网络教学平台汲取知识，促进交流，从而开阔理论视野，掌握学生最新思想动向，使思想政治教育工作事半功倍。

思想政治理论课教师可以通过网络教学平台的应用，在教学模式上实现由单边式教学模式向双向互动式教学模式转变；由注重理论学习的教学模式向知行统一的教学模式转变；从单一型教学模式向立体型教学模式转变。

在教学效果上，网络教学既提高了思想政治理论课教师的素质，也提高了学生的素质。教师在网络教学中的角色是学习情境的设计者、学生学习的指导者和监督者、信息资源的组织者。通过网络教学的实践，教师可以进一步固化现代教育理念，提高对现代教育技术的应用能力，锻炼搜集、筛选、分析和利用信息的能力，以及创新网络教学方法的能力等。网络教学通过以计算机为核心的信息技术对文字、图像、数据、声音等多种媒体信息进行综合处理，除了能够有效地激发学生的学习兴趣，形成学习动机，开阔学生的视野，调动学生的学习积极性之外，在网络上开展无纸化考试和在线辅导活动，可以大大拓展教师的教学空间，使教师认识到利用网络进行教学有着广阔的前景。

因此，在思想政治理论课中应用网络教学，其实就是高校思想政治教育主渠道的拓宽。思想政治理论课网络教学以课程建设和教学改革的实践创新精神，能有效扩充思想政治理论课教学的实现形式，极大地调动师生教与学的积极性和主动性，以学生乐于接受的形式体现“三贴近”的要求，增强思想政治理论课教学的针对性、实效性，提升思想政治理论教育对学生的吸引力、感染力，提高思想政治教育的影响力和渗透力，巩固、扩大高校思想政治教育的主渠道，构建网络化思想政治教育的基础体系，形成思想政治教育工作最便捷甚至实时的渠道和机制，从而抓住高校网络思想政治教育的主动权。

2. 网络教学是培养学生创新精神和实践能力的需要

思想政治理论课网络教学平台的应用，更重要的是重塑了思想政治教育的主客体关系。网络环境的开放性及其信息资源的共享性，决定了大学生已不再是传统教育理念中接受教育和被塑造的客体，在丰富的网络教育资源面前，大学生因其个性得以觉醒，主体创造性得以勃发，超越传统的创新精神得以彰显而逐渐上升为教育活动的主体。

学生素质的提高表现为学习、创新、做人三种能力的提高。思想政治理论课网络教学提供视频教材和各种文本的参考资料，如果不能调动学生自觉学习，则成了资源摆设。因此，培养学生个性化自主学习能力尤为重要。学习的能力是指学生自学的能力，也就是学生自主获取新知识、收集信息、分析资料的能力。思想政治理论课网络教学平台是培养学生自学能力的最佳手段之一。网络教学的最大特点就是学生自主学习，并在教师指导下学会把网络里良莠不齐的海量信息进行有效过滤和整理，再将信息互相传递、共享，提高获取知识的效率和质量。个性化自主学习，即富有个性特点的自我控制性学习。“个性化”，即个人在学习中表现出与他人不同的优势特色。“自主”即做学习的主人，充分体现学习的自我控制。如果从学的角度来讲，个性化自主学习的实质就是发挥学生的“个体性”。

创新能力是指学生利用所学知识分析问题和解决问题的能力，也就是学生的动手能力。在思想政治理论课网络教学平台中，师生之间、生生之间可以实现基于问题的便捷互动，学生有了独立发表自己见解的机会，其疑问和困惑都可以得到教师的及时解答，讨论的深度和广度也大为增加。做人的能力是指学生在教师的言传身教下，在虚拟的网络和现实的生活中，形成道德自律，逐渐完善人格，并能积极融入现实社会。在教师的指导和示范下，学生在网络信息发布和交换的过程中，遵守网络交往的基本礼仪，学会网络交往的基本技巧，避免形成网络和现实的双重人格而危害自身及社会。

3. 网络教学是提高思想政治理论课教学质量的需要

（1）网络教学能够更好地实现思想政治理论课理论联系实际的根本需要

思想政治理论课教学的根本特征是理论联系实际。要让学生掌握理论的精髓，一定要联系社会、课程和学生三个方面的实际。

社会实际主要是指社会历史发展过程中，所遇到的各种问题和取得的各种成就。纷繁杂芜的实际发展着理论，也在鉴别着理论。如何让学生联系社会现实并鉴别理论的真伪呢？教师可以利用网络教学平台良好的互动性和开放性，以社会热点问题为切入点，采用课题型或讨论型教学方法来解决这个问题。

课程实际是指思想政治理论课本身的教学目的和要求，其主要目的是让学生掌握正确的理论和方法，树立正确的人生观、价值观和世界观，要让学生真学、真懂、真用。而这个工作最难做的一点就是怎样把具有高度思想性和政治性的教学内容与学生的学习兴趣联系起来。网络教学平台内容的丰富性、手段的新颖性和便捷的互动性可以充分调动学生的学习积极性，让学生主动参与到教学过程中，真正成为学习的主体。

学生实际是指学生的生活实际和思想实际。在现实生活中，网络已经成为大学生日常生活中不可缺少的一部分。作为教育者，应该通过网络来弥补课堂教学的不足，改变传统的教学手段，满足学生的求知欲望，同时利用网络平台及时掌握学生最关注的问题，并在思想政治理论课教学中，联系理论来分析这些问题，帮助学生找到解决问题的方法和途径，这也正是学习思想政治理论课的目的。

（2）网络教学能够更好地在思想政治理论课教学过程中实现因材施教

在传统的教学中，往往存在着好学生"吃不饱"，差学生"吃不了"的现象。而网络教学，则可以根据学生的个性特点，适应各个学生的不同能力及具体问题，从而使每个学生通过在线学习各得其所，彻底消除了心理负担。所以网上的个性化自主学习如果从教的角度来讲，其实质就是"因材施教"。它具有更大的灵活性和选择性。教师应着重培养学生的自我选择、自我控制的能力。教师在照顾全体学生的基础上，可以着眼激发优秀学生的探索动力，并辅导后进学生克服学习困难。

此外，网络教学可以全面改善学生对课程和教师的印象。一直以来学生往往带着思想政治理论课枯燥、任课教师刻板的印象来审视和接触思想政治理论课，而在网络课堂上学生可以领会到教师先进的教学理念及其对灵活多样的互动教学手段的使用、对国内外最新资讯的传达和评论，看到丰富多彩的学习资源。教师用丰富的知识和经验对学生给予理论观点、学习生活实际和人生的针对性指引。此外，教师还可以在讨论板块上用年轻人欣然接受的方式与他们交流，用网络化得体的语言与他们互动，用先进而且娴熟的网络技术手段进行有效的管理和灵活多样的考核等，学生可以由此感受到教师富有内涵而又风趣幽默的语言，这些都将大大改变甚至颠覆学生对思想政治理论课的原有印象，进而改变学生对课程的认知和态度，自然也就会改变对教师的原有印象。在网络课堂上，学生们感觉到思想政治理论课教师原来也是"年轻可爱的人"。之后，教师再把自己的"网络内涵和风格"适度恰当地延伸到课堂教学上，以改善课堂教学方式和风格，从而全面改善学生对课程和自己的看法，取得良好的教学效果和评价也就不再成为一件难事了。

二、在思想政治理论课中应用网络教学的意义

1. 网络教学是当代大学生获取知识的必要途径

20世纪90年代以来，互联网在我国得到了飞速发展，已经深入到了生活的各个方面。中国互联网络信息中心（CNNIC）2013年1月15日在北京发布第31次《中国互联网络发展状况统计报告》（以下简称《报告》）显示，截至2012年12月底，我国网民规模达到5.64亿，互联网普及率达到42.1%；手机网民数量达到4.2亿，微博用户规模达3.09亿。青年学生无疑是网民中的主体，《报告》显示，20～29岁年龄段的网民占网民总数的30.4%，居各年龄段之首，10～19岁年龄段占24%，位居第三。绝大多数学生几乎每天都在上网，玩游戏、看电影电视剧、查阅资料、聊天，这些似乎已经成为他们日常生活的一部分。大部分青年学生对重大社会问题和热点问题具有高度的敏感性，而网络又往往在第一时间反映这些问题，满足了学生的求知欲。网络是当代大学生获取知识的必要途径，对于部分学生而言甚至是主要途径，在思想政治理论课中实施网络教学符合他们的认知习惯。进行网络教学，也有利于培养和提高学生获取信息、分析信息、正确地运用信息的能力。

同时，网络时代对思想政治理论课教师提出了更高的要求。胡锦涛同志强调："要根据大学生接受信息途径发生的新变化，全面加强校园网建设，善于利用互联网等现代传媒，把思想政治教育的内容有机融入其中，开展生动活泼的网络思想政治教育活动，增强网络思想政治教育的吸引力和感染力，形成网络思想政治教育工作体系，牢牢把握网络思想政治教育的主动权。"[1]传统的思想政治理论课堂以讲授为主，虽然教师也在不断创新教学方法，然而在高校不断扩招的形式下，教师面临课时多而且大多采用大班上课等情况，思想政治理论课的教学效果并不是那么突出。网络时代各种思想交流碰撞，学生的思想也呈现多元趋势，传统的单纯授课，缺少各种思想的对比，无法激起学生的思考和兴趣，甚至有可能引起学生的反感。因此，教师应该创新教学理念，将网络教学作为高校思想政治教育主渠道的拓展，更好地利用网络这个特殊的交流平台，树立现代化、信息化和网络化的教学观念，注重引导学生分辨各种网络信息的本质，将网络上的各种观点和思潮的争议延伸到

[1] 胡锦涛。在全国加强和改进大学生思想政治教育工作会议上重要讲话 [N]。光明日报，2005—1—19 (1)。

课堂中来，为提高思想政治理论课的教学效果服务。

2. 网络教学是最为方便快捷的信息传播渠道，在思想政治理论课中实施网络教学可以打破时空局限

网络教学是最为方便快捷的信息传播渠道，在思想政治理论课中实施网络教学最明显的优势就是网络可以让师生打破时空局限“互动”起来。因此，在网络教学中我们要着力加强师生的互动性。教师在网络上可以充分利用集文字、声音、图像、动画为一体的多媒体技术所具有的特点，将枯燥无味的抽象概念具体化、形象化，使学生看得清楚、听得真切，从而激发他们的学习兴趣，达到教学“生动”。

在网络教学中，虽然教师与学生处于分离状态，但是这种具有即时的双向信息交流方式，可以将信息方便快捷地在师生之间、生生之间进行传播，也就把教师与学生、学生与学生及时链接在一起。学生在其中学习时，就如同在一个大的课堂上，学生的学习技能可以得到充分的发挥，保证了教育的健康发展，达到教学“互动”。

这种交互式的网络教学环境促进了教师和学生角色的转变，即教师由“权威者”转变为“指导者”，而学生则由被动的“吸收者”转变为积极的“参与者”。通过把各种教学资源放到网上，学生可以根据自身的需要来选择相应的教材和教学辅助材料，选择授课教师，选择学习的时间和地点，优化自己的学习计划，充分发挥学习的主动性。而网上辅导和在线讨论，大大拓展了课堂的空间。允许学生匿名参与其中，可以使学生畅所欲言，这样有利于提高学生独立思考的能力，达到学习“主动”。

网络教学的另一个优势在于信息的及时更新。由于思想政治理论课的中心任务是帮助大学生树立社会主义理想信念，因此必须能够准确而合理地解释目前或当下社会急速变迁过程中所发生的各种重大事件，因为这些均是影响学生世界观、人生观和价值观形成的最主要因素。青年学生具有求知、求新、求变的心理特点，他们对现实的变动及其动因有着比一般社会人群更敏锐的感知欲望和更执着的求索理性。因而密切联系现实的热点问题能够引起他们的关注，满足他们的需求。因此，思想政治理论课教学资源网应注重及时更新，对于国际国内局势的变化，政治、经济、文化、社会生活中的热点问题，找准切入点，及时设立时政热点专题，引入专家观点，进行深度剖析，为学生解疑释惑。这不仅能够激发学生的兴趣，而且对于提高网站资源利用效率，提高思想政治理论课教学效果具有重要意义。

3. 网络为思想政治理论课教学提供了最丰富最强大的资源，在思想政治理论课中实施网络教学便于我们充分利用网络资源

思想政治理论课的教学内容时代性强。互联网信息资源新颖、丰富，充分利用网络资源进行教学，不但可以充实思想政治理论课教学内容，解决教材滞后的问题，还可以丰富教学手段。近年来教师们在不断积累经验，努力提高思想政治理论课网络教学的实效性，为网络教学的改革奠定了基础。

思想政治理论课教学有着理论联系实际的优良传统，为了增强理论和实际的结合度，在思想政治理论课教学中往往要采用案例教学，通过对一个具体场景的设置，引导学生进行分析、讨论、评判，进而得出结论，深化对概念、原理的理解。案例教学是传授理论的主要方式之一，也是理论和实践结合的过程。案例教学成功的关键是选择的案例是否足够典型，与社会实际的贴合度是否紧密，学生和社会的关注度是否高。案例的选择一般应具备典型性、完整性、时效性等特点。典型性要求案例应是对大量真实信息的筛选和提取的过程；完整性要求对案例有动态的跟踪过程；时效性则要求案例必须紧贴社会生活实际，反映当前社会生活和当前学生思想实际。但在以往的案例教学中，教师往往觉得案例难选，且不知所选案例的社会关注度如何。有的案例陈旧，一个案例重复讲述几年的情况很普遍。这种案例也难以引起学生的兴趣。而网络传媒的特点，恰恰在这些方面都能较好地适应和满足案例教学的需要。网络传媒的开放性及其信息共享度，使其所承载的信息的深度和广度都是传统媒体所无法比拟的。它具有信息量大、传播速度快、影响范围广的特征。在空间上，网络媒体所容纳的信息资源是海量的；在时间上，网络所传递的信息是即时而无限的。在案例教学中，如果能根据教学内容的需要，充分利用网络信息，一般都能从大量信息中选取典型、合适的案例，且能对案例进行动态跟踪，随时了解社会与学生对案例的关注度与反应，从而使案例教学收到较好的效果，提高思想政治理论课教学的针对性和现实性。

4. 网络是当今社会使用最广泛的社交平台，在思想政治理论课中实施网络教学有利于师生平等互动

首先，思想政治理论课要让学生接受的是理论，而理论本身是抽象的、枯燥的，因此传统思想政治理论课教学往往很难引起学生的学习兴趣和热情。但网络传媒在思想政治理论课上的运用，将在很大程度上改变这一状况。网络传播的信息以数字形式存在，可以是文本、图像、声音、动画或视频。互联网具有报纸、广播、电视等多种媒体的传播优势，使用起来不仅更高效、

便捷，而且更形象、生动。网络所提供的集文字、图像和音像为一体的多媒体平台，使多媒体教学成为可能。由于多媒体将文本、图形、图像、动画及声音有机地结合起来，从而使抽象概念具体化，逻辑命题情景化，理论阐述形象化，增强了思想政治理论课的趣味性，能极大地吸引学生的注意力，充分调动学生对教学信息的能动反应，使学生在一种和谐、高效的课堂氛围中不知不觉地发挥出自己潜在的自主性，从而实现教学目标。现在，网络多媒体教学已日益成为思想政治理论课教师乐于使用的一种主要的教学手段。

其次，传统的教学过程中，作为理论传播者的教师和作为理论接收者的学生之间是一种教育与被教育的关系，是一种由点到面的单向传播方式。作为接受方的学生，没有充分选择信息内容的自由；而作为传播方的教师，一般也很难从学生那里得到真实而及时的信息反馈。网络传媒的出现，则彻底改变了这种单向的传播关系，网上用户既是信息的接受者，也是信息的传播者。这种交互性的特点，为调动学生的学习主动性和创造性，加强思想政治理论课教学的针对性提供了一个合适的平台。

在思想政治理论课教学过程中，教师可通过网络将一些现实热点材料下载给学生，也可让学生按教学要求自己从网上寻找材料，然后在教师的指导下进行在线讨论交流，并撰写小论文。一般来说，只要教学内容真正是贴近社会现实，贴近学生思想实际的，学生往往会比较积极地利用网络去进行资料的搜集、整理，也会乐于在网上发表各自的观点，进行交流讨论。网络传媒带来的这一教学形式的改变，完全颠覆了传统教学中那种单调、沉闷的课堂氛围，能增强教师与学生的互动，活跃课堂气氛，有效地调动学生的学习主动性与参与度。同时，也使教师能及时了解学生更多的实际思想动态，提高思想政治理论课教学的针对性。

第三，畅通交流渠道，促进师生关系和谐。通常在高职高专院校思想政治理论课集中在前两个学期开设，低年级同学要适应新的学校和周围环境、了解新课程及教师、结交新伙伴等，因此他们在思想和认识上存有诸多疑惑，尤其渴望了解同龄人以及学长们的成长经历、实践经验。这些思想、心理特点使他们产生了渴望交流和交往的诉求，网络教学的讨论版为师生尤其是低年级同学交流互动提供了广阔的平台。教师可以根据不同课程特点、教学需要和学生实际需要，在各自的讨论板里开设分门别类的论坛板块，在这里不仅有师生之间的互动，更有同学之间的互动；不仅可以是学习资源和方法的交流，也可以是思想观点的交流；不仅有学习专题的研讨，也有人生经验和情感趣事的品评，更有对国内外重大时事的分析评论等。

除了可以实时、非实时地互动讨论外，教师还可以为学生们整理、精选出往届同学留下的具有参考价值的帖子、学习实践成果和作品供新同学浏览参考，实现历届和应届学生之间资源的传承和循环利用。交流渠道的畅通帮助同学们很快适应新环境和新学校的氛围，了解身边同学和老师的所思所想，更好地领悟所学课程；改善其自我认知和自我评价，使其学到许多人生智慧以及为人处事的道理，从而培养学生运用所学的理论知识和方法观察、分析和评价社会现象的能力，同时更能增进同学之间、师生之间的了解和互信，让学生感受到在课后的网络课堂上老师和同学时时刻刻在自己身边，温暖和关怀着自己。这些都充分显示了网络教学的生命力和传统教学方式难以比拟的突出优势。

第二节　网络教学在思想政治理论课应用中存在的问题

一、网络教学容易影响思想政治理论课本身的教育性

思想政治理论课网络教学虽然有着诸多传统教学方式难以比拟的突出优势，但是网络教学目前仍然是一种演示型的教学模式。教学内容、教学方法、教学设计甚至学生做的练习等，都是教师事先安排好的，大部分学生只能被动地参与这个过程，师生之间、学生之间的互动式交流研讨仍然是有限的，也就是说，实际上并未摆脱以教师为中心的教学观念的束缚。学生的学习兴趣未能持之以恒，学习的深度和广度都是有限的。这主要表现在以下几个方面：一是许多学生未能充分利用网络课堂拓宽知识面，在网上过多地涉猎体育、娱乐信息，聊一些与教学无关的话题；二是学习讨论过程浅尝辄止，只喜欢思想政治理论课的影视资料，关注热点的表象多于探讨事物的本质；三是网络教学中的作业和考试没有诚信保证，有些学生抄袭甚至拷贝作业，考试作弊现象时有发生。存在以上诸多问题，究其原因有以下几个方面：

1. 网络信息多元化，进步的积极的健康的信息和反动的迷信的腐朽的信息同时存在

思想政治理论课的教学内容需要体现国家意志、党的意志，其主导性是旗帜鲜明的，特别是当今世界风云变幻，在西方世界主导的全球化大潮中，坚持中国特色社会主义道路面临着长期而艰巨的挑战。西方的思想文化和传

统的封建文化残余同时在发挥影响。引导学生进行正确的价值选择是思想政治理论课教师义不容辞的使命。但是在网络教学过程中，网络的开放性对学生的选择能力是严峻的考验，同时，还得考虑思想无禁区与宣传有纪律的关系，凡涉及敏感问题都要避免误导学生或被社会上别有用心的人大加利用。这也是网络教学中慎重对待社会热点难点问题讨论的原因之一。因此，学生感到讨论来讨论去都是课本上的东西，理论联系实际的东西不多，逐渐失去参加网络讨论的兴趣。

在高职高专院校思想政治理论课教学中应用网络传媒提高教学实效性的同时，必须清醒地看到网络传媒天生具有的无序化、自由化倾向。在作为一个信息宝库的同时，事实上这也是一个信息的垃圾场。网上无穷的信息为学生学习提供了丰富的资料，开拓了学生的视野，促进了学生思维的活跃。但网上的信息良莠不齐、真假难辨，无所不有的各种冗余信息成为干扰学生学习的噪音。因此，在将网络传媒引入思想政治理论课教学的过程中，教师要注意对信息进行辩证分析和科学证明，取其精华、去其糟粕，对积极健康的有益信息予以肯定，使其成为思想政治理论课教学的有机组成部分；对消极有害的垃圾信息及时清理，作为反面材料充实教学内容。教师通过正面引导，将思想政治理论课教学所要传播的主流思想和正确的价值观潜移默化地传授给学生。

网络教学的局限性需要传统课堂教学来弥补。信息网络作为一把双刃剑，在为思想政治理论课教学提供机遇和条件、注入生机与活力的同时，也对思想政治理论课教学提出了严峻的挑战，形成强有力的冲击。庞杂的网络信息会造成学生思想的迷惘；网上制造和传播的病毒、色情、暴力信息等道德失范行为以及黑客攻击、诈骗、赌博等犯罪行为，严重地腐蚀人们的灵魂，对学生良好道德品质的形成产生巨大的冲击。这些问题的解决除了加强网络道德教育外，还需要教师在课堂上对学生进行正确的教育与引导。

2. 大学生尚未形成稳定的世界观、人生观和价值观

随着网络的日益普及，越来越多的人正在从网络中获取他们所需要的东西，简单的生活因网络的更新而在不断地改变。尤其是90后的学生成长于网络时代，可以通过互联网获得千变万化的时代信息和人文科技知识，广纳百川精华，汲取各种知识营养来弥补自身的欠缺，成为象牙塔中的社会人。这也决定了他们的上网频率和对网络的依赖远远高于其他群体。

而思想政治理论课的教学目标是贯彻国家意志，培养具备科学世界观、

人生观、价值观的“四有”新人。但是，由于思想政治教育的空泛，社会利益机制的误导，使大多数学生认为专业与技能是硬件，是吃饭的本事，思想理论修养是软件，多一点少一点不影响找工作。学习思想政治理论课的主要目的是拿学分或升学考试的工具，是“要我学”不是“我要学”。思想政治理论课教学目标的定位与学生学习功利化的需求之间造成的这种矛盾，导致了不少学生不愿意通过刻苦的钻研和理论思考来探求真理，只是为了应对考试而学。这种功利性需求必然影响思想政治理论课网络教学的实效性。

此外，健康的网络文化对学生形成正确的世界观、人生观、价值观起到积极的促进作用。但是在多元化的网络环境下，不同文化的传播和碰撞导致学生的价值冲突更加剧烈，价值取向更加多元，价值选择更加困难。而 90 后大学生的思想又呈现新的特点：权利意识强、责任意识弱；参与意识强、辨别能力弱；主体意识强、集体观念弱；个性特征强、抗挫折能力弱。一些学生把“无知作为时尚，把无聊作为叛逆”，认可网络信息和依赖网络信息的学生容易在网络的复杂环境中失去自我，存在选择和取舍上的误区。因此，思想政治理论课教学必须借助网络平台让学生更清晰地深层次了解问题的始末和本质。

3. 网络信息真实性不能保证

在多元化的网络环境中，网络的开放性使得不同的文化形态、价值观念异态纷呈，国内外敌对势力利用网络作为意识形态的传播工具，在网上大肆散布封建迷信和反党反社会主义的言论，与我们进行思想阵地争夺斗争。国内的一些不法分子也把网络作为与我们党和国家对抗的工具和渠道，散布危害国家安全和社会稳定的虚假信息，迷惑群众，混淆视听。

所以首先要注意网页内容来源的权威性。互联网上内容鱼龙混杂、泥沙俱下，教师不可能有时间和精力去查证所有资料的真实性，为保证引用资料的可信度，应尽量引用知名网站的信息，如新浪、搜狐、央视等等。一些 BBS 论坛上也有不少真知灼见，且其内容往往更为全面、真实，可以适当引用，但筛选起来较为困难，对教师的要求很高。

其次是使用的网页内容要注意时效性，尤其是涉及理论前沿问题、社会事件、热点问题或具体事例时，尽量选取那些刚刚发生的、时效性强的内容。如果教师能够在上课时经常把当天发生的事例运用在当天的教学中，学生印象深刻，教学效果也会相当好。要做到这一点就要求教师养成每天上网的习惯，并将有用的资料保存起来，资料应该按照政治、经济、军事、思想、文化、环境等目录分类保存，每个目录下还可以有若干子目录，便于日后寻找。需要指出的是，对网页的修改原则上不要增减任何文字，信息发布时间、消息来源要保留，以保持信息的完整性和可靠性，增强网页内容的说服力，如果要增减文字，必须予以说明。

4. 网络信息的顺时性强

互联网的发展大大加快了文化、信息传播的速度，在网上我们可以看到比报纸、电视更快更多的消息，网络信息、知识更新的周期大大缩短，传播的时空限制已基本消失，信息交流意义上的“地球村”正在形成。网络信息的及时性和多样性不仅让学生的思想也随之变得多元，而且改变了学生的学习方式。传统的课堂教学的灌输性和局限性使学生捕捉知识的主动性大打折扣，还容易产生逆反心理。然而在网络时代，大学生始终是走在使用网络的前列，他们在网络中积极主动地获取自己想要的信息，随时随地地接触想要接触的领域。在网络世界，大学生主体意识不断增强，从原来的被动学习变为主动学习，不再满足于在教育中处于从属地位。

但现实情况却是思想政治理论课网络教学存在建设与使用相脱节、教师与学生不同步等问题。即教师只重视网络教学平台的静态建设，忽视平台的动态管理，只有教师的单方诉求，没有学生的积极回应。在网络教学平台上真正能探讨问题的学生并不是很多，在线讨论问题的数量和质量都不高，从而导致思想政治理论课网络教学平台的虚设。网络的及时性使思想政治理论课的实效受到挑战。虽然为了教学的实效性，很多高校都已建立网上党校、网上思想政治理论课堂等红色主题网站，但效果却不是很好，主要原因还是内容脱离学生生活、信息陈旧、更新不及时等等，网络多元化对学生思想的影响让思想政治理论课堂的教学实效并不太明显，急需探索如何充分利用网络来进行思想政治理论课教学改革，以增强教学的实效性。

二、容易淡化教师的主导作用

1. 打破师生面对面传统教学模式

思想政治理论课的传统教学模式总是给人一种枯燥沉闷的印象：教师通常使用一本讲稿、一块黑板、一支粉笔，“我讲你听，我说你记，我点你背”的单向“填鸭式”灌输方式。教师抽象地讲解，学生被动地接受，缺乏学习的主动性和积极性，师生间的互动很少也很难进行。这种教学手段和教学方式往往使理论性很强的思想政治理论课教学更加枯燥、乏味，课堂气氛更加沉闷。在这种课堂气氛下能坚持听课而不睡觉是相当不容易的。

但是，一位优秀的思想政治理论课教师在课堂教学过程中，讲课时会适当走动，充分利用肢体语言、面部表情和口头提示来表达教学信息，以其特有的人格魅力和富有情趣的讲解来吸引学生的注意力，唤起学生的好奇心，调动学生学习的兴趣。同时，教师还会在讲授课程中注意观察，尽量多地捕捉学生感知、情感等方面的变化，时时接收和分析学生传递过来的信息，对自己的教学进度和内容进行相应的调整。如果在整个教学过程中，教师单纯地仅仅依赖网络多媒体教学将完全打破师生面对面的双向信息传播模式，同样会影响到思想政治理论课课堂教学的实效性与针对性。所以要把握好网络教学使用的度，注意把网络多媒体教学方式与传统教学方式的长处相结合，发挥各自的优势并进行互补，才能切实提高教学效果。

2. 打破教师的信息权威

随着现代信息技术的广泛运用，学生接受新信息、新知识的手段和速度发生了前所未有的变化，正如一位教育工作者说，现代社会不会再出现一副如儿歌《听妈妈讲那过去的故事》所描述的那种场景：只有一位讲述者，听众围坐一圈，安静地听着讲述者娓娓道来。现在的大学生每时每刻了解的信息不仅范围广泛而且相当及时，不仅如此，他们还有太多的手段获取、了解过去的信息。因此，过去教师知识垄断或是信息权威的局面已经彻底被打破。

与传统的课堂教学相比，网络能让学生获得更多的知识和信息，大学生通过QQ、MSN、论坛、微博、微信等方式以及百度、谷歌等搜索工具可以迅速、及时、全面地了解和掌握各种信息，比如了解校园文化、社会热点、国家大事、国际风云；了解政治、经济、文化、科技等的发展动向、历史延革；进行休闲娱乐、情感交流、学术讨论等，学生的信息量甚至远远超过了教师。

这样，对于思政理论教育提出了新的的要求：信息量丰富、反映事件状况要真实、直观而又生动，同时，如果哪个老师对现代社会所发生的事件漠不关心或不能在课堂上有所反映，或是教学手段不能跟上科学技术进步的要求，不能跟上“e时代”，那么他在学生眼里就是“不称职”的，学生们会打心眼里不喜欢这样的老师。

在教学实践中我们发现，学生如果觉得你的课件有“水平”，学生就会“佩服”你，而会喜欢上这门课。同时，课件中运用的多媒体资源越丰富而且又贴近学生的“真实世界”，上课时学生是不会去讲话和睡觉的，而且对他们的震撼力比老师用语言表达更加有效果。所以，思想政治理论课教师运用网络平台进行教学往往被看成是学生对教师的基本要求，也是提高教学效果很重要的途径。

3. 容易打破教师既定的教学设计

首先，虽然网络教学把传统教学以“教”为中心的传授式教学过程转变为以“学”为中心的探索性学习过程，但是网络学习，由于学生可以自主选择学习时间和学习方式甚至考核形式，可以随教学进度同步学习也可以异步学习，具有较大的灵活自主性与广泛的参与性，这样无形中可能会直接影响到正常的课堂教学秩序和教学效果。

其次，网络教学允许学生跨任课教师、跨课程进行学习和参与。对于任课教师而言，由于其中有太多的不确定因素，在整个教学过程中，任课教师将不得不拿出较多的精力来应对这些问题。教师们既定的教学计划、教学设计、教学手段和方式方法等因为学生的人数、学习能力、参与程度等等情况的不断变化而随之改变。这势必会增加许多额外工作。

此外，学习方式和参与方式的这些变革，能够提高学生自我独立学习与参与的主动性和自控能力、兴趣和热情、方法和技巧，掌握安排时间、制定目标、自我评价等方法，促进学生不断调整自己的学习、参与方式来适应网络教学的不断更新和变化，以完成教师布置的学习任务，这些都需要学生能够持续保持较高的学习热情和网络学习、参与效率，这对于相当多的学生而言并非易事。目前我们要特别注意学生平时作业完成的情况，及时统计考核。要通过课程邮箱对登录次数少、参与学习时间短的学生进行提醒；要及时批改学生在线提交的作业。同时，对计算机基础知识比较差的学生进行适当的计算机知识辅导。这些也无形中增加了任课教师的工作量。

三、教师教学的艺术性、灵活性受到限制，缺乏师生情感交流

1. 教师表达方式容易受到限制

我们知道网络教学可以依靠信息技术将教学内容和大量信息以网页的方式呈现给学生，省去了板书的时间，大大提高教学时间利用率。但是在具体运用的时候，教师成了操作者，学生成了观众，网络则成了一种中介工具，师生交流、生生交流常常会被忽视，学生的积极思考、创造性思维无法调动，这是非常不利于对学生的人格、个性等人文素养的培养。因此，教师把教学内容制作成网络资源，在增加教学信息量的同时，应该充分考虑到学生的接

受程度，在教学重点和难点的地方，注意启发引导学生，让学生充分地思考，不能把教学变成网页播放，更不能把讲课变成做报告，教师的表达方式也因此容易受到网络的限制。如果文字、图片、动画等信息太多，则不能完全被学生吸收、接受，学生索性只看不记，只听不言，最后造成的结果是学生上课桌上无本、手上无笔，教学启而不发，互动不力。课堂教学中的动态交流，不仅仅是知识的流动，还应该是教师与学生、学生与学生之间的情感交流。

2. 在实时性网络教学中老师难以做到“畅所欲言”

以课堂教学形式为主开展网络教学，将传统的课堂教学形式和网络教学形式有机地融合在一起。具体有两种教学形式，其中一种是运用闭路电视系统以电视直播教学形式（教师在演播室讲课，学生在教室同步收看电视）为主开展网络教学。以电视直播教学形式为主开展网络教学的形式，对于解决目前高职高专院校普遍存在的思想政治理论课师资力量不足的问题，使教师能从繁忙的授课中解脱出来，集中时间精力备好课、上好课具有重要的意义。但其不足之处在于学生收看电视时容易分心走神，影响听课效果。解决这一问题，一方面要靠教师精彩的讲课吸引学生，另一方面要加强对学生的管理。

此外，部分思想政治理论课教师由于不能熟练操作电脑，无论是对于网络技术，还是网络教学软件的设计，只能是简单的操作，无法做到熟练地应用，不能最大限度地发挥硬件和软件的功效，尤其是在实时性网络教学中，教师自身的表达方式往往会受到限制，不能畅所欲言，也不能即兴发挥。尽管目前不乏国外关于网络语言学习的理论，但国内的思想政治理论课教师却非常缺乏与教学实践相关的理论指导，也急需专业的培训和更加详细的指导。

3. 在非实时性的网络教学中，教学内容的时效性容易受到限制

思想政治理论课的中心任务是帮助学生树立社会主义理想信念和对马克思主义的信仰。实现这一目的更多地需要教师与学生进行互动沟通，了解学生个体的所思所想，并进行个性化的教育。网络传播媒介如 BBS、即时通信工具、E-mail 等为沟通交流、对话讨论提供了新的手段。这种平等、间接化的互动交流，避免了“面对面”交流模式中可能产生的种种问题，学生的思想表达更为自由和真实自然。因此网络教学平台应设立课程难点、时事热点等问题讨论区或网上论坛。主题围绕学生关注的重大事件、思想认识上的热点问题、理论学习中的疑难问题，教师以匿名的形式或真实身份参与讨论交流，及时了解学生的思想动态和回答学生提出的各种问题，适时发布帖子阐明正确立场和对不同观点进行引导。这种平等交流的方式适应了大学生喜爱

互动参与表达自己的特点，提高了学生对思想政治理论课的学习兴趣，加强了思政理论教育的针对性与实效性。但是对于在非实时性的网络教学资料的录制过程，因为教学内容已经事先确定，基本上是无法与学生进行任何有效地互动，仍然只能停留在教师讲、学生听的传统模式上。

4. 网络教学过程虽然打破了空间界限，但师生面对面的情感交流受到限制

课堂教学中教师的肢体语言、启发交流、情感互动必不可少，师生面对面的感情交流、教师人格力量的感染熏陶等等，是任何现代媒体难以替代的。尽管在网络教学中，大量的图片、表格、动画、影音等资料代替了传统教学语言的描述，但不等于语言已经不重要了。苏联著名教育家苏霍姆林斯基在《给教师的建议》一书中就曾鲜明地指出，“教师的语言素养在极大的程度上决定着学生在课堂上的脑力劳动的效率。”思想政治理论课教师一定要重视课堂口语和肢体语言的利用，这是教师提高教学质量、吸引学生的另外一件必备“武器”。语言的生动活泼与否、准确与否、流畅与否，都直接影响着课堂上教师与学生的信息交流。所以，从一定意义上讲，课堂教学要发挥学生主体作用，必须是在教师合情合理而又富有激情的讲解传授中，调动学生的情绪，才能提升课堂效果。教师的“教”，只有融入了感情、激情、启发、互动，使课堂里充满了“情”，才会打动吸引学生，才会有学生响应进而积极主动地“学”，课堂教学才会收到事半功倍的效果。而在网络教学过程中虽打破空间界限，但师生面对面的情感交流受到限制。

要发挥网络教学的效果和应有的作用，必须在课堂上恰当地使用，在教师讲解和启发的同时，辅之以多媒体课件的及时演示及其他网络资源的补充，使其起到画龙点睛的作用，引起学生的注意和思考，达到理解和接受的目的。否则，不分内容和时间，满堂课都用冗长的文字和大量的图片，很容易造成学生感知的困难和文字信息在传播中的损失，使学生抓不住重点，思维抛锚，影响课堂教学效果。

四、少数教师运用现代教育技术能力欠缺，观念淡薄

1. 部分年纪较大的教师对现代信息技术比较陌生，运用能力不够

运用现代教育技术进行教学并不是简单地用网络、多媒体等代替讲授，我们不仅需要提高自身运用信息技术手段的能力，更要在教学中突出教师的主导作用和学生的主体地位。在现实情况中，许多思想政治理论课教学过程还远未充分发挥网络和多媒体课件的作用和优势，主要表现在教师对现代教

育技术的认识还有局限。目前，有部分教师甚至认为思想政治理论课进行网络教学就是将电子教案输入到计算机中，网页中的大量图片是花架子，不适用。还有部分教师把网络技术作为演示工具，把太多的注意力放在教学内容的演示和知识呈现上，而未能充分发挥教师的教育引导作用。分析其根本原因，在于部分教师对现代教育技术缺乏认识，对网络教学了解不深，不清楚其在教学中的作用，对其在教学中应用的重要性认识不足，更不知道如何创作与开发；有的人还因为没有掌握计算机使用技术而排斥、抵触，直接影响网络技术在教学中作用的发挥。要发挥网络教学这种学生喜爱的教学方式和灵活的教育手段的作用，改变传统的思想政治理论课教学灌输模式，教师首先应该提高对现代教育技术的认识和应用能力。

所谓现代教育技术，就是运用现代教育理论和现代信息技术，通过对教与学过程和教学资源的设计、开发、利用、评价和管理，实现教学优化的理论和实践。教师是运用网络教学手段给学生提供研究性探索学习条件的主体，对现代教育技术的认识是使用网络教学并发挥其应有效果的前提。因此，教师要转变观念，不断学习，积极推动现代教育技术在教学中的应用，要深入研究现代化信息技术环境下学生学习的特点与规律，研究网络教学对学生学习产生的影响，要探索如何利用网络技术突破课程中的重点、难点，将教学信息以最佳和最有效的方式呈现传递给学生等，这些是应用网络教学的认识前提。

2. 少数教师对在思想政治理论课运用网络教学有抵触情绪和某些担忧

目前，应用网络教学已逐步成为高校思想政治理论课教学的趋势，但仍有一些教师对此不理解，尤其是前期的建设，需要花费大量的时间和精力，加上网络教学本身需要教师掌握一定的信息技术和超前思维，致使部分教师对网络教学产生抵触情绪，不愿意用网络开展教学。因此，思想政治理论课网络教学的关键是教师，建设高质量的网上教学平台，首先要解决的就是转变教师对信息技术的态度，要消除教师对信息技术的“抗拒”和“恐惧”，积极参与网络教学。教师要熟练使用网络教学设备。计算机硬件、软件（包括操作系统、应用软件、数据库等）、实物展台、投影仪、功放设备、话筒等是实现网络教学的物质基础，教师应了解并掌握它们的性能、操作方法及相关的注意事项，提高课堂应变能力，避免一旦电脑异常，就无法进行正常的教学。

此外，教师素质的现状与学生对教师的期望有较大的差距。思想政治理论课教师的任务使其肩负的使命重大，既要当“经师”，又要为“大师”。在思想政治理论课网络教学中，学生提出的问题除了学习内容外，还有大量的生活、恋爱、就业等，急需得到教师的解答。学生的很多思想问题和人生困惑往往找不到人倾诉，也需要老师的倾听与开导，但思想政治理论课教师近年来逐步年轻化，许多问题是他们和学生共同面对和同步思考的问题，很难给学生完美的答案和启迪，令学生失望。这也是为何网络教学讨论中师生缺乏互动性的重要原因之一。

建构和利用思想政治理论课网络教学平台，离不开硬件和软件两个方面。硬件方面，除了网络服务器、校园网的覆盖面之外，还需要建立一支结构合理、各有所长、团结协作的网络教学团队。软件方面，要建立丰富的教学资源库，并大力开展关于网络教学平台的教学科研活动。在建构和利用思想政治理论课网络教学平台的过程中，虽然很多高校取得了良好的教学效果，也积累了一定的经验，但总体来说，还处于开发和应用的初级阶段，没有实现规范化和同步化。而思想政治理论课网络教学的管理也有待于进一步提高，尤其是网络课程的验收和评定标准有待于进一步完善。网络立体教材、网络教学方法、课程活跃度等应该成为考核的重点，但如何进行量化、细化以调动教师和学生的积极性，使网络教学更加规范，目前还没有较完善的评价指标体系。

第三节　网络教学在思想政治理论课中应用的对策与建议

一、科学定位网络教学的性质与地位

1. 开放性

与传统面对面的教学相比，网络教学是相互看不见的师生之间的一种教与学形式，带有很大的开放性。一方面有利于跨文化的交流，为学生提供了接触各国信息与文化的条件，促进了学生对外国文化与文明的了解，弥补了传统教学中很难提供外国文化环境的缺陷，开阔了学生的视野。但另一方面，网络资源的广泛性与复杂性又容易对学生的学习产生负面影响。因此，在新的教学模式中，教师要对学生学习内容进行正确的教育与引导，帮助学生对网络学习内容进行取其精华、去其糟粕的筛选。

此外，教师和学生的角色都隐性化，教和学的管理难度比传统教学大。

教师不仅依然要传授理论知识和方法，把“鱼”和“渔”统一起来兼而授之，还要不断营造场景和氛围锻炼学生认知、观察、分析和解决问题的能力，有效地通过学习资源供给、网络场景营造、经典案例研讨、讨论交流、学术探讨、网络调研和参观等环节开展能力教学，引导学生正确的学习方向，鼓舞其学习热情，促进和监督学生的学习，以保证教学任务和目标的实现，使学生受益最大化；教师要利用讨论板、即时通信工具开展专题研讨、专题讲座、家国天下、时政评论、道德和法治、谈古论今、人生关怀、博学哲思等诸多方面的实时或非实时互动式的讨论和交流，既要做学生的引导人又要做朋友，把对学生群体上普遍性的解疑释惑与注重个别学生的辅导和关怀相结合，提倡同学互帮互学，把自己的语言和行为风格与年轻人的话语体系和行为方式融合起来，增强亲近感、亲和力，善于营造知识性与趣味性相结合的和谐网络氛围，使师生之间、学生之间在讨论交流中增进亲近感、信任感。

2. 辅助性

网络教学目前仍然只是一种辅助手段，任课教师选取适当内容，以传统的师生面对面的课堂讲授形式为主开展网络教学。教师在教学中充分运用现代教育技术手段和网络资源组织教学。网络教学作为课堂教学的强化、补充、扩充、延伸，科学合理地运用于课堂教学之前、之中和之后。教师在课堂教学之前结合教学内容为学生指定学习的网络资源，供学生课前学习。在讲课过程中充分运用网络资源佐证教学内容。课后为学生提供扩充教学内容的网络资源，供学生自主学习、合作学习使用。

然而，网络教学不能完全代替传统的课堂教学。对于教师来说，网络作为一种技术手段，只是增强教学效果的辅助工具，并不能取代教师的角色。尤其是思想政治理论课的教学过程不仅是传授知识、提高能力的过程，而且是情感交流使学生人格形成的过程。在单纯的网络教学中，教师的言传身教、人格力量被削弱了，教学往往会因与学生缺乏必要的沟通交流，导致学生孤独不安、情绪低落、紧张焦虑、责任感缺乏，甚至人格畸变，误入歧途。思想政治理论课传统课堂教学的优势在于师生之间是在面对面的过程中进行教与学，教师的言谈举止、人格魅力等能对学生产生潜移默化的身教作用，这是网络教学难以替代的。好教师可以发挥网络教学的优势，而网络教学却不能代替好的教师，只有两者的有机结合，才能产生较好的教学效果。

3. 从属性

目前网络教学仍然处于思想政治理论课教学活动的次要位置，任课教师也要处理好传统教学和网络教学的关系。在网络教学过程中，由于用网页代替了黑板，教师往往会不自觉地加快讲课速度，在有限的课堂教学时段内集中过多的信息量，学生往往缺少思考的过程，从而不利于理论的消化和吸收。因此，运用网络传媒进行教学必须坚持适度、实用、科学、高效的原则，避免简单运用网络对学生进行"狂轰滥炸"，要留给学生与教师互动交流的时间、空间，要坚持教师的主导地位，将传统教学手段的优点与网络教学手段的长处有机结合，才能真正提高思想政治理论课教学的实际效果。

二、网络教学与传统教学手段相结合

在开展思想政治理论课网络教学的同时，传统课堂教学仍然具有不可替代的生命力。师生面对面的交流，教师声情并茂的讲授，即时提问和解答，课堂的共鸣反响，这些都是传统课堂教学的魅力所在。因此，在发挥网络教学的开放性、自主性、跨时空性等优势的同时，我们应着重发挥传统课堂教学的情感交流、现场讨论等优势，培养学生分析问题、解决问题的能力，使传统课堂教学与网络教学优势互补，从而提高思想政治理论课的教学质量。

网络环境下思想政治理论课传统教学与网络教学相结合教学模式的整体特征是：网络教学为传统课堂教学服务，并深化课堂教学，课堂教学的主体是学生，教师促进学生学习，学生根据学习需要，在课堂学习的基础上，利用网络教学进行自主学习与合作学习。具体地讲，可以从以下五个方面入手：

1. 教学内容正确导向

思想政治理论课教学应统一于对大学生进行系统的马克思主义理论、爱国主义、集体主义和社会主义的教育之中。在教学内容上必须旗帜鲜明地坚持正确的导向性。以课堂教学形式为主开展网络教学，将传统的课堂教学形式和网络教学形式有机地融合在一起。

2. 采用多种多样的教学方法

教学方法之所以可以多样性，是因为制约教学活动的因素是多方面的，它既受不同的教学目的、教学内容、教学对象、教学条件等因素的制约，还要受教师自身素质的制约，这诸多因素的不同结合，就构成了教学方法的多样性。而在新的教学模式中，其教学方法要在坚持以教师为主导、以学生为主体的教学理念的前提下，根据课堂教学内容和教学过程的具体实际，采用不同的教学方法，充分体现教学方法现代化、民主化、个性化的发展趋势。

3. 双重性的教学结构

这种模式的教学结构是以教师为主导、以学生为主体相结合的双重性结构。首先，思想政治理论课的特殊性质决定了在这种模式中教师的主导地位必须强化。教学内容的导向性要靠教师来把握，学生自主学习的内容要靠教师来引导，以最大限度地降低网络教学的负面影响，将社会主义、爱国主义、集体主义的主旋律贯穿于教学的全过程。其次，在这种模式中，在坚持教师主导地位的前提下要强化学生主体学习意识。传统的思想政治理论课教学在很大程度上束缚了学生的创造力，各种教学活动都是把学生置于共同的影响之下，听相同的讲授、写相同的作业、看相同的参考资料。教学的各种措施都有同化的趋势，习惯于用统一的内容和固定的方式来培养同一规格的人才，学生的个性得不到充分发展，学生的学习需求得不到完全的满足。而在这种模式中，利用网络可以进行异步的交流与学习，学生可以根据教师的安排和自己的实际情况，从网络广泛的信息源中选择他们所需的学习材料进行个性化自主学习，从而克服传统课堂教学“一刀切”的现象，使学生真正成为学习的主体。

4. 教学资源注重时效

思想政治理论课的特殊性质和与时俱进的时代特征要求其教学资源具有较强的时效性。因此，这种模式中，教师在教学过程中所使用的教学资源必须具有较强的时效性，要及时地将国家的大政方针、教育部门的最新要求、最新的社会热点，贯穿、渗透于教学过程之中，将最新的思想政治理论课网络资源推荐给学生使用。但在把握网络资源时效性这一特征时要注意既要解放思想，又要实事求是。整体上要求思想政治理论课的教学资源要与时俱进，体现时代性，但不能绝对地将时效性特征机械地理解为越新越好，新出现的现象有的是正面的，有的是负面的，甚至是反动的，教师要按照思想政治理论课教学内容导向性的要求严格把关，认真筛选。

5. 教学过程实现师生互动、生生互动

传统的思想政治理论课教学，虽然师生共处于一个空间，但在教学中相互之间的交互却极为有限，教学内容是教师事先安排好的，教师与学生之间较多发生的是一种从教师到学生的单向信息传输，学生很少有机会系统地向教师表达自己的思想、认识与看法。网络最为突出的特点是互动性，这种优势向传统的“灌输”式教学提出了挑战，这种教学模式中，学生不仅可以利用电子邮件、BBS讨论等网络技术与教师进行交流，表达自己的想法和看法；而且学生之间也可以利用网络技术进行学习交流、讨论问题。学生不仅能从交流、讨论过程中获取知识，而且还能从别的学生的观点中受到启发，获取知识，达到建构自己知识体系的目的。教师也可以根据学生反馈的情况及时调整自己的教学。

三、加强教师培训，提高教师自身素质

要提高思想政治理论课教师应用网络平台进行教学的技术和素质。运用网络手段提高思想政治理论课教学效果，关键在于教师。网络教学过程，教师由知识的传授者转变为学生学习的指导者、促进者和组织者，师生角色发生巨大变化，教学操作的难度也加大。同时，网络教学在内容、方法、手段、师生参与互动等方面跨度大，教师要投入大量的时间和精力保证网络教学各个环节的有效进行，这不仅能提升教师能力和素质，还强化了其政治责任感、使命感，使思想政治理论课教师献身思想政治教育事业的境界得到升华。因此，思想政治理论课教师不仅要具备良好的马克思主义理论素养，同时还应熟练掌握并运用网络这一新型传媒。教师在运用网络传媒教学中既是信息的收集、发布、传播者，同时又是网络管理者、把关人，如果没有熟练的网络技术，往往在网络教学中会处于尴尬的局面。尤其是教师大多出身于文科专业，缺乏系统的计算机和外语教育背景，面对飞速发展的计算机和网络技术往往无所适从，难以对各种信息进行处理整合，甚至连上网检索都有障碍。因此，教师必须更新观念，熟练掌握网络技术，这也是网络传媒时代对思想政治理论课教师提出的挑战。

1. 创新思想政治理论课教师的教学理念

网络教学是个崭新的领域，需要运用全新的思维和方法对待与处理。在思想观念上，开展网络教学必须要解放思想、转变观念、开动脑筋。不仅要态度上充分重视、认真负责地对待，还要树立现代化、信息化和网络化的思想政治教育观；从初步适应、把握网络教学过渡到热爱、擅长网络教学，用活用灵这个好的教学形式，并积极开展思想政治理论课网络教学研讨，做到理论和实践创新不断。

2. 在网络教学中应充分发挥教师的主导作用

教师是网络教学的设计者和组织者，无论是制作教学网站，还是搜集与教学有关的网上资源，以及教学所要解决的重点、难点问题等，都要进行精心设计，还要引导学生改变学习的习惯、方法，对学生的学习效果及时给予鼓励，让学生适应网络学习方式，享受到网络学习的乐趣。要发挥好教师的主导作用，就要适应信息时代对教师角色定位提出的新要求。教师要在课堂

教学过程中自觉地从“独奏者”角色过渡到“伴奏者”角色，引导学生完成“导学”角色的转换。要切实摆脱传统教育观念的束缚，积极树立“以学习者为中心”的教育观念，自觉地调整师生关系，努力成为学生学习知识的参与者、启发者，完成从知识的讲授者向学习的组织者、指导者和管理者的转变，以适应社会的需要。

3. 掌握现代教育技术是实现教师主导地位的关键

基于信息网络技术条件下的网络教学，其最本质的问题就是：如何利用多种媒体创设虚拟学习环境以整合教与学的行为，这就要求教师熟练掌握信息技术的基本技能，利用计算机进行备课、制作电子教案，具备网上检索和交流的能力，并会制作网页和课件，进行网上教学。从技术层面讲，教师必须具备较高的计算机和网络技术，网络教学内容的开发、设计、美化及多媒体编辑的操作技能，资源采集、组织、整合和高效利用的能力，网络教学平台的维护和管理等诸多技术层面的能力。对于教师来说，攻克这些技术和操作难关，顺利开展网络教学并进一步完善的过程，也是自我学习、网络课程开发能力塑造和提升的过程。

4. 教师还应具备敏锐的文化和价值判断力

西方国家借助网络传媒的优势，宣扬他们的文化价值观和思维方式，其中有许多消极颓废的文化。教师在实施网络教学时面对各种纷繁复杂的信息，应该具备敏锐而正确的文化判断选择能力，识别网络中各种文化的真假、美丑与善恶，引导学生以健康的心态去面对各种网络信息，增强其抵制不良信息的免疫力。

5. 提升教师统筹课堂教学、实践教学和网络教学三大教学能力，实现三种教学形式优势互补

课堂教学、实践教学的教育方向、方针、教学目标等原则性的要求仍需贯彻到网络教学中，保证思想政治理论课的“政治教育功能”的一贯性。教师“传道、授业、解惑”的职责使命依然未变，变的只是实现形式和方法而已。教师还要把课堂教学、实践教学的知识体系，某些能力、好的方法及经验不断迁移、变通、改造并汇聚到网络教学中去，这是网络教学尤其是初始开展阶段教师必须做到的自我知识体系、方法和角色的转化并适应到网络教学中去的基本要求。教师要把课堂教学、实践教学中一切好的资源、经验发挥到网络教学中去，这一过程对教师来说是一次大的转变，需要较高的能力和技巧。同时，还要统筹好网络教学、课堂教学和实践教学之间关系，构建

这三部分教学之间的联动机制，主要包括这三部分的分工和协调机制、同步和异步之间科学合理的配合机制、灵活便捷的信息和方法的相互转换融合机制、师生之间迅捷的相互响应与配合机制等，要充分发挥好网络教学对其他两部分教学的促进作用和助推功能，还要通过网络教学的信息反馈和交流把握学生的思想动向、学习需求和学习取向，把网络教学的资源、方法、经验尤其是学生的诉求、作品、观点适时地引入到其他两部分中去，深入拓展网上实践，加强实践能力教学；把学生社会实践活动如参观考察、社团活动、志愿服务、社会服务等活动纳入到整个联动体系之中，以加强比较薄弱的实践教学部分，丰富完善这三个方面的教学，更好地实现三者一体化、优势互补，使教学效果同样精彩。

四、加大现代化教学设备的投入和维护力度

1. 充分利用网络优势，优化网站内容，创新教学资源的表现形式

网络的一大优势是最大限度地实现了各种形式的兼容并包。它兼容了文字、图片、声音、动画、影像视频等多种传播手段来保存信息、表现信息、发送信息。思想政治理论课教学网站除了提供教学大纲、教学计划、教学要求、考核形式和教案等传统的教学资源和教学安排外，还应加大扩展性学习资源的建设力度，充分利用多媒体的表现形式，用精美的画面、优美的音乐、逼真的动画和图像来表现教学内容。这种多样化的表现形式不仅为学生自主学习提供更多选择的自由，激发学生学习的兴趣，而且教学资源图文并茂、声像俱全，极具表现力，可以达到化繁为简、生动直观、寓教于乐的效果，使抽象难懂、枯燥乏味的理论变得具体形象、生动，例如创建与课程相关的扩展性影视专题学习资源库，供学生在线观看或下载；提供本学科学术前沿问题探讨和专家观点介绍；介绍和评析关于西方社会及其文化思潮；设立紧贴时事、紧贴实际的热点、焦点问题的剖析专题；设立与网上其他思想政治理论课优质教育资源的链接等。这些教学信息资源可以按影音资料库、图片资料库、教学课件库、经典著作库、教学案例库、西方思潮库等分门别类设立，并定期进行有效更新和维护，对上传的教学资源进行甄别选择，既要体现思想性、严肃性，又要满足多样性、活泼性的要求。教学资源库必须经常、及时地进行扩充、完善、维护和更新，以保证教学所需资源的即时性、针对性和有效性，从而为思想政治理论课网络教学提供鲜活而丰富的教学资源，以此激发学生学习的兴趣和主动性，提高学生学习的积极性和自主性，增强

教学的实效性。

2. 注重网络教学设计是核心

网络只是信息的传输通道，是教学的局部因素。网络教学质量的高低关键在于融入其中的教学思想、教学策略及教学方法，这就必须将以教学理论、传播理论和系统科学为基础的教学设计作为开展网络教学的第一要素来考虑。教学设计应围绕教学目标展开，以问题为中心，用任务来驱动，根据课程的特点和内容以及学生的具体情况，用恰当的情景刺激学生学习的动力和兴趣，充分挖掘学生的学习潜能，实现教育心理学家加涅提出的“为学习设计教学”的原则。要充分体现教师的主导作用和学生的主体地位，引导学生自己思考问题，以激发学生的学习积极性和主动性。

3. 优化网络教学平台是开展网络教学的保证

完整的网络教学系统必须包括网络教学平台这一重要环节。通过网络教学平台，为师生之间的参与、互动、交流对话等提供生动活泼、丰富多彩的教学素材；通过网络教学平台，主动吸收各种有利因素，打破原有封闭的思想政治教育体系，实现各方面因素积极参与；通过网络教学平台，借鉴兄弟院校开展思想政治理论课教学的成功经验，促进教师之间的交流与合作，实现资源共享和共同进步。

由于教学平台一般由专业的信息技术人员开发设计，缺乏对教学流程的了解，加上程序设计本身不可能一步到位，难免出现与实际应用脱节的现象，甚至存在一些漏洞或问题，如不能尽快改进，不仅影响使用效果，更有可能使一些教师失去开展网络教学的兴趣，不利于推广应用。因此，要及时收集教师在使用中的反馈信息，不断优化教学系统或学科专业网站，使教学平台的功能更强大、性能更稳定、使用更便捷、信息资源更安全，以奠定坚实的网络教学应用基础。

4. 加强技术指导是开展网络教学的基础

网络教学的推广应用是一项长期的、技术性强且涉及面广的工程，这不仅需要各级领导的高度重视和各部门、各教研室的积极参与合作，更需要从学校到教研室各个层面的技术指导和技术支持，这就需要一支掌握网络应用知识、熟练运用多媒体技术的教师队伍。因此，高校应积极发挥组织协调与指导协助的作用，有计划地开展多层次的相关知识技能培训，帮助教师熟练掌握现代教育技术。同时，教育技术中心应安排专人指导网络教学，保证教学平台的正常运行。

五、建立健全科学的网络教学评价与考核体系

1. 以全新的管理控制模式提高教学的针对性和有效性

通过网络，学生不仅可以随时表达意愿，教师也可以迅速得到学生的反馈来调整教学。学生网上的思想状况、参与表现以及学习绩效，教师可以很方便地通过后台的控制、管理和统计方式，随时或定期加以统计分析予以评估和掌握。这些信息的采集、分析、评估结果可以很便捷地帮助教师调整课堂教学、网络教学和实践教学这三部分教学的某些内容和环节，还可以通过网络通知、公告、E-mail、网内短信息等多种方式把这些信息传达给学生，引导或督促学生按期保质保量完成相关任务，提高学习效率和效果。信息动态的采集和数据统计分析，尤其讨论板上讨论交流过程，观测和采集到学生的思想动向、心理需求、喜好等各种好的或不良的状况，这些信息的来源及其有效使用都为教师教学、指导的针对性和有效性提供了极大的便利。教师有针对性地在课堂内外、网络上下就相关问题给予适时的评价和指引，甚至是对个体针对性的指导或辅导，不断把网络课堂教学与学生现实的学习、网络学习与课堂以外的学习生活结合起来，提高网络教学的渗透力和影响力，实现网络课堂与现实之间、网络教学与课堂教学之间以及理论学习与实践之间的良性互动。

2. 建立健全科学的网络评教与考核体系

绝大多数思想政治理论课网络教学，其考核方式仍采用传统教学模式下的考试方式，这不仅与新的教育背景和学生实际不相适应，而且不符合网络教学的新要求。我们可以利用网络教学平台练习和测试功能，来引导学生自我学习，甚至可以完全做到最终考核的网络化，以彻底改变传统的用试卷评定学生学习优劣的考核方式。

网络教学使教师能够深入及时地了解学生的思想和实际，改善和丰富了教师的教学模式、管理模式、学生的学习模式、考核和控制模式，把学生学习和考核变成了全过程化。教师的教和学生的学与以往有了很大的不同，不再是传统的“教师上课讲条条、学生期末背条条、考试结束全忘掉”的局面，使教师的教和学生的学习、思考都有了更大的发挥空间和灵活度；把学生网络教学绩效按一定比例（例如占比 30%～50%）纳入期末总评成绩，期末考试所占比重下降，考评形式可以灵活多样。在网络学习和参与中，学生有充分的时间和空间来提高自己的绩效，一般网络课堂中学生的绩效都很高，这

样减轻了师生期末考试的共同压力，实现了变单一的期末考试结果控制为平时均匀的过程控制并与期末考试结果控制均衡结合，使学生更加注重平时的学习和绩效累积，期末不用也没必要疯狂突击，师生在一定程度上都实现了“解放”。

总之，网络教学能实现师生跨班级、跨课程参与，以及教师之间、不同课程之间、学生之间相互协作和共享，从而提升思想政治理论课多门课程教学的统一性功能和整体性效果；网络教学平台还能将思想政治理论课教师、学工干部、辅导员、学生干部及优秀的学生、校外名师大家、学生家长等这些与思想政治理论课教学和思想政治教育密切相关的人力资源便捷地在网络平台上予以吸纳整合，更能把职能部门、校园文化组织、社团等相关的组织资源吸收进来，使之共同参与思想政治教育，形成网络大德育、大思想政治教育和全员育人的格局。尤其要提的是，作为塑造灵魂的思想政治理论课及思想政治教育把一部分热爱关心学生成长、知识和教育经验丰富的家长引入到网络教学平台中，参与对学生学习和生活的指导或辅导，能极大地丰富网络教学的内容和形式，畅通家长与学生和老师的交流渠道，促进思想政治教育效果的改善，实现三方互动参与和分享，最终共同相长。

因此，网络教学平台是集聚、共享思想政治理论课教育资源的最便捷的方法和途径，有利于集聚、整合教育教学的信息资源和参与教育教学的人力资源。海量丰富的教学信息资源可以直接集聚、整合到具体网络课程或支撑网络教学的共享资源库里面，资源的来源包括校内外、内外网、国内外的资源，对于外网的丰富资源更多是通过网络链接即可，这是一种十分便捷的集聚和整合方式。网络教学共享资源库大量资源的集聚更新、结构的不断优化和高效的利用能有力地支撑思想政治理论课课程建设、教学改革以及教育功能的实现，推动思想政治理论课教学的现代化、信息化和可持续发展。

第十章 高职高专院校思想政治理论课考核方式与评价体系改革

考核是教学过程的一个重要环节，也是对教学效果的重要检验方式。中共中央宣传部、教育部《关于进一步加强和改进高等学校思想政治理论课的意见》中提出，“要改进和完善考试方法。采取多种方式，综合考核学生对所学内容的理解和实际表现，力求全面、客观反映大学生的马克思主义理论素养和道德品质。”[1] 由于高职院校的办学特色更具实践性，高职院校人才培养更具有针对性，高职院校思想政治理论课教学更具灵活性，因此高职院校思想政治理论课的考核应该更具有多样性。

第一节 思想政治理论课考试改革的必要性

一、思想政治理论课传统考核方式的弊端

思想政治理论课传统考核主要是试卷考核，试卷形式有两种：一种是闭卷，一种是开卷 。

闭卷考试要求考生只可以独立完成试题，不可以看课本和资料，不可以与其他考生商量答案、传答案等。传统的思想政治理论课闭卷考试题型一般有选择题、判断题、名词解释、简答、论述，闭卷考试的内容主要是考课本上知识点，所以以记忆为主。闭卷考核课程成绩一般实行百分制。

开卷考试的要求是考生可以自由查看资料、课本，但是不可以互相商量答案。与闭卷考试相比，开卷考试的试题更具开放性和灵活性，为考生回答问题提供了充分的思考空间，有利于考生充分发表自己的见解，展现自己的

[1] 中共中央宣传部教育部关于进一步加强和改进高等学校思想政治理论课的意见，教社政[2005] 5号。

能力，发挥自己的水平。

开卷考试题型一般为材料解析题。材料解析题是一种主观性试题。它的设计是在试题中引出一段或几段材料，要求应试者在读懂试题材料的前提下，依据教材所体现的知识网络，从提供的种种材料中最大限度地获取有效信息，逐一解答试题中所提出的各个问题。这种试题能够有效地考查考生驾驭材料的阅读能力、分析能力以及综合运用能力、知识迁移能力等较高层次的学习能力，考生在材料题上的解答能反映该考生对知识掌握熟练的程度和相关知识面。开卷考核课程成绩一般实行分为优秀、良好、中等、及格、不及格五等级，也可以实行百分制。

传统的考核考查方式，已经越来越不能反映思想政治理论课的教学目的。不论是闭卷还是开卷，也不论试卷中的材料如何深刻，如何新颖，这种考核方式已经很难全面地检查学生的政治理论素养和思想道德修养，很难全面地衡量学生的道德品质和行为规范。那么，传统的考核模式有哪些不足呢？

(1) 传统的考核内容不能体现思想政治理论课“知、信、行”三者合一的基本特点。思想政治理论课不同于其他学科，它的课程体系是围绕如何培育和提高学生的思想素质、政治素质和道德素质这一目标而构建的，它的教育过程可分为“知、信、行”三个阶段。第一阶段达到掌握理论知识的目的，第二阶段在已有理论知识基础上内化为自己的理想信念，第三阶段将信念外化为实际的行动。思想政治理论课教育过程中的三个阶段不是孤立的，知是前提，信是关键，行是目的。知、信、行相互作用、相互转化构成了思想政治理论课教育的基本规律[1]。思想政治理论课考核必须贯穿教育的全过程，否则就不是一个完整的、全面的考核。传统的思想政治理论课考核恰恰只是停留在了“知”的层次上，下课以后谁也不知道是否“信”了，是否“行”了，“知行合一”也就无从谈起了。

(2) 传统的考核模式不能体现思想政治教育延续性和连续性的特点。高等院校思想政治教育应当贯穿整个大学的人生教育，它不应该只是一个学期或者一个学年的课程教育，更不应该是期末考试的一张试卷评分。思想政治教育的延续性表现在大学的每一个学期、每一个学年的思想素质、政治素质和道德素质教育，我们不能说一个卷面 80 分的学生就是思想品德高尚的学

[1] 周海. 论高校思想政治理论课考核的功能缺失与体系重构 [J]. 文教资料，2005，(36)。

生，同样我们也不能说一个卷面59分的学生就是品德不合格的学生；我们不能说一个学生的某一学期思想政治理论课是优秀，他的整个大学阶段一定是品行优秀，同样我们也不能说一个学生的某一学期思想政治理论课也许考得很糟糕，他的整个大学阶段就一定是品行不端。思想政治理论课的考核不是短暂的考核，而应该是延续性考核。

(3) 传统的考核主体不能胜任思想政治理论课教育的系统工程。当然，每一门的考核评价主体最权威的自然是这一门课的任课教师，任课教师或者所属教研室应该是这一门课程考核的唯一评价主体，但是，思想政治理论课的考核评价主体应该是多元的。它应该包括任课教师或者所属教研室、班主任或者辅导员、同班同学或同宿舍的同学、其他课程教师，还应该包括顶岗实习地的师傅、队友等等。因为一个人的思想素质、政治素质和道德素质的评价是一个综合体，如果一个思政教师就能全权代劳则难免出现“一言堂”了。

思想政治理论课是大学生思想政治教育的主渠道，它承担着大学生思想政治教育的主要工作，因此，思想政治理论课的考核方式也应该是大学生思想政治教育评价体系的主要体现。传统考核方式的种种不足集中表现为考核的单一性上，思想政治教育是一个系统工程，思想政治理论课的考核应该是多元化的。

二、单一考核向多元考核转化是现代教育理念变化的终端体现

今天的基础教育已经开始强调“多一把尺子多一个好学生”，高等教育更是应该从应试教育转向素质教育。高校思想政治理论课恰恰是高等教育中的“基础教育”，是高等教育中最有代表性的“素质教育”。应试教育的评价强调用试卷作为对结果检验的标准，强调统一性；素质教育的评价无特定标准评价学习结果，更多强调综合性、差异性和发展性。

首先，现代教育的评价功能要求注重多元化考核。现代教育评价不仅要关注学生的学业成绩，而且要发现和发展学生多方面的潜能，了解学生发展中的需求，帮助学生认识自我，建立自信。既要关注学生的学习结果，更要关注他们的学习过程，既要关注学生学习的水平，更要关注他们在学习活动中所表现出来的情感与态度。从侧重甄别和选拔转向侧重包容和发展，从过分关注对结果的评价转向关注对过程的评价，才能发挥评价的教育功能。

其次，思想政治理论课的课程性质要求注重多元化考核。思想政治理论

课是关于“如何做人”的思想教育和行动教育，是智商教育和情商教育的综合体验，对于高等职业教育的学生来说这门学科的情商体验和考核可能占据着更重要的地位。如何加强个人内在素质的教育和培养，如何遵守社会公德，如何认同社会的核心价值观，如何践行社会主流意识等等，一张试卷是考不出来结果的，一次期终考试是不能作为评价依据的。为了避免传统考试模式带来的缺陷，真正地提高学生的思想素质、政治素质和道德素质，就必须更新传统考试的理念，即从单一性考核转为多元化考核[1]。

最后，多元化考核更能体现公平、公正、合理、科学。多元化考核旨在以促进考核对象的全面发展为根本目的，采用多种途径，使用多种手段，多个评价主体参与，尽可能对学生进行全方位、全过程的评价。一方面，人与人的差异性是不言而喻的，大学生的个性化特征在这个阶段表现得尤其突出，他们在理想、信念、道德、情操、法律意识、行为规范上都是积极向上的，但是他们却特别倾向于展示自己独有的认知角度和行为方式，并且希望得到老师和学校的认同。因此，学生的个性化表现要求教育的考核方式应该多元化，多元化的考核更能体现出合理性和科学性。另一方面，“尺有所短，寸有所长”，每个学生都有其擅长的能力和不擅长的方面，特别是高职学生，他们在理论学习、知识点记忆、素材分析上大多数人会感到一些困难，试卷考试的确是他们的短处，但是他们在行为规范、实践能力、甚至创新意识上往往做得更好，例如他们的自主创业能力、吃苦精神正是最明显的优点。如果用一张试卷来对他们“如何做人”进行考核的话，他们就找不到自己特有的优势了。因此，多元化考核更倾向于每一种类型的学生都能找到自己独有的定位，从而体现出考核的公平和公正。

多元化的社会对人才的要求也是多元化的，现代社会所需要的人才不仅仅是学业成绩的优秀，还需要有应对社会竞争和挑战的综合素质，这种综合素质包括知识、能力、非智力因素（心理素质）、态度（对国家和社会的责任感、对事业的进取心、与他人的合作精神、对自己的超越信心）等，高校思想政治理论课正是担负着培养大学生综合素质的使命。因此，思想政治理论课的多元化考核正是现代教育理念变化的终端体现。

---

[1] 兰启发。多元考评模式：更新高校思想政治理论课考试理念的思考［J］。内蒙古师范大学学报：教育科学版，2012，(5)。

三、多元化考核体系的可行性保障

第一，多元化考核主体的制度保障。一方面，多元化考核主体意味着"全民参与"。多元化考核主体的个体成员主要有思想政治理论课的任课教师、班主任或者辅导员、同班同学或同宿舍同学，实习单位的师傅或师兄弟，多元化考核主体的机构成员主要有思想政治理论课教研室、系党（团）支部、学生会、实习单位的人力资源管理部门，当有特别优秀的需要给予特别的褒奖时，就需要考核主体的机构成员予以审核，这样既保证了选优的公正和公平，又使得学科考核融入育人考核之中。另一方面，形成以思政教师为主导的跟踪评价队伍。在这支队伍中，思想政治理论课教师的主导地位必须凸显出来，他们在考核主体中起着组织者、领导者的作用，他们要起着跟踪教育的作用，他们工作的侧重点不在甄别式评价，而在引导式评价，在评价中实现引导，在引导中实现评价。多元化考核主体无论是"全民参与"还是"跟踪评价"都是一项繁杂、细致的工作，会给老师和学生增加很多额外的工作量，因此，制度保障必须先行。

第二，相对合理和科学的多元化考核标准。多元化考核并不意味着是没有标准的考核，这个标准不同于试卷考核的标准答案，它应该包括考核的项目、项目的分值比例、项目的分值要求，这不仅仅涉及计算的技术和方法，更重要的是要体现出考核的相对科学和合理。当然，有标准也不意味着标准的一成不变，这样的标准也可以根据不同类别的学生做有针对性的调整，如文史类的学生、理工类的学生及艺术类的学生就可以有不同的考核项目分值比例。同时多元化考核也是一个互动的交流过程，它不应该是单向的结果公示，所以考核标准如何设置也应该是在考核过程中与学生交流的产物，它应该得到学生的普遍认同，考核标准设置的作用是更权威性地反映每个学生的思想道德修养和政治理论素养。

第三，多元化考核意义的应用。思想政治理论课多元化考核是一项繁琐的工作，同时又是一项极有意义的工作，那么，一个学生的在校 3 年或者 4 年、5 年的思想政治理论课考核成绩对于一个学生的意义将直接影响到考核体系本身存在价值。一方面，优秀的考核成绩说明了该学生在校期间的思想道德修养、政治理论素养得到了很好的培育和发展，这对他今后的世界观、人生观、价值观发展都将起着重要的作用。另一方面，优秀的考核成绩也应该成为他们在校期间申请一切活动和项目的第一依据，如奖学金、助学金、评优、入党以及就业推荐甚至就业单位录用的首选依据。只有充分发挥多元化考核的价值，甚至提高到“一票否决制”的高度，才能保障多元化考核制度的常态发展。

第二节 建立高职高专院校思想政治理论课多元化考核体系

一、思想政治理论课多元化考核的基本原则

为了切实提高学生的思想素质、政治素质和道德素质，促进学生建立正确的人生观，价值观和世界观来指导实践，作为“教”与“学”的指挥棒，思想政治理论课考核体系应该遵循一些基本原则：

（1）考核内容应该能够体现思想政治理论课的课程性质。高校思想政治理论课是大学生的必修课，是加强和改进大学生思想政治教育的主渠道，它关系到大学生的世界观改变，人生价值的选择，高素质人才的培养。思想政治理论课考核的内容应当包括理想、道德、信念、政治素养、法律意识、日常行为规范、社会实践能力等等，考核的要求应该包括知识、能力、方法、态度、情感、人格等等，考核的目标应该是培养有理想、有道德、有纪律、有文化的社会主义事业的合格接班人。因此思想政治理论课多元化考核的内容并不意味着可以无原则的增减，它应该符合大学生思想政治教育的基本方向，符合高等院校人才培养方案，符合多元化考核的目标要求。

（2）考核方式应该能够充分调动学生学习思想政治理论课的积极性。对大学生来说，思想政治理论课并不是一门深奥难懂的学科，也不是一门新颖有趣的学科，在某种程度上可以说它是一门“修身、养性、齐家、治国、平天下”的学科，它具有严肃性，也具有技巧性，具有原则性，也具有灵活性。通常，老师的考核方式指挥着学生的学习方式，如果考核方式有针对性、有实践性、有灵活性，那么学生的学习方式就会轻松、有效，就会积极主动。多元化的考核方式会更有利于把思想政治理论课实践的教学纳入考核体系；把学生的日常品行表现纳入考核体系，把学生的自主学习态度（如看视频、查资料、做笔记）纳入考核体系，既全方位考察了学生的思想政治素质，又充分调动了学生的学习积极性。

（3）考核结果应该能够大体反映学生真实的思想政治素质。考核不是目

的，但考核的结果一定是现实的真实反映。如何做到结果真实，多元化考核方式为此提供了一定的前提。首先，多元化的考核主体避免了教师的“一言堂”，保障了考核的“相对公正”；其次，延续性的考核过程避免了学生的“一考定终身”，保障了考核的“相对公平”；再次，多角度的考核内容避免了教学的“高分低能”，保障了考核的“相对科学”；最后，互动式的考核标准避免了学生的“被动批判”，保障了考核的“相对合理”。

正如美国教育评价学家斯塔夫尔比姆所说：“评价最重要的意图不是为了证明，而是为了改进”[1]，教育的功能不是为了选拔而是为了发展，多元化考核强调通过引导学生各个环节的转变来促进学生的发展。

二、思想政治理论课多元化考核体系的建立

思想政治理论课考评是一个体系，它应该是融合期末考试和平时成绩相结合，理论和实践相结合，知行相结合，知识掌握程度和思想测评相结合的考核体系。考评的构成要素是考评体系的关键，它决定了考评的内容，考评的方式以及考评的题型等各个方面。所以，基于思想政治理论课的开课目的和素质教育的要求，根据学生思想政治理论课知识掌握程度、学习态度、实践成果和思想测评等方面，按重要程度不同，由这些构成要素组成对应指标，打造一个多元化考评体系。我们尝试对考核体系作以下分类：

每门课程成绩由理论考核成绩与实践考核成绩各占50%组成。理论成绩由理论成绩1（期末考试成绩）和理论成绩2（平时成绩）分别按总评成绩的30%和20%的比例构成。但期末考试卷面成绩低于40分者，总评成绩直接判定不及格。每学期的实践成绩由三项实践教学项目的考核结果构成。

以高职院校为例：根据高职院校的实际，如图10－1所示，思政理论课实践教学可以有五种形式，与专业顶岗实习同步进行思政理论课实践教学（实践项目（1））、假期社会调查（实践项目（2））、校园主题实践活动（实践项目（3））、参观考察（实践项目（4））、日常品行实践（实践项目（5），本项实践主要是考察学生的日常思想品德、行为表现，由班主任、辅导员于每学期结束前根据学生一学期的品行表现按百分制进行评价）。每学期的实践成绩由三项实践教学项目的考核结果构成。第一学期由实践项目（3）、实践项

[1] 斯塔夫尔比姆。方案评价的CIPP模式［M］，1983。

目（4）、实践项目（5）分别按总评成绩的20%、20%、10%构成；第二学期由实践项目（1）、实践项目（3）、实践项目（5）分别按总评成绩的20%、20%、10%构成；第三学期由实践项目（1）、实践项目（2）、实践项目（5）分别按总评成绩的20%、20%、10%构成；第四学期实践项目（1）、实践项目（4）、实践项目（5）分别按总评成绩的20%、20%、10%构成[1]。

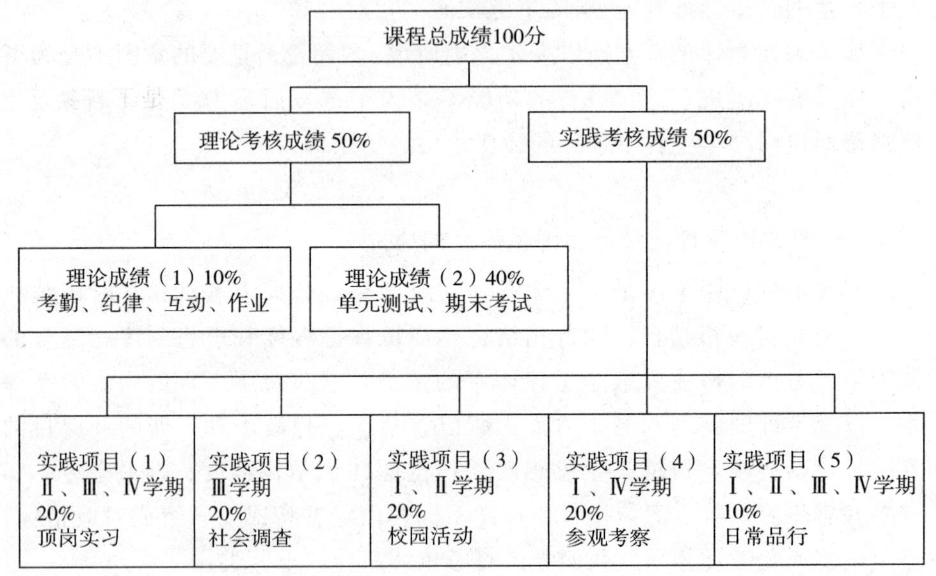

图 10－1　思想政治理论课多元化考评体系

图表说明如下：

理论成绩（1）体现为学生学习的总过程。可以以出勤率、课堂回答问题的积极性和课堂上课的认真程度来衡量。旷课现象是当今思想政治理论课面临的一个重要问题，把学习过程作为成绩的10%，可以降低学生的旷课现象，同时也是对学生进行遵纪守法，自我教育，自我约束良好习惯的培养。此外，学习过程也是检测教师上课质量的一个依据，体现课堂吸引力的一个重要标志。

理论成绩（2）可以由单元测试和期末考试组成。单元测试可采取闭卷考试，根据单元基本知识测试成绩进行评分，主要对学生知识点的掌握程度的考核。要真正地掌握知识不在于期末的短期记忆，而是在于平时的积累。采用闭卷考试，对于考查学生对基本知识点，基本原理的掌握是一种实效性的

[1] 储水江。高职院校思想政治理论课实践教学探索［J］。芜湖职业技术学院学报，2012（2）。

考试方式。进行单元基本知识测试不仅促进学生学习的重心由重结果转为重过程，而且及时反馈教学质量，促使教师提高教学质量。期末考试可考查学生利用知识和对现实问题的分析能力。期末作为学科的总结时间，采取开卷的考试方法进行，不仅体现学生对平时知识的总结能力，更是体现学生的综合能力。采用主观题的考试题型，减轻学生的期末多学科考试复习压力。同时不设置标准答案，让学生自圆其说，发挥自己的见解。

实践项目（1）成绩是学生真正走出校园，践行思想道德修养和政治理论素养的集中体现。从时间上来说，高职院校的顶岗实习，特别是工科类高职院校的顶岗实习可能会安排在任何一个学期进行，这正符合了我们所提倡的延续性考核、跟踪考核。从考核主体上来说，这一阶段主要是实习单位、师傅对学生实习期间的综合表现考核评分，辅导员、思政教师可以作跟踪回访，与学生多做交流，让学生在考核中成长，在成长中考核。

实践项目（2）成绩是鼓励学生参与社会实践，积极思考人生的重要表现。寒暑假是学生的休息日，但也是学生关注家乡、回报社会的恰好时期，同时暑期社会实践也是大学生将书本知识与市场需求相结合的最佳切入点，是思考未来职业生涯规划的起点。这一部分的成绩可以通过学生口头或书面的职业生涯规划、家乡发展调研报告等形式体现出来。

实践项目（3）成绩是考核学生的在校参与实践活动的情况。毕竟学生的绝大部分时间是在校园中度过，充分利用校园场所，组织学生围绕思想政治理论课教育教学，开展各种形式的校园文化活动，是培养学生良好的世界观、价值观、人生观的有一个重要渠道。这一部分的考核可以依托团委、学生会展开。

实践项目（4）成绩是引导学生亲身体验国家、社会的变化和发展。或接受爱国主义与革命传统教育，或亲身感受改革开放的伟大历史进程，了解社会主义新农村建设、新型工业化和城市化的伟大成就，等等。这一部分的考核看似轻松，但思政教师要在要在这种轻松的考察中引导学生走向爱党、爱国、珍惜今天的社会生活中去，老师要起到“润物细无声”的作用，因此，这一部分的考核与其说是考学生，不如说是考老师。

实践项目（5）成绩应该是最真实的一项考核。学生的日常思想品德、行为规范是最能看得见的，它可以表现在每一天的小事上，也可以表现在某几件大事上，它可以表现在课堂上，也可以表现在老师看不见的地方，但它却是学生是最真实的表现，它提示学生要“慎独”，它才是不为考核的考核。因此这一部分的成绩栏应当公示在墙，可以是老师给它打分，可以是同学们给它打分，也可以是自己打分。这一项目的成绩也许是学生、老师最看重的成绩。它的实际意义也许会超出考核的本身。

从图表及其说明中可以看出，课程总成绩由联系紧密的各个环节组成，由此已经组成了思想政治理论课的多元化考核体系。

三、探索符合高职学生特点的卷面考核方式

在探讨多元化考核体现中，卷面考核依然是其中的重要组成部分，但是卷面考核的形式也亟待解决，尤其对于今天的大学生来说，思想政治理论课考核更应该体现出以学生为本。

1. 以《思德修养与法律基础》课卷面考核为例

高职思想政治理论课的《思德修养与法律基础》课更多地需要关注学生，关心学生。无论是适应大学阶段的学习，还是适应大学阶段的生活，尤其是大学阶段的情感交流，思想政治理论课的引导都起着重要的作用。因此，《思德修养与法律基础》课的教学要体现对大学新生的人文关怀，《思德修养与法律基础》课的考核也应该体现出对大学生的人文关怀。

附：《基础》课的“人文关怀”试卷：

×××职业技术学院 2011～2012 年第一学期

《思德修养与法律基础》期末考试试卷（A）（时间 100 分钟）开卷

题号	一	二	三	四	五	六	七	八	得分
得分									

亲爱的同学们：

曾经的你们对未来充满了好奇、梦想和期待，同时又有诸多的不解、迷茫和困惑，经过《思想道德修养与法律基础》课程的学习，此时的你们是否已经将好奇转为动力，梦想提上日程，期待付诸行动了呢？你在知识、品德、情感、意志、能力等方面有何收获？你的下一步将如何迈出？请认真阅读下列试题，并作出你最真实的回答。

得分	阅卷人	复核人

一、名词解释（每小题 5 分，共 15 分）

1. 道德
2. 理想

3. 人生价值

得分	阅卷人	复核人

二、解答题（每小题10分，共20分）

1. 简述大学生如何提高自己的思想道德与法律素质。

2. 你认为当代大学生应当以什么方式爱自己的祖国？

得分	阅卷人	复核人

三、材料分析题（共40分）

1. 材料一　男孩和女孩的爱情

一天一个男孩对一个女孩说："如果我只有一碗粥，我会把一半给我的母亲，另一半给你。"女孩喜欢上了男孩。那年他12岁，她10岁。

过了10年，他们村被洪水淹没了，他不停地救人，有老人，有小孩，有认识的，有不认识的，唯独没有亲自去救她。当她被别人救了后，有人问他："你既然喜欢她，怎么不救她？"他轻轻地说："正是因为我爱她，我才先去救别人。她死了，我也不会独活。"也是他们在那年结婚了，那年他22岁，她20岁。

因为祖父曾是地主，他受到了批斗。在那段岁月里，"组织上"让她"划清界线，分清是非"，她说："我不知道谁是人民内部的敌人，但是我知道，他是好人，他爱我。我也爱他，这就足够了。"于是，她陪他挨批，挂牌游行，夫妻二人在苦难的岁月里接受了相同的命运！那一年，他52岁，她50岁。

许多年过去了，他和她为了锻炼身体一起去学气功。这时他们调到了城里，每天早上乘公共汽车去市中心公园，当一个年轻人给他们让座，他们都不愿坐下让对方站着。于是两个人靠在一起，手里抓着扶手，脸上都带着满足的微笑，车上的人都竟不由自主地全都站了起来。那一年他72岁，她70岁。

她说："10年后我们都已死了，我一定会变成他，他一定会变成我，然后他再来喝我送他的半碗粥！"

70年的风尘岁月，这就是爱情！

（1）你对爱情的理解（不要抄书上的定义，谈你的理解）？（8分）

（2）大学生如何正确对待爱情？（12分）

2. 材料二　好人好事转化为"道德币"

2003 年 11 月 5 日，位于杭州钱塘江畔的浙江工业大学之江学院举行了简单而隆重的启动仪式，宣布道德银行正式成立并运行。全院所有大一、大二年级的学生都被吸纳为储户，其他学生也可以自愿申请开户。深蓝色封面的"道德银行储蓄卡"样式与常见的银行储蓄卡相似，有户名、账号及存入、支出、结余等栏目，不过"币种"一栏却写着"道德币"三个字。

按照"道德银行"的评估细则，学生参加青年志愿者活动、社会公益活动和其他各类好人好事都可获得相应的"道德币"。比如义务献血一次，登记在"储蓄卡"上就是 2 万元"道德币"。

除了负责存款的存储部外，银行还设立了支取部。如果出现各种违纪行为，就必须处以 2～10 万元不等的扣款。此外，当"储户"自身有需求时，也可凭卡向"银行"支取，比如"储户"可根据其做好人好事所积攒下来的"道德币"向"银行"申请相应的帮助或享受相应待遇。

这些优先帮助和待遇包括：享受申请勤工助学岗位；参加学生会组织的各类学习培训优先考虑待遇；可申请获赠各类知识竞赛、学术讲座门票及获赠一季度的学科类报纸、杂志等。学期末，道德银行还将对"存款高额者"进行"十佳道德富翁"排名，并予以表彰和宣传。学生在道德银行中的储蓄等级还将被列为团内评优、学校评定奖学金的参考。

你如何看待"道德银行"现象？(20 分)

得分	阅卷人	复核人

四、设计题（共 25 分）

请以"大学应这样度过"为主题，制定你的大学生涯规划。

有了大学生涯规划，说明你的大学生活有方向了。如果因为考试时间有限，你不能全面的制定大学生涯规划，也希望你考试结束后可以静下心来，思考你的大学，思考你的人生。人生的成功在于选择的成功，请选择好你的每一天！

最后，祝愿你们的大学生活快乐而充实，并且在这快乐充实之中，提升品质、增强能力，祝愿你们前程似锦！

对于刚刚进入大学的新生来说，这样的思想政治理论课试卷也许会留下美好的记忆。

2. 以《毛泽东思想和中国特色社会主义理论体系概论》课调查报告考核为例

高职思想政治理论课的《概论》课更多地需要学生关注社会，了解社会，运用中国特色社会主义理论分析问题，解决问题。因此，理论与实践相结合的应用型考核——社会调查报告是一项非常适合大学生的课程检测方式。如何写调查报告可以成为培养大学生政治理论素养的一个较好的方式。

调查报告是针对社会生活中的某一情况、某一事件、某一问题，进行深入细致地调查研究，然后把调查研究得来的情况真实地表述出来，以反映问题，揭露矛盾，揭示事物发展的规律，向人们提供经验教训和改进办法，为有关部门提供决策依据，为科学研究和教学部门提供研究资料和社会信息的书面报告。

调查报告的特点体现为：①真实性。它的真实性就是要以事实为根据，不仅报告中涉及的人物、事件要真实，就是事件发生的时间、地点、背景、过程、原因和结果也必须真实。②客观性。客观性，指客观地反映事实，忠于事实，不带有调查者的主观随意性。不能对客观事实随意引申，或不切实际地渲染。③针对性。社会调查报告就是要有针对性地调查研究一些社会实践中的具体问题，回答广大群众关心的问题，解决“面”上迫切需要解决的问题。④实效性。⑤评价性。一般来说，社会调查报告应该包含以下一些内容：调查的目的、调查的方法、调查的时间、样本的情况、调查的内容、调查表的分析、分析结果、提出自己的看法等。

调查报告格式有如下要求：

标题要求。标题可以有两种写法：一种是规范化的标题格式，基本格式为“×××关于×××的调查报告”、“关于×××的调查报告”、“×××调查”等。另一种是自由式标题，包括陈述式、提问式和正副题结合使用三种。陈述式如《×××大学毕业生就业情况调查》，提问式如《为什么大学毕业生择业倾向沿海和京津地区》，正副标题结合式，正题陈述调查报告的主要结论或提出中心问题，副题标明调查的对象、范围、问题，如《高校思想政治理论课教育重在人文精神培养——×××大学思想政治理论课教育教学实践调查》等。

格式要求。调查时间、调查地点、调查对象、调查方法、调查人、调查分工（以小组形式调查的要求，小组人数不得超过 3 人）。

报告正文：正文一般分前言、主体、结尾三部分。

（1）前言。有几种写法：第一种是写明调查的起因或目的、时间和地点、对象或范围、经过与方法，以及人员组成等调查本身的情况，从中引出中心问题或基本结论来；第二种是写明调查对象的历史背景、大致发展经过、现实状况、主要成绩、突出问题等基本情况，进而提出中心问题或主要观点来；第三种是开门见山，直接概括出调查的结果，如肯定做法、指出问题、提示影响、说明中心内容等。前言起到画龙点睛的作用，要精练概括，直切主题。

（2）主体。这是调查报告最主要的部分，这部分详述调查研究的基本情况、做法、经验，以及分析调查研究所得材料中得出的各种具体认识、观点和基本结论。

（3）结尾。结尾的写法也比较多，可以提出解决问题的方法、对策或下一步改进工作的建议；或总结全文的主要观点，进一步深化主题；或提出问题，引发人们的进一步思考；或展望前景，发出鼓舞和号召。

调查报告的成绩评定：考核课程成绩分为优秀、良好、中等、及格、不及格五等级，以下为具体参考标准：

（1）优秀（90～100分）

a. 观点正确鲜明，理论明确，论据充分，资料翔实，论点与论据紧密结合，对现实有一定的指导意义。

b. 结构严谨，层次分明，重点突出，文理通顺，无错别字。

c. 在某些方面有一定的突破和创新，具有一定的学术价值或者应用价值。

（2）良好（80～89分）

a. 观点正确，论据有力，资料翔实，立论分析比较深入，理论与实际结合较好。

b. 结构严谨，层次清楚，文字比较通顺，无错别字。

c. 具有较为独到的视角或尝试，论证主题具有一定价值。

（3）中等（70～79分）

a. 观点正确，论据充分，材料使用得当合理，论证较为充分，立论与实际情况结合。

b. 层次分明，结构合理，文字较为通顺，无错别字。

c. 文章具一定的创新性。

（4）及格（60～69分）

a. 观点基本正确，论据较为充实，论证不够深入，理论结合实际较差。

b. 结构尚为合理。层次尚清楚，文字比较通顺，无错别字。

(5) 不及格 (59 分以下)

a. 基本观点不正确，论据贫乏，缺乏论证，与论点不符，理论脱离实际。

b. 结构混乱，层次不清，文字不通顺，错别字太多。

思想政治理论课规范的调查报告格式，严格的评分要求，也许会成为他们今后学习和工作的基础。

第三节　高职高专院校思想政治理论课教学评价体系

高职高专院校思政理论课教学评价体系的构建和完善是基于教师专业能力的发展和学科教学成效的提升而开展评教活动，它需要一套科学、严密、可操作性强且行之有效的评教标准。近年来，随着高职高专教学质量的提升和教学改革的不断推进，思政理论课教学作为高职高专教学的一个重要组成部分，其教学评价体系不断突破，实现了由单一化向多元化的转变，有效促进了思政教学效果的提升。然而，高职高专院校思政理论课作为一门思想教育课，其学科特点、教学对象特点和教育目标特点又决定了它的教学评价的特殊性，积极探索并构建适合高职高专院校特点的教学评价体系是高职思想政治教学改革努力的一个重要方向。

一、高职高专院校思想政治理论课教学评价体系改革的成效

教学评价是教学的一个重要环节，及时恰当的教学评价对于教学者的自我完善和有关部门的科学决策都能提供重要依据。作为思想政治理论课管理的重要手段和方法，其评价对象、评价方法、评价效果等均有较大改进：

1. 严格教师选拔标准

近年来，随着国内和国际形势的变化及社会转轨时期各种问题和矛盾的凸显，高校思想政治理论教学作为大学生思想教育的主阵地，愈来愈受到重视。如何切实提高大学生的思想道德水平、引领他们树立正确的人生观、价值观和世界观、培养他们的社会责任感、提升他们的爱国主义意识，成为检验思政理论教学成效的首要目标。为了实现这一目标，各高校不仅注重对教学过程的监控与评价，同时也坚持教师选拔标准的严格审核。思政理论课教师除具备基本的教师基本技能外，在教育程度、教育专业背景、思想政治素质、思想教育经验等方面均有严格要求。当前的高校思想政治理论课教师多具备本科及以上学历，以研究生学历居多。以我校为例，从事一线教学的青

年教师全部拥有研究生学历，老教师也具有较高的思想政治理论课教学理论基础；从事思想政治理论课教学的人员必须具有马克思主义理论素养和人文社会科学知识基础，以便于运用正确的方式方法及专业的思维对学生进行正确的思想引导和教育帮助；思想素质过硬是思想政治理论课教师的必备条件，从事思想政治理论课教学的教师必须有坚定的政治信仰，能够坚持正确的政治方向，大多从事思想政治理论课教学的教师都是党员。他们在大是大非面前拥有通过现象看本质的能力，不被局部的社会现象所左右，确保政治课堂的思想坚定性；此外，各高校还重视思想政治理论课教师的一线实践经验，鼓励参与学生管理的班主任、辅导员和学工干部加入到思政教学中来。

2. 采取多样性的教学评价方法及手段

教学评价的方式方法及手段直接影响着教学评价的效果。改革后的教学评价方法和手段呈多样化趋势，将量化评价与质性评价结合起来，变单一考核为多元考核，并借助现代信息技术手段最大限度调动了教学评价参与的广度与深度，提升了教学评价的效果。其改进主要体现在以下几方面：

由重结果向重过程转变，强化了教学评价的督促功能。过去，高职思政教学存在一张试卷定结果的局面，通常是以学生的期末考试及格率来考核教师的教学效果，这种评价存在方法简陋单一的特点，很难从根本上反应思政教育考核的最终目标。现在，大多高校都致力于将结果考核与过程考核相结合，除采取集中的期中、期末教学检查外，还成立教学督导组进行定期和不定期的突击检查。这样的检查一方面便于发现教学过程中教师的准备是否充分、授课态度是否认真、授课方法是否创新，另一方面也规范了教学管理的流程，利于及时有效的发现教师在授课过程中存在的问题。

实施多元评价标准，重教学革新效果。常见的教学评价通常以课堂效果、学生的学业效果及对教师的综合表现为评定标准，重量化和直观的评价结果，这样的评价虽然可以清晰呈现教师的教学努力，但也存在局限性。如对教师教学所承担的任务量、教师指导学生所完成的作业量、教师所带学生取得的考试及格率、教师发表论文的数量等的考核，容易造成盲目追求数量而忽视内功的修炼。当教师疲于应付作业、考试和发表论文等事务性劳作时，对教学的反思和探索的精力就会削弱。随着高职思想政治理论课教学理论和实践改革的不断推进，教学评价标准打破了课堂、作业、考试等标准的限制，重思想政治理论课教学革新，强调教师要做学生思想教育的引导者和组织者，以创新的思维和方法带动整体教学水平的提升。以我校的思想政治理论课实践教学评价变革为例，它以思想政治理论课实践教学革新为着眼点，强调教师将教学与学生的思想变化、能力提升和学校的管理改进结合起来，收到了较大的实际效果。老师带领学生以宿舍安全为主题，开展宿舍消防安全隐患大调查。在调查过程中不仅帮助学生强化了消防安全意识、掌握了调查研究的方法，而且为学校的后勤部门提供了一份完整的消防安全改进方案。

变一方参与为多方互动，增加了教学评价的多维性。过去的教学评价多是学校教学管理部门和思想政治理论课教学部门对教师进行考核，是自上而下的考核形式。当前的教学评价参与主体多元化，领导专家评价、学生评价、同行评价、教师自评等多种方式并存。在评价技术上也采取更为现代化的评价手段，如网上测评。

3. 以教育提升教学评价反馈的效能

评价的目的在于改进和提升教师的教学水平，单纯的奖惩难以起到教学评价的效能。以教学改革提升教学质量为出发点，营造各种教学参评氛围，让教师在参与中提升教学改进意识，从根本上推进思政教学的整体水平的提升。除传统的荣誉和物质奖励外，各种形式的教学观摩课、教学改革经验交流会、教学改革竞赛、教学改革课题项目和教学改革试点既为教师提供了一次学习的机会，也让教师在学习中反思自我教学改进的途径和方法。用这些学习机会奖励那些在教学中表现优秀的教师，不仅能够激励他们提升教学成效的自信心，也能营造一种积极向上的学习氛围。高校园区的建设将各种类型的高校相对集中在一起，有利于教育资源整合。以芜湖市高职院校思想政治理论课教学改革为例，不仅重视创造同种类型高校教师间的互相交流与促进机会，而且联合安徽师范大学的思政教学专业教学资源，开展了“大手拉小手”的活动。多年的坚持取得了较大的收益，不仅拓展了老师的视野，而且促进了教学改革思想的传播。

二、高职高专院校思想政治理论课教学评价体系存在的不足

“十年树木，百年树人”，思想政治理论教学自身的特点决定其教学评价改革绝非点滴改进所都能完成。高职高专教育目标的特殊性、高职教育对象的特点、时代背景变迁均考量着当前的教学评价体系，透视其存在的不足：

1. 教学评价缺乏课程针对性，难以体现课程特色

教学评价的导向功能决定，采取什么样的教学评价通常决定了教师教学努力的方向。虽然教学评价中教师的教学态度、教学方式方法、教学效果有

着共同的认知，但是具体到某一课程，其教学评价必然存在差异。当前的高职高专院校中，思想政治理论课教学与专业教学评价通常采取一刀切的做法，抹杀了它的课程特色。思想政治理论课教学的特点决定了它“润物细无声”的功能，虽然它也可以通过学生丰富多彩的道德小品赛、志愿活动等形式来呈现，但是它却无法通过科技成果的形式直观感受成效。因此，在注重“追求技能提升”的实用主义办学理念和“以赛促教”的高职高专专业教学评价体系下，专业教师变成了香饽饽，动辄成千上万元的物质奖励让思想政治理论课教师无形中感觉自己是二等公民。思想政治理论课教学质量的整体欠缺和高职人才职业技能与职业综合素养发展的不平衡性表明，高职高专教学不是不需要思想政治理论课教学，而是要思考采取什么样的评价方式激励教师去积极投入到高职高专思想政治理论课教学改革中来。

2. 教学评价缺乏教育类型针对性

高职高专作为我国高等教育体系中一种办学类型，其教育对象的特点、教育对象的需求和、教育培养的目标既有别于中职生，也有别于本科生。在高职高专思想政治理论课教学评价中，只有结合高职高专学生的身心、文化发展基础、发展需求特点、教育培养目标等因素综合考虑设定教学评价指标，才能真正发挥教学评价的导向性。以高职高专学生的生源特点分析，抽象的理论灌输和单纯的讲授难以引起学生的兴趣，在教学评价中应注重强化教师因材施教的教改意识，对那些课堂气氛活跃、学生反映好的教师给予肯定；一些高职高专院校还存在因专业导致的男女生比例失调问题，通常文科班女生较多，而理科生男生较多，性别特征也决定了教学的课堂效果和考核结果的差异，这些在考核评价中都应区别对待。

3. 教学评价缺乏时代针对性

当今不断发展的社会物质、文化和社会生活及不断变换的国际形势都对这一代年轻人的思想发展产生巨大影响，塑造了他们鲜明的时代精神风貌和特征。这不仅要求思政理论教学要与时俱进，同时要发挥思想教育的导向性，体现其先进性。在这种形势下，高校的思想政治教学评价也应树立“大思政教学观”，多角度多途径拓展和改进教育评价的方法和手段。当前在思政教学评价中将学生的日常生活表现、班级综合评定、校内实践教学成绩加入到学生的成绩考核中的尝试也是对教师教学改革探索的一种激励，但是这种做法并没有在全国范围内形成统一的操作规范。高职高专院校校企合作的发展使得学生思想政治教育的场所转移到了工厂，蓬勃发展的志愿文化为社区和高校架起了联谊的桥梁，复杂多变的国际经济和政治形势考验着大学生的爱国情怀，这些新的变换形势使得思想政治教育改革必须要应时而动进行改革，与之伴生的就是教学评价如何不断推进。

三、构建适合高职高专思想政治理论课特征的教学质量评价体系

构建适合高职高专院校思想政治理论课特征的教学质量评价体系应建立在以往改革的基础上，结合对其存在不足的分析，确立新的教学质量评价原则。为此，首先要明确教学评价的指导和激励原则，将教学评价结果与教师的物质和精神奖励、考核及职称的评定结合起来，用实实在在的利益驱动教师提升教学效果的积极性，在全体教师中营造思政教学的成就感和责任感，进而推动思政教学质量的提高；其次，要做到教学评价与具体学科结合，体现教学评价的目标针对性。针对思想政治理论课教学特点，设定符合该门课程的教学评价标准，使之具有具体性、可测性、可操作性；此外，还要坚持教学评价手段的多样性和创新性。思政教学评价要在继承传统教学评价方法和手段的基础上，结合思想政治理论课教学改革的推进和思想政治理论课教学时代环境的变化，积极探索新型的可操作的教学评价体系。

基于以上原则，高职高专思想政治理论课理论教学质量评价体系可以从以下几方面加以完善：首先，坚持评价主体多元化的原则，拓展思想政治理论课教学评价参与的队伍。“根据思想政治理论课教师教学质量评价的原则和指标体系，可采取领导、专家评教、学生评教、教师同行评教和教师自我评教等相结合的方法”[1]。领导专家的评价可以从宏观角度指导教师全面的分析自己的教学目标设定、教学设计安排、教学理论的把握、教学操作的得当等多方面、全方位存在的问题与不足，在集思广益的基础上给教师以专业的指导；学生的评价可以客观公正的反馈出教学对象的心理、认知和情感的变化，但是高职生的特点又决定其评价可能会存在直观和片面及情感化取向的特点，在评定结果参考时要应综合判定；同行评价利于统一全校范围内的思想政治理论课教学推进和整体改革思想把握，对教学准备、教学内容的取舍、教学侧重点的理解等方面可以提供较大帮助；而教师的自我评价则是建立在体验和总结基础上的思想反省与探索。以上各方评价可以根据其存在的优势

[1] 葛洪刚。论高校思想政治理论课教师教学质量评价体系的构建［J］。西部科教论坛，2009(9)。

与不足采取比例侧重的方法。

其次，考核内容应该更符合高职高专思想政治理论课的特征。思想政治理论课教学的特点决定高校思想政治理论课不同于其他学科，它除了要求师者“传道、授业、解惑”，还要追求“亲其师而后信其言”的境界，因此，思想政治理论课的教学考核也需要从单一的“传道士”型考核转向多元化的“人格魅力”型考核。高职生的年龄、教育类别、行为特征乃至高职生当前的就业状况等都决定其在成长过程中存在的思想困惑、职业发展困惑、情感困惑等较本科生存在较多的思想教育需求，对于那些自觉致力于课堂内外为学生答疑解惑并深得学生欢迎的老师，应摒弃单纯的及格率、论文量的考核方式，重教师的师德和敬业精神考核。

此外，在信息时代，思想政治理论课教学评价应鼓励教师根据时代发展自觉进行教学改革。对于那些具有较强时代敏感性和教改意识的教师，除从资金、教学软硬件和教育科研等机会方面给予教学扶持外，还应当采取树典型和大力表彰的做法，让教师在获得荣誉的同时传播教学改革的正能量。

第十一章　构建“大思政”格局

大学生思想政治教育工作是一个连续的、复杂的系统工程，具有整体性特征，需要学校各部门的支持与配合，需要教师、学生工作者和学生的共同参与，需要学校内部形成联动的、管理科学的、相互协调、相互促进、相互补充的运行机制，真正实现思想政治理论课教学与学生成人、成才的对接。在这个复杂的系统中，思想政治理论课教育教学是主渠道，日常思想政治教育是主阵地，两者内容不同、侧重不同，但都是大学生思想政治教育的重要途径，应该相互配合，形成合力。

第一节　高职高专院校思想政治教育面临的新形势

一、高职高专院校思想政治教育面临难得的历史机遇

当前，思想政治教育面临着难得的历史性机遇，这主要表现在以下几个方面：

1. 中国特色社会主义事业取得辉煌成就

新中国成立60多年来，中国共产党带领全国各族人民探索在中国这样一个经济文化比较落后的东方大国建设社会主义的道路，其间品尝了一系列成功的喜悦和失误的苦涩。经过几代人不间断地接力，逐步找到了一条中国特色社会主义道路。中国特色社会主义道路，就是在中国共产党领导下，立足基本国情，以经济建设为中心，坚持四项基本原则，坚持改革开放，解放和发展社会生产力，建设社会主义市场经济、社会主义民主政治、社会主义先进文化、社会主义和谐社会、社会主义生态文明，促进人的全面发展，逐步实现全体人民共同富裕，建设富强民主文明和谐的社会主义现代化国家。沿着这条道路，伟大的中华民族走上了复兴之路，亿万中华儿女燃起了绚烂的中国梦。2005年，中国超过意大利，成为世界第六大经济体；2006年，中国

超过英国成为世界第四大经济体；2007 年，中国超过德国成为世界第三大经济体；2010 年，中国超越日本，跃居世界第二大经济体。中国的 GDP 从 1978 年的 2683 亿美元，猛增到 2010 年的 5.879 万亿美元，30 余年间增长了 20 余倍，年平均增速近 10%，创造了世界经济发展史上的“中国奇迹”。

伴随经济高速增长的是人民生活显著改善。1978 年，中国城镇居民人均可支配收入 316 元、农村居民人均纯收入 133.6 元，2012 年分别增长为 24,565 元、7,917 元，30 余年间分别增长了 77.74、59.26 倍。自 1981 年以来中国的贫困人口减少了 6 亿多，这在人类经济和社会发展史上是史无前例的。中国是第一个提前实现联合国千年发展目标贫困人口减半目标的发展中国家。据世界银行统计，1981～2005 年，全球贫困人口从 18.98 亿减少到 13.73 亿，25 年减少了 5.25 亿。但是如果不计算中国的减贫成就，全球贫困人口则是增加了 1.02 亿。随着城乡居民收入的大幅增加，家用电器、电话、小汽车等曾经的高价耐用消费品大举进入中国家庭，成为生活必需品。2010 年，中国家庭冰箱保有量超过 2 亿台；2011 年，中国家庭平板电视机保有量超过一亿台。根据 2011 年国家统计局的统计公报，2011 年我国固定电话用户 28,512 万户，其中，城市电话用户 19,110 万户，农村电话用户 9,402 万户；移动电话用户达到 98,625 万户，其中 3G 移动电话用户 12,842 万户。全国固定及移动电话用户总数达到 127,137 万户，电话普及率达到 94.9 部/百人。互联网上网人数 5.13 亿人，互联网普及率达到 38.3%。2012 年，中国手机用户 11.25 亿，其中智能手机用户 2.7 亿，均位居世界各国之首。国家统计局报告显示，随着城乡居民收入的大幅增加，汽车消费快速进入家庭，每百户家用汽车拥有量由 2002 年底的 0.9 辆，到 2012 年底已超过 20 辆。中国社科院社会学所副研究员王俊秀表示，到今年第一季度，中国私人汽车拥有量将破亿，10 年左右每百户家庭汽车拥有量将达到或接近 60 辆。旅游也成为中国居民新的生活方式，2011 年全年国内出游人数 26.4 亿人次，国内居民出境人数 7,025 万人次，其中因私出境 6,412 万人次，增长 24.5%，占出境人数的 91.3%。教育事业取得长足进步。2011 年全国普通高中在校生 2,454.8 万人，各类中等职业教育在校生 2,196.6 万人，普通高等教育本专科在校生 2,308.5 万人，在学研究生 164.6 万人。社会保障水平显著提高。截至 2011 年 9 月底，全国 2,646 个县（市、区）开展了新型农村合作医疗工作，新型农村合作医疗参合率 97.5%；新型农村合作医疗基金支出总额为 1,114 亿元，受益 8.4 亿人次。

尖端科技不断取得新突破，2012 年 6 月 18 日天宫一号与神舟九号飞船顺利实现载人交会对接；同月 27 日，“蛟龙号”载人潜水器下潜达到 7,062 米深度海底，实现了中国人“可上九天揽月、可下五洋捉鳖”的宏愿。2012 年 9 月 25 日，我国第一艘航空母舰“辽宁舰”正式交付海军，同年 11 月 25 日国产舰载机歼—15 顺利实现着舰起飞，上演了一场令全球华夏儿女心潮澎湃的“航母 style”。2013 年 1 月 11 日我国成功实施陆基中段反导“技术试验”，拦截导弹在大气圈外通过撞击摧毁了靶弹，成为继美国和俄罗斯之后第三个掌握反导技术的国家。此外，像空警—2000 预警机、歼—20、歼—31 隐形机、运—20 大型运输机等相继首飞成功，这些都极大地激发了中国人的民族自信心和自豪感。

经济发展、科技进步、社会稳定，推动着中国国际政治地位的稳步上升，在联合国安理会、G20、上海合作组织、APEC 等国际与地区组织中，在朝核问题、伊核问题等国际争端中，中国正发挥着越来越大、越来越不可替代的作用。2008 年北京奥运会、2010 年上海世博会相继成功举办，向世界全方位展示了中国日益提高的综合国力。与此形成鲜明对比的是，美欧日等发达资本主义国家自 2007 年相继陷入次贷危机、金融危机、主权债务危机，“资本主义是人类一个永恒和最高的社会”的神话破产了，新自由主义、“华盛顿共识”在东南亚、在拉美、在东欧的试验相继以失败告终。正是这样的鲜明对比，使得中国的成就更加引人注目，“中国经验”、“中国模式”、“中国道路”成为国际社会广泛讨论的话题。2013 年 2 月 2 日搜狐新闻根据台湾今日新闻网消息报道，一名就读金门大学二年级的学生“阿东”（化名），认为中国大陆资源较多、未来发展较大，希望能在未来加入中国共产党的行列，他还指出，不只他一人，很多同学跟他都有一样的想法[1]。这一切表明，中国特色社会主义正日益显示出其无比巨大的优越性，赢得中国人民越来越高的认同。这是搞好高校思想政治教育工作最为坚实的基础。

2. “育人为本、德育为先”的教育理念日益深入人心

曾经有那么一段时间，在学校教育中重智育、轻德育，把考试成绩作为衡量教师和学生优秀与否的唯一标准，学校思想政治教育工作遭到弱化、淡化和边缘化，引发了一系列严重的后果。1989 年“六四”风波后，邓小平尖

[1] http：//news. sohu. com/20130202/n365366113. shtml。

锐地指出："我们最大的失误是在教育方面，思想政治工作薄弱了"。但是1989年政治风波以后，各高校一直强调稳定，重管理、轻教育，思想政治教育仍未受到足够的重视。而一些地方的党委和政府，由于缺乏正确的政绩观，片面追求GDP，不能把握好经济工作与政治工作的比重，造成了思想政治工作走形式、不深入的现象。党的十六大以来，以胡锦涛为总书记的党中央高度重视未成年人和大学生的思想政治教育，2004年中共中央、国务院先后联合印发《关于进一步加强和改进未成年人思想道德建设的若干意见》、《关于进一步加强和改进大学生思想政治教育的意见》，对如何开展未成年人和大学生思想政治教育进行系统的指导；2005年1月17～18日中央召开全国加强和改进大学生思想政治教育工作会议，研究部署大学生思想政治教育工作，胡锦涛、李长春分别发表重要讲话。胡锦涛还多次就加强和改进大学生思想政治教育、提升高校思想政治理论课教育教学的实效性亲笔做出批示。为贯彻落实中央文件和中央领导同志讲话精神，中宣部、教育部等部门先后出台了一系列配套文件，如：《中共中央宣传部、教育部关于进一步加强和改进高等学校思想政治理论课的意见》及其实施方案、《中共中央宣传部教育部关于进一步加强高等学校学生形势与政策教育的通知》、《中共中央宣传部、教育部关于进一步加强高等学校思想政治理论课教师队伍建设的意见》、《教育部关于印发〈高等学校思想政治理论课建设标准（暂行）〉》的通知》、《教育部、卫生部、共青团中央关于进一步加强和改进大学生心理健康教育的意见》、《教育部、共青团中央关于进一步加强和改进高等学校共青团建设的意见》等等。各省、自治区、直辖市党委、政府纷纷召开会议、印发文件贯彻中央精神，各高等学校纷纷出台实施细则落实党和政府的相关政策。经过近10年的努力，各级党委、政府和各高等学校逐步树立起"育人为本、德育为先"的教育理念，日益重视大学生思想政治教育工作，致力于把大学生培养成为有理想、有道德、有文化、有纪律的社会主义合格建设者和可靠接班人。以辅导员为主的专职政工干部队伍建设、思想政治理论课教师队伍建设不断取得新进展，思想政治教育工作条件不断得到改善。各高校普遍成立思想政治教育研究会，深入、系统地研究大学生思想政治教育规律，提高思想政治教育工作的科学水平。在这样的背景下，包括思想政治理论课教师在内的广大思想政治教育工作者的职业自信心、自豪感日益高涨，干劲倍增。

3. 加强思想道德建设成为全社会的共识

在市场化改革逐步深入的过程中，原有的道德伦理基础逐渐瓦解，与社会主义市场经济相适应的新型伦理道德体系未能及时建立，导致我国社会出现了一定程度的“道德滑坡”现象，贪污受贿、制假售假、赌博吸毒、卖淫嫖娼、恶意欠薪、铺张浪费等现象人们已经见怪不怪了。近年来“毒奶粉”、“瘦肉精”、“地沟油”、“彩色馒头”等恶性食品安全事件层出不穷，甚至出现了扶起跌倒老人被法院判为“不合常理”、官员质问记者“是替党说话还是替老百姓说话”这样登峰造极的缺德事件。这些现象虽然不是社会的主流，但它折射出的问题就像温家宝所感叹的那样：这些恶性事件“足以表明，诚信的缺失、道德的滑坡已经到了何等严重的地步。”《书经・洪范》中认为人的幸福有五大内涵，“德”就包含其中，即：“一曰寿、二曰富、三曰康宁、四曰修好德、五曰考终命”。有学者认为，从当今我国的现实情况看，幸福建设的基础性工程甚至是关键性工程应当是精神文明建设，尤其是社会道德建设。没有道德的支撑，缺少心灵的洗礼和精神的升华，幸福将无以安家！道德力量是国家发展、社会和谐、人民幸福的重要因素，面对社会上道德缺失的种种乱象，人们迫切希望加强道德建设，越来越多的人自觉投身道德实践，从“最美妈妈”吴菊萍到“最美教师”张丽莉，从“最美战士”高铁成到“最美司机”吴斌，从“最美农民工”邓锦杰到“最美高富帅”周江疆，从“最美毕业生”黄羽到“最美铁警”李博亚，从“最美农民”张永楠到……这一个个来自平凡岗位的“最美中国人”的不断涌现，反映了人民群众对高尚道德的深情呼唤。党的十八大报告指出：要坚持依法治国和以德治国相结合，加强社会公德、职业道德、家庭美德、个人品德教育，弘扬中华传统美德，弘扬时代新风。从上到下，中国社会已经形成了对加强思想道德建设的高度共识。这是高校做好思想政治教育工作的良好社会环境。

4. 高职高专学生积极进取，有加强思想道德修养的强烈愿望

高职高专院校大学生思维活跃，务实进取，有很强的探索精神和参与精神，主流思想状况呈现出积极、健康、向上的良好发展态势。他们成长成才的愿望迫切，盼望做一个对社会、对国家有用的人，希望在实现中华民族伟大复兴的历史伟业中贡献出一份自己的光和热。他们追求进步，拥护社会主义、拥护中国共产党的领导、拥护党的路线方针政策，多数人都表现出加入中国共产党的强烈愿望。虽然他们中一些人身上存在着这样那样的不良习惯，甚至对学校的道德教化表现出一定程度的抵触，但他们抵触的是僵硬的教化形式，而不是思想道德本身，其内心深处也是向善的，渴望健全自己的人格。只要我们教而得法，我们的思想政治教育工作就一定能受到学生的欢迎。

二、高职高专院校思想政治教育需应对的挑战

思想政治教育作为触动人的思想、心灵的教育，本来就是最难、挑战最大的教育。当前高职高专院校思想政治教育面临的挑战可以从内部因素和外部因素两大方面进行分析。

1. 从内部因素看，学校、教师、学生及教育内容、教学方法都存在一定的问题

首先，在学校层面，部分高职高专院校的领导片面强调专业建设和技能培养，不重视思想政治教育，对思想政治教育工作机构的设立；对辅导员、思想政治理论课教师队伍建设及其待遇的落实；对思想政治教育工作经费的保障；对思想政治理论课教学时数的保证等等，都不能按照中央文件的要求执行。学校相关部门不能相互配合、相互支持，导致力量分散、弱化。这些现象必然会影响学校思想政治教育工作的效果。

其次，少数辅导员、思想政治理论课教师甚至是基层党团组织的书记等专职思想政治教育工作者缺乏创新意识，教育手段单调、内容陈旧，习惯于“驯化”、满足于照本宣科，缺乏甚至有意回避对现实问题的关注，不能满足学生释疑解惑的需要。更有少数思政工作者自身就理想信念不牢，随意在学生面前发表“个人看法”。这就严重削弱了思想政治教育的实效性。

再次，在学生层面，当下的大学生信息来源广泛，思维活跃，个性鲜明。这些本来是好事，但是这些特点又使得一些学生自以为是，反感思想政治教育，对思想政治理论课也不重视；少数高职高专学生认为既然到了高职高专院校，只要学好一技之长就可以了，思想政治教育讲的都是虚无缥缈的东西，与就业前途没有多大关系。学生主观上的轻视和抵触，加大了思想政治教育的难度。

第四，在教育内容上看，一些思想政治教育的内容给人以低水平重复、乏味之感，缺乏新意和吸引力。有些内容，从纵向看，学生们从小学就开始“被灌输”，从横向看，在不同的课程中反复出现；有些内容，与现实脱节，缺乏时代感，等等。这些问题的存在，使学生难以产生“好奇心”、“求知欲”，也就难以收到良好的教育效果。

最后，从教育方法上看，一些思想政治工作者方法单调、手段单一，通常都是生硬的训斥、干巴巴的说教、枯燥的照本宣科，不能理论联系实际、不能有的放矢，让人觉得是空洞的大道理，缺乏生动性和感染力，无法适应

在信息时代成长起来的大学生的需要。这无疑会使思想政治教育的效果大打折扣。

2. 从外部因素看，中国特色社会主义的新发展、我国快速发展过程中出现的一些新问题、世界政治经济格局的新变化、科学技术革命的新趋势，都对高校思想政治教育工作提出了的新挑战

第一，改革开放以来，我国经济快速发展，人民生活显著改善，中国特色社会主义事业日新月异，这既是我们做好思想政治教育工作的良好基础，更对我们的工作提出了新的、更高的要求，也是我们必须面对的新挑战。30多年来，我们不以经典作家的个别结论所束缚，不被传统社会主义模式困扰，摸着石头过河，开辟出了一条中国特色社会主义道路。迅速发展的实践，对理论创新和理论教育工作提出了更高的要求，而在一定程度上，我们的理论创新工作滞后于实践的发展，对一些问题还不能做出系统、完善的理论阐释。例如，对举世瞩目的“中国奇迹”，迄今尚无令人信服的理论解读。再如，进入21世纪，温饱问题基本得到普遍性的解决，生存权已不再是我国社会的主要矛盾，人们的价值取向已经发生了历史性的转移：由生存转向发展、享受，由物质领域转向精神世界，由经济转向政治和文化，人们的民主自由和参与表达的意识、人权意识日益强烈。面对这些新发展，我们的理论准备尚不充分，使思想政治教育工作者常常产生“话在舌尖却说不出”的窘境。

第二，我国已进入到全面建成小康社会、加快推进社会主义现代化建设的新的发展阶段，正处在经济快速增长和社会加快转型的时期，各方面的利益关系变动较大，社会矛盾比较突出。例如，区域、城乡发展的不平衡；收入分配不公、贫富差距拉大；腐败现象的蔓延，等等。这些现象令大学生深恶痛绝，短时间内又不能完全解决，使理论与现实之间出现了较大的反差，一部分学生从其中的负面效应中思考问题，进而质疑马克思主义的真理性。在利用资本主义的某些积极因素发展社会主义的过程中，不可避免地使新的阶段的社会主义经济中出现了某些资本主义因素。例如，所有制结构的调整，促进了我国生产力的发展和综合国力的提高。但同时，非公有经济的存在和发展，也使私有观念乃至利己主义有了存在的社会经济基础。改革过程中利益调整的广泛性和不平衡性，使一部分人的价值观念产生了趋利倾向，个人主义、功利主义逐渐滋生，对集体主义、社会主义逐渐疏离，出现了一定范围内和一定程度上的“信仰危机”。

一段时间以来，在体制转轨的过程中，一方面原先的道德规范因旧体制

的解体而失去支撑，另一方面新的道德规范因新体制尚不健全而不完善，其中还包括因旧的、传统的、保守的价值观被破除，新的、现代的与改革开放和现代化建设实践相适应的价值观念体系尚未完全确立而留下的价值真空，从而造成人们思想活动的独立性、选择性、多变性和差异性，非道德主义泛滥、道德教育滞后、道德评价失常和疲软、社会道德控制机制软化，导致社会上出现了优良传统道德丢失和“道德失范”现象，相当一部分人对物质生活和个人需要过分看重，对精神生活和集体事业普遍冷淡，拜金主义、享乐主义、利己主义风行。层出不穷的食品药品安全问题、“小悦悦事件”等都向我们警示着“道德滑坡”的危险倾向。在今年召开的第十三届全国人民代表大会上，浙江团代表朱张金带了300多件有毒食品到北京，并在会场进行现场试验，他说，我“这不是作秀，而是要让大家看看，毒品添加剂的泛滥和危害到了何种程度。”

“道德失范”、“信仰危机”等现象的蔓延，进一步引发了社会信任危机。当前，政府诚信、企业诚信、社会组织诚信、个人诚信等社会诚信体系的四大支柱均出现了程度不同的动摇。体制转型期出现的体制缝隙和漏洞，导致政府管理的越位或缺位、乱作为或不作为；少数政府官员“寻租”腐败的蔓延；司法不公，等等，使政府失信。大肆制假售假、偷税漏税、坑蒙拐骗，食品药品安全事故层出不穷，违法排污使环境污染日益严重，等等，说明企业失信严重。社会组织整体信用度低，一些社会组织“傍官员”、“傍大款”，损害百姓利益，财务混乱、账目不清、资金去向不明，使社会组织深受民众质疑。河南宋庆龄基金会“善款放贷”事件、郭美美事件等更是使宋庆龄基金会、中国红十字会等社会组织的诚信度大大降低。在政府、企业、社会组织纷纷失信的情况下，公民个人陷入了既渴望诚信，又担心诚信吃亏、最后被迫选择不诚信的悖论之中。中国社会科学院社会学研究所蓝皮书课题组对北京、上海、郑州、武汉、广州等7个城市的1900多名居民进行了详细访问，于年初发布社会心态蓝皮书《中国社会心态研究报告（2012－2013）》，报告显示：当下中国社会人与人之间的信任度日益下降，超过七成人不敢相信陌生人，从行业和部门来看，人们对商业、企业信任度最低；同时，不同阶层、群体间的不信任在加深和固化，官民、警民、医患、民商等社会关系的不信任程度也在进一步加深。蓝皮书指出：“目前，中国社会的总体信任进一步下降，已经跌破60分的信任底线。人际不信任进一步扩大，只有不到一半的调查者认为社会上大多数人可信，只有两到三成信任陌生人。”蓝皮书还指出：2012 年，弱势群体中出现了一种极端情绪，本该同情却欣喜、本该愤恨却钦佩、本该谴责却赞美——这些由“社会信任”衍生出来的是非、善恶、黑白不分的“社会反向情绪”，更让人警惕。

社会上存在的“道德失范”、“信仰危机”、“信任危机”以及由它们引发的“社会反向情绪”等这些经济社会快速发展过程中出现的、短时间内又不可能完全解决的问题与矛盾，无疑对高校思想政治教育工作提出了严峻挑战。

第三，社会主义市场经济体制的确立，使市场经济对社会和个人都具有的利弊并存的双重功能凸显。一方面，社会主义市场经济的利益原则，为集体主义价值观、道德观注入了强大的动力，也彻底打碎了中国传统的“重义轻利”、“羞于言利”等观念对人们的束缚，产生了巨大的思想解放作用；市场经济优胜劣汰的竞争机制，也大大提高了经济活动的效率。另一方面，市场经济追求利润最大化的功利性又对社会主义集体主义原则构成了挑战，一些大学生片面追求实惠，把满足自己的切身利益作为追求的目标，凡事均先从自身利益考虑，个人主义、实用主义在少数大学生中滋生、蔓延，过分崇尚自我、强调自我价值。同时，市场经济使多种所有制经济并存、分配方式多样化，由此产生和形成的社会经济成分、组织形式、就业方式、利益关系也日趋多样化，进而导致人们的思想观念多元化，使少数大学生在政治理论观念的走向上与马克思主义渐行渐远，还有些大学生不仅是厌烦马克思主义教育，更是从根本上否定学习马克思主义理论的必要性、全面质疑马克思主义的科学性。另外，市场经济中潜在的机会主义倾向加重了市场主体“不道德”的冲动，造成“经济人”对“道德人”的排斥，造成了市场参与主体的人格分裂。而且，近 20 年来我国的市场经济改革相当程度上受新自由主义取向的影响，不但在教育、医疗等原本没有市场的公共服务领域建立市场，而且企图将市场的逻辑推广到一切范畴，并把市场逻辑推向一个极端，即将其混同为“人不为己天诛地灭”、“人为财死鸟为食亡”的厚黑原则，滋生出市场市侩主义。陈丹青甚至指出，西方的竞争是无情，中国式的竞争是卑鄙，是关于卑鄙的竞争。这样的市场竞争环境无疑会给思想政治理论课教学造成负面影响。社会认识中存在着对思想政治理论课的误区，如有人将思想政治理论课当作“洗脑”，有人认为思政理论教育工作政治色彩太重，还有人认为在市场经济条件下，马克思主义思政理论教育不合时宜，等等。市场经济条件下，大学生的就业竞争越来越激烈，使大学生承受的心理压力越来越大，这也在一定程度上影响了一部分大学生对马克思主义思想政治教育的态度。

第四，自“苏东”剧变以后，世界社会主义运动陷入低潮，西方敌对势力更是把中国作为其颠覆与“和平演变”的战略重点。经济全球化使国际政治斗争更加趋于复杂，文化价值观的斗争也日趋成为国际政治斗争的焦点。虽然中国特色社会主义建设事业取得了巨大的成就，但毕竟与欧美发达资本主义国家尚有很大的差距，这给了西方敌对势力以可乘之机，他们依靠经济和科技的优势，利用经济合作、贸易往来、技术转让等方式对社会主义国家采取诱压兼施的手法，大肆对我进行意识形态渗透，推行西方的政治经济制度和价值观念，宣扬社会主义“悲观论”、“破产论”、“渺茫论”、“马克思主义优而不越”、“共产主义水中捞月”等谬论，同我进行政治较量，争夺青年一代，使少数大学生丧失了对社会主义的理想信念，向往资本主义。

第五，现代科学技术迅猛发展，新生事物层出不穷，一方面极大地改变了我们的生产、生活方式，另一方面也向我们提出了挑战。尤其是计算机、现代通讯和网络技术的迅猛发展，催生了博客、微博、即时通讯和聊天网站等现代传播媒介，并已成为越来越多的受众获取信息的重要渠道，对社会舆情的影响越来越广泛。在这种媒介环境下，学生天然享有信息平等权，使教师的信息权威受到严重挑战；信息的多样化，挑战教师及时解读信息的能力，在某种程度上，有些学生甚至比老师掌握的信息还要多，还要快；与思想政治理论课教学内容同质的信息，在网络上传播慢，且不被信任，而与其异质的信息传播快、广受信任。互联网的迅速普及，对于思想开放、求知欲旺盛，而鉴别力又不是很强的学生来说是把双刃剑，它一方面带给学生大量的信息，带给大学生新时代的行为理念和高效的学习方式，方便人与人之间的交往；另一方面，网上复杂多样的思想观念也给学生带来困惑和迷惘，网上的暴力黄色信息、反动言论也在侵蚀着学生的思想和道德观念。总之，学生对老师的讲授没有了“仰望星空”式的崇拜，而多了怀疑，甚至是质疑，教师控制教育教学过程和教育教学对象更加困难。

第六，思想政治教育面临的社区和家庭环境不容乐观。高等学校大都置身于一定的社区之中，这种地缘关系使高校的环境和所在社区的环境互相渗透互相影响。随着市场经济的深入发展和效益、利润等概念的深入人心，伴随其中的还有高校后勤管理体制的改革，一些唯利是图的商家开始在校园周边经营不健康的娱乐服务项目，结果是校园内老师的谆谆教导敌不过校园外迷离的灯红酒绿。思想政治理论课的实效性在这种情况下同样面临严峻挑战，弄得不好甚至适得其反。

家庭是社会的细胞，折射着社会上的各种现象。同时家庭又是学生的第一所学校，学生受家庭的影响是全面而深刻的。一部分家庭通过诚实劳动与合法经营走上先富起来的道路，也有一部分家庭在社会政治和经济分配格局中处于极端不利地位，这种阶层差距和收入差距的巨大反差必然会投射到大学校园里来。高校的思想政治教育既要面对“官二代”、“富二代”的骄娇之气，又要对贫困大学生群体给予更多的现实关爱和人文关怀。

总之，当前国际国内政治经济文化环境中这样那样的负面因素的存在，导致部分大学生理想信念模糊、价值取向扭曲、诚信意识淡薄、社会责任感缺乏、心理素质欠佳等，对高校的思想政治教育工作构成了严峻的挑战。而且，由于总体生源结构的原因，这种挑战，在高职高专院校表现得更加突出。

三、思想政治教育是一项系统工程

思想政治教育是一项系统工程。所谓系统工程，是指由相互作用的若干要素（或部分）组成的复合体，具有整体性、有序性、相关性等特点。思想政治教育作为一个整体系统，具有整体性，这种整体性不仅表现为教育者、受教育者、思想政治规范等诸要素之间的相互作用，也表现在明确教育目标、落实教育内容、研究教育对象、制定教育措施等各环节的有机结合。思想政治教育系统的内在有序性，集中表现在三个方面：一是教育者和受教育者的地位和作用不能取消，也不能相互取代；二是目标—内容—措施等内在次序不能颠倒；三是领导和管理的层次不能随意打乱。思想政治教育系统与学校的教学系统、科研系统、行政管理系统、后勤服务系统等其他并行系统之间具有相关性、集合性，而不是游离于其他并行系统之外，更不能与其他并行系统相割裂。学校的思想政治教育系统，又是作为社会精神文明建设大系统的一个子系统而成为我国社会主义建设事业大系统的一个重要组成部分。

无论是外部的社会主义建设事业大系统，还是学校内的思想政治教育并行系统，都构成了思想政治教育的环境。《中共中央　国务院关于进一步加强和改进大学生思想政治教育的意见》强调指出：“全社会都要关心大学生的健康成长，支持大学生思想政治教育工作，努力营造大学生思想政治教育工作的良好社会环境。”思想政治教育不能无视外部环境，而必须正确处理好与社会精神文明建设，以及学校内各并行系统之间的关系。

就思想政治教育系统自身而言，要加强内部各子系统建设，在学校形成良好的心理氛围、校园文化氛围和稳定的政治局面；学校党委要加强对思想政治教育系统的领导，对思想政治教育系统进行整体设计，使各子系统及系统内诸要素之间相互协调、形成合力。有学者强调，大学生思想政治教育是一项系统工程，既要发挥思想政治理论课的主渠道作用，又要发挥哲学社会科学课程及其他所有课程的育人功能；既要拓展社会实践和校园文化等传统有效途径，又要拓展网络思想政治教育和心理健康教育等新的途径；既要发挥党团组织作用，又要发挥学生会、班级和社团的作用；既要建设好专职队伍，又要全体教职员工教书育人、管理育人、服务育人；既要教育部门和高校肩负任务，又要各级党委和政府加强领导[1]。当前，就学校内部而言，除了党政领导要切实重视思想政治教育之外，当务之急是要加强对全体教职员工的教育培训，使包括临时聘用的工勤人员在内的每一个学校工作人员都树立起教育工作者的角色意识、责任意识，自觉承担起教书育人、管理育人、服务育人的职责，用周到细致的工作、温和得体的言行潜移默化地感染学生、引导学生。

第二节　高等学校应该是育人的大熔炉

一、“育人为本，德育为先”是社会主义大学的本质要求

“教育”一词最早出现在《孟子·尽心上》：“君子有三乐，而王天下不与存焉。父母俱存，兄弟无故，一乐也；仰不愧于天，俯不怍于人，二乐也；得天下英才而教育之，三乐也。”何为教育？据《说文解字》的解释，“教，上所施，下所效也”；“育，养子使作善也”。简单地说，教育是通过教化使人向善。对“什么是教育”的回答，中外教育家有着惊人的一致。德国哲学家雅斯贝尔斯指出：“教育是人的灵魂的教育，而非理性知识的堆积。”意大利幼儿教育学家玛丽亚·蒙台梭利说：“教育就是激发生命，充实生命，协助孩子们用自己的力量生存下去，并帮助他们发展这种精神。”大科学家爱因斯坦说：“学校应该永远以此为目的：学生离开学校时是一个和谐的人，而不是一个专家。”我国思想家鲁迅说：“教育是要立人。”教育家蔡元培指出：“教育是帮助被教育的人给他能发展自己的能力，完成他的人格，于人类文化上能尽一分子的责任，不是把被教育的人造成一种特别器具。”人民教育家陶行知

[1] 易传英，王允昌。加强和改进大学生思想政治教育。天府新论，2004 年 12 月。

有一句名言：“千教万教教人求真，千学万学学做真人。”他认为教师最根本的教学目标在于教导学生追求真理，学生最根本的学习目标在于学习做个真诚、正直的人。可见，知识的传授、技能的训练都不是教育的真谛，一切教育都应该以塑造人的思想、灵魂，健全人格、培养和谐的人为目的，一句话，一切教育首先都应该是“德育”。

大学作为最高层级的学校教育机构，更应该把育人，即培养和谐的人作为自身的终极目标。孔子在《大学》里开宗明义地指出：“大学之道，在明明德，在新民，在止于至善。”“明明德”意指通过教育发扬人性中本来的善，培养健全的人格；“新民”指通过教育，达到修己立人、推己及人，化民成俗、更新民众，进而改良社会风气的目的；“止于至善”是指教育的终极目标在于通过教育，使人的心灵获得最大程度的自由，达到自然与事物发展相统一的理想境界。虽然这里的“大学”与我们今天所说的大学概念不同，但孔子的这些思想仍然值得今天的大学借鉴。有人说，大学的意义是用来塑造一个人的综合素质，包括良好的人生观、价值观、世界观的理解与沉淀。也有人指出，大学教育的目的更重要的是将学生培养成为担当社会责任、具有使命意识和独立思考以及智慧和能力的知识分子[1]。复旦大学副校长蔡达峰在其著作《大学：为了学生与社会》中说，大学的本质是育人，大学在不同的社会中有不同的作用，但教育始终是大学的基本使命，最优秀的大学是最能够坚守教育本质的大学。

高职高专院校虽然是职业教育院校，但它不是单纯培养工匠、铸造器具的机构，而是培养具有职业发展能力和创新精神的高端技能型人才的教育机构；作为社会主义大学的重要组成部分，高职高专院校培养的同样是有理想、有道德、有文化、有纪律的中国特色社会主义合格建设者和可靠接班人。所以它首要的功能同其他高等学校一样是育人，应牢固树立“育人为本、德育为先”的教育理念，把学校建设成育人的大熔炉，努力做到“全员育人、全方位育人、全过程育人”，切实实现“教书育人、服务育人、环境育人”，使学校的一切工作人员，包括专业课教师、行政管理人员、后勤服务人员都自觉肩负起育人的职责，并营造具有育人功能的校园环境，使学生成长为德智体美全面发展的、和谐的人。

[1] 曾鹿平．大学的教育本质与功能诌议．陕西青年职业学院学报，2009 年第 2 期。

二、主渠道的思想政治理论课教育与主阵地的日常思想政治教育不能成为两张皮

高等学校的思想政治教育作为一个整体系统，从教育者划分，可以有思想政治理论课教育、日常思想政治教育以及非常规突击性集中教育活动三个子系统。其中非常规突击性集中教育活动由其自身性质决定了它只是临时性、补充性的教育活动，所以高等学校常态性的思想政治教育工作主要就是思想政治理论课教育和日常思想政治教育。

思想政治理论课承担着对大学生进行系统的马克思主义理论教育，帮助大学生树立坚定的中国特色社会主义理想信念的任务，是大学生思想政治教育的主渠道；大学生日常思想政治教育是指平时经常进行的、渗透在大学生日常学习和生活之中、对大学生全面发展和健康成长起着潜隐作用的思想政治教育活动，是大学生思想政治教育的主阵地。两者都是加强和改进大学生思想政治教育的重要环节，各有侧重，互相结合，共同构成了高校大学生思想政治教育体系。

思想政治理论课教育教学与日常思想政治教育作为大学生思想政治教育的两个主要方面，本应成为相辅相成、相互配合、相互促进的有机统一体，共同作用于大学生的健康成长。但在现实中，思想政治理论课教学主要由相关专任教师承担，属于教学科研系列，教师主要关注自己的专业研究和课堂教学，对学校整体的思想政治教育工作理解不够；而日常思想政治教育属于学生工作系列，主要由辅导员、班主任等学生工作者承担，他们往往陷于琐碎的事务性工作，难以为学生提供更深层次的理论解读。在管理体制上，两者分属不同的领导分管，前者通常由教学副院长分管，后者则由党委副书记分管。所以，从目前多数学校的情况看，这两个高校思想政治教育的主要途径处于各自为政的分离状态，造成“两张皮”现象，从而使学生思想道德教育知、情、意、行相脱节。要提高大学生思想政治教育的实效性，这种现象必须改变。

思想政治理论课教学属于思想政治教育的第一课堂，日常思想政治教育的主体——实践活动属于思想政治教育的第二课堂。实践是马克思主义的本质特征，它在学生健康成长的过程中起着十分重要的作用，思想政治理论课教学把理论联系实际作为根本的教学原则，其道理也就在这里。如果思想政治理论课教师和辅导员两支队伍配合得好，就能实现第一课堂和第二课堂之间的有效衔接，实现解决学生思想问题和解决实际问题的有机统一。

三、思想政治理论课与日常思想政治教育的融合

1. 建立思想政治教育统一领导体制和联动工作机制

有效的领导体制和工作机制是保证思想政治理论课教育教学和日常思想政治教育相融合的基本前提。首先，高职高专院校应建立由党委、行政主要负责同志任组长、分管副书记和副院长任副组长的，宣传部、教务处、学生处、财务处、招生就业处、思政部、团委、党校等部门负责人及各院系分党委（总支）书记参加的，统一的思想政治工作领导小组，统筹协调学校的思想政治理论课教育教学和日常思想政治教育工作，对全校思想政治教育工作进行全面部署。其次，建立由宣传部牵头，教务处、学生处、招生就业处、思政部、团委及各院系分党委（总支）参加的思想政治教育工作联席会议制度，就思想政治理论课教育教学和日常思想政治教育的协调配合进行具体安排，明确各部门的分工和职责，解决思想政治教育经费的来源与分配，针对学生的思想问题设计实践活动、针对实际问题设计教学方案，确保两个途径的思想政治教育在一条轨道上运行。

2. 思想政治理论课教师和辅导员两支队伍相融合

思想政治理论课教师可以兼任辅导员或班主任，参与指导学生的课外实践活动、社团活动，配合辅导员解答学生中出现的一些带有普遍性、有一定难度和深度的思想认识问题。符合条件的辅导员可以兼任思想政治理论课教师，参与课堂教学、参加思想政治理论课集体备课活动和平时成绩评定，协助思想政治理论课教师了解学生的思想动态，配合思想政治理论课教师搞好课堂管理，帮助学生提高对思想政治理论课的认识、端正学习态度。

另外，学校的党政领导、中层干部，尤其是其中的政工干部和辅导员要参与到“形势与政策”课的教学工作中，定期或不定期给学生做形势与政策报告，这一方面有利于加强形势与政策教育，更重要的是此举能有效增强政工干部队伍对思想政治理论课教育教学的认识，提高他们关心、支持思想政治理论课建设的积极性。

3. 思想政治理论课实践教学与校园文化建设相结合

实践教学是思想政治理论课教学的重要组成部分，对提高思想政治理论课教学的实效性具有不可替代的作用。学校建立辅导员、学工干部参与思想政治理论课实践教学的相关制度，明确规定他们的思想政治理论课实践教学任务，纳入年度考核，并作为他们职称评聘的必要条件之一。思想政治理论

课教师结合校园文化建设和学生素质教育活动年度计划设计思想政治理论课实践教学的主题、项目、内容和形式；辅导员、学工干部辅助思想政治理论课教师进行思想政治理论课实践教学的组织、实施和指导、评价工作，二者密切联系、主动配合、互通信息、共同考核，使思想政治理论课教育教学真正做到理论联系实际，切实提高教育教学的实效性。

4. 构建科学、多元的思想政治教育考核评价指标体系

建立一套科学、合理、可行的考核评价体系，是保证思想政治教育实效性的重要条件。首先，将日常思想政治教育纳入思想政治理论课考核指标系统。例如，可以把学生的日常品行表现作为思想政治理论课平时成绩的有机组成部分。在每学期结束前由班主任、辅导员对学生本学期的思想政治素质的外在表现，即学生在本学期的品行实践做出评价，交由思想政治理论课教师按一定比例计入思想政治理论课的学期总评成绩，以引导学生将所学到的理论知识和价值判断自觉地付诸实践，并在实践中加深理解。其次，将学生学习思想政治理论课的情况及其总评成绩，作为学生综合素质测评、评优、入党的重要参考，对思想政治理论课学习表现较差、成绩不佳的，实行“一票否决”，以引导学生端正对思想政治理论课学习的态度，增强对思想政治理论课学习的重视程度，提高对思想政治理论课学习的积极性。

第三节 社会环境的适应与改造

一、社会环境对高职高专院校思想政治教育的影响

高等学校不是与社会相隔离的象牙塔，而是社会的一份子。社会是一个大系统，那么高等学校就是其中的一个小系统。从高校的思想政治教育系统来说，社会环境构成了其宏观上的外部大系统。生活在校园里的大学生同样受着社会环境这样那样的影响。

社会环境是指人类在自然环境基础上创造和积累的物质文化、精神文化和社会关系的总和。它是青年学生身心发展的基础，大学生的知识水平、行为习惯、思想品格、人生观、世界观等高级人格心理的形成，均与社会环境有着密切的关系。一定的社会环境对高校的思想政治教育有着促进作用；同时，高校的思想政治教育又受到社会环境里一些消极因素的限制和制约。

1. 当前社会环境对高校思想政治教育的促进作用

第一，社会经济环境对高校思想政治教育提供了物质保障。大学生的思

想政治素质的形成与发展是与他们的物质生活条件、各种社会活动和社会关系密切相关的。马克思指出：“在不同的所有制形式上，在生存的社会条件上，耸立着由各种不同情感、幻想、思想方式和世界观构成的整个上层建筑。”受所有制以及由这种所有制所决定的意识形态的影响，人们就会形成各种不同的思想政治品质。我们党坚定不移地坚持和完善以公有制为主体、多种所有制经济共同发展的基本经济制度，这为加强大学生思想政治教育提供了最为坚实的物质基础。同时，人们对物质利益的追求，是他们思想政治素质发展的内在动力。在共产主义社会到来之前，物质利益是人们从事经济活动和其它社会活动的基本动因。引导大学生用正确的手段追求正当的物质利益，可以有效影响他们的思想政治素质朝着良性方面发展、变化。

第二，社会政治环境决定着大学生思想政治素质的总体目标和方向。政治环境在社会环境中处于中心地位，是形成大学生政治观的外在重要因素，也是实现大学生政治社会化的客观条件。当前我国社会的政治环境总体良好，表现在政治体制改革稳步推进，民主法治建设日见成效，国家政治生活的公开性、透明度逐渐增强，总体政治清明，政治局面稳定，党的执政基础日益稳固等。这些对我们引导大学生正确认识党的路线、方针、政策，树立正确的政治价值观、法治观等都有着良好的导向作用。

第三，社会文化环境强化了大学生思想政治教育的思想基础。社会文化环境对大学生思想政治教育具有广泛的潜移默化的影响。我们党一直强调文化建设，改革开放以来，始终把文化建设作为社会主义事业的重要组成部分，从邓小平提出的“两手抓，两手都要硬”，到党的十三大提出“把我国建设成为富强、民主、文明的社会主义现代化国家”，到党的十七大提出“四位一体”的总布局，再到党的十八大提出“五位一体”的总布局，文化建设始终摆在我国现代化建设的重要议事日程上。2011 年 10 月，党的十七届六中全会做出《关于深化文化体制改革推动社会主义文化大发展大繁荣若干重大问题的决定》，提出建设社会主义文化强国，我国的文化建设又迈上了一个新的历史阶段。社会主义文化事业的发展，为大学生思想政治教育提供了思想保证、精神动力和智力支持。

2. 社会环境中的负面因素对大学生思想政治教育的制约作用

第一，伴随市场经济而来的价值取向功利化趋向在校园里渗透。随着经济的全面开放和市场化改革日益深入，社会上出现了利益多元化，个人主义、利己主义、享乐主义等消极、腐朽思潮在社会上得到一定程度的传播。这些东西在校园里的渗透，使大学生对个人利益、自身价值的关注明显增强，一些人也表现出一定程度的拜金主义、自我中心主义倾向，竞争意识增强，道德修养减弱；利己意识增强，助人意识减弱。

第二，少数学生受社会上不良政治思潮尤其是国际政治环境的影响，对社会政治、意识形态表现冷漠，对政治理论学习不重视甚至抵触。有的幻想立即实现社会主义高度民主，甚至有极少数人受自由化思潮影响向往西方的“三权分立”、多党竞争。法治不健全的社会现实，使少数大学生法制观念淡漠，有的片面强调公民权利，只要求权利，不承担义务。还有少数大学生狂妄自大、目空一切，感情用事、缺乏理性，这些都与社会环境中不良因素的负面影响有关。

第三，信息社会的负面影响。当今社会是一个传媒、资讯发达的社会，并凭空创生出一个虚拟社会，各种信息几乎不受任何限制地在世界各地自由传播，微博、微信更是推动社会进入自媒体时代。这些一方面使大学生思维活跃、开放、富有创新性，但是包括网络在内的各种资讯是泥沙俱下、良莠不分，其中消极、腐朽、落后的封建主义文化、资本主义文化等腐蚀着少数思想不成熟的大学生，抵消着思想政治教育的成效。另外，学生信息来源的及时性、广泛性，打破了教师的信息权威，也对教师实施的思想政治教育带来了挑战。

二、高职高专院校思想政治教育对社会环境的主动适应与能动改造

高职高专院校以培养高端技能型人才为目标、以“校企合作、工学结合”为人才培养的基本模式。要实现这一培养目标、落实这一培养模式，就不能用有形无形的围墙把自己与社会隔绝开来，不能把学生看作生活在“象牙塔”里的独立个体，而是要开门办学，与时俱进地开展思想政治教育工作。既要主动适应社会环境的变化，又要能动应对社会环境中的不利因素。

1. 充分利用社会环境对学校思想政治教育工作的积极影响，提升学校思想政治教育的实效性

首先，思想政治理论课教师和辅导员等思想政治教育工作者要经常地、广泛地深入到社会实际生活中去，敏锐把握社会进步的脉动。思想政治教育，就其实质来说，就是要用社会进步的鲜活事实教育、引导大学生形成教育者所期待的思想品德、政治观和价值观。中国特色社会主义经济建设、政治建设、文化建设、社会建设和生态文明建设不断取得的新成就，是思想政治教

育最有说服力、最具生动性的素材。思想政治教育工作者要密切关注社会进步，用中国特色社会主义建设的辉煌成就激发学生爱党、爱国、爱社会主义的情怀。

其次，高职高专院校可以充分利用多元合作办学的优势，把专业建设、职业技能培养上的合作向合作实施思想政治教育延伸。聘请政府、行业、企业等单位的领导、专家、劳动模范来校举办励志讲座、形势报告，担任学生实践教育活动的导师、评委，指导学生进行职业生涯规划、毕业设计等等。在学生赴企业进行顶岗实习的过程中，把职业道德、职业纪律、爱岗敬业、团队协作等方面的教育训练作为实习的主要内容之一，纳入实习计划和考核体系。把企业文化引入校园，用企业精神充实校园文化，可以用企业文化的一些理念组织校园文化活动、设计教室寝室文化，还可以组织学生参与企业文化活动。

再次，高职高专院校可以广泛建立社会实践教育基地，把学生带出校园，亲身感受社会进步的时代主旋律。根据思想政治教育的内容，选择革命纪念地、爱国主义教育基地、改革开放典型地区、创新创业典型企业、新农村建设典型村镇、社会建设与管理创新典型社区等作为学校思想政治教育的校外实践教育基地，组织学生赴基地进行参观考察、调研交流，让他们用亲见亲闻来印证所学理论，加深他们对所学理论的理解，提高他们运用所接受的世界观、价值观观察、分析社会问题的能力，强化思想政治教育的效果。

2. 正视社会环境中的不利因素，因势利导，充分发挥高校对社会文化思潮的引领作用

大学是社会的良知，具有追求真理的品格和人文关怀的理想，它追求超越功利主义、实用主义等价值取向而服务于真理。大学的知识特征和组织特征决定了大学必须成为社会的思想库，这也是社会赋予大学的神圣使命。

大学自产生以来，就追求和传递着两类知识：一类是科学知识，一类是人文知识。科学知识及其过程与方法具有为社会发展提供客观的标准以及思想和动力的功能，进而具有间接的思想库功能。诸如文学、艺术、美学、哲学（包括宗教）等人文知识直面人生和社会，直面人的精神和灵魂，它虽然指向人生的现实世界或现实生活，但并不止于当下的现实世界或现实生活，而是指向于人生的理想世界、未来世界和可能性生活。在理想与现实中，理想是对现实的超越和批判；在理论与实践中，理论是对实践的超越和批判。换言之，理想和理论为现实提供摹本，现实则需要理想和理论来提升与校正。

人文知识具有一种直接的、社会发展所需的思想库功能。

大学作为社会的思想库，一方面，大学所产生的思想将成为社会发展的灯塔，承担着在知识社会中独立思考的思想中心的任务；另一方面，大学具有超脱的社会批判精神，是社会批判的中心。作为我国社会主义大学重要组成部分的高职高专院校，同样要有大学精神，以追求知识、追求真理为旨归，超越现实的桎梏，探求科学知识、探索自然和社会的发展规律，为社会发展提供思想和动力。在当下的中国，随着社会的转型，无论是政府，还是市场，都有可能出现“失灵”，纠正政府、市场的“失灵”，固然依赖于政府的政策调整和市场对资源的基础性配置，但是大学可以从社会、政府、政党和其他的外界力量之外的独立视角，运用批判的眼光，提出自己的见地。大学不能单纯成为社会风气的跟随者，而要用大学的文化力量和批判精神引领社会、改造社会。

所以，高职高专院校的思想政治教育工作者既不能无视、回避社会环境中的消极现象，更不能让自己的思想成了所谓“社会潮流”的俘虏，而是要首先成为思想家。第一，要加强学习，坚定马克思主义的理想信念，努力使自己成为马克思主义理论专家。第二，要深入开展学术研究，努力提升自身的学术水平和独立思考社会问题的思想力。第三，要深入开展社会调查研究，了解社会矛盾、社会问题产生的根源、发展趋向、基本的解决思路，深入浅出地教育、引导学生。

第十二章　师资队伍建设

《中共中央宣传部　教育部关于进一步加强高等学校思想政治理论课教师队伍建设的意见》（以下简称《意见》）指出："思想政治理论课教师是高等学校教师队伍的一支重要力量，是党的理论、路线、方针、政策的宣讲者，是大学生健康成长的指导者和引路人。进一步加强思想政治理论课教师队伍建设，提高教学水平，用中国特色社会主义理论体系武装大学生，用社会主义核心价值体系引领各种社会思潮，把他们培养成德智体美全面发展的社会主义建设者和接班人，对于全面实施科教兴国战略和人才强国战略，确保实现全面建设小康社会、加快推进社会主义现代化的宏伟目标，确保中国特色社会主义事业兴旺发达、后继有人，具有十分重大而深远的意义。"提升高职高专院校思想政治理论课教育教学的实效性，建设一支合格的教师队伍是关键。《意见》指出："实行教师任职资格准入制度。思想政治理论课教师必须坚持正确的政治方向，热爱马克思主义理论教育事业，具有良好的思想品德，有扎实的马克思主义理论基础和相应的教学水平、科研能力。新任教师原则上应是中国共产党党员，具备相关专业硕士以上学位，工作期间应兼职从事班主任或辅导员工作。在事关政治原则、政治立场和政治方向问题上不能与党中央保持一致的，不得从事思想政治理论课教学。"

第一节　高职高专院校思想政治理论课教师基本条件

一、高职高专院校思想政治理论课教师必须是"通才"

从任职资格层面看，高职高专院校与普通高等院校在思想政治理论课教育教学队伍建设上有很大的不同。首先，在数量上，高职高专院校思想政治理论课教师配备比普通高等院校少。其次，高职高专院校专业设置面向生产、管理、服务、建设第一线，多是实务性、技能型专业，缺乏人文社会科学方面的长线专业，这与普通本科院校以学科为基础设置专业，很多院校都开设有文史哲、政法经等专业有明显区别。这就是说，校内其他教学部门缺乏可以共享的教师资源。第三，现阶段我国高职高专院校尚没有硕士、博士阶段的研究生教育，因此学科建设不及普通本科院校。这几个特点决定了高职高专院校的思想政治理论课教师不能像普通本科院校那样可以根据各自专业的不同承担相应的教学任务，每个教师都必须同时承担“思想道德修养与法律基础”、“毛泽东思想和中国特色社会主义理论体系概论”两门课程的教学任务，其教学内容涉及哲学、政治学、经济学、伦理学、法学、科学社会主义等诸多学科领域。

有专家曾经指出，没有一个人能独立地把“邓小平理论概论”这门课从头到尾讲下来，因为它涉及的学科领域太多了，几乎囊括了哲学社会科学的所有领域。所以，在邓小平理论“三进”之初，北京大学曾创造了专题讲座的模式，依据内容把“邓小平理论概论”分成哲学、政治学、经济学、科学社会主义、精神文明建设、党的建设、祖国统一理论、国防外交等十二个专题，然后从不同的院系聘请相应学科领域的专家主讲。这种模式，使课程里的每一部分的教学内容都受到同等程度的重视，都能得到透彻的讲解；而且在一门课程的学习过程中学生就能接触到十几位高水平的教师，这些都能有效激发学生对思想政治理论课的学习热情，有助于提升思想政治理论课教育教学的实效性。但是这种模式，无法为高职高专院校所借鉴。因此高职高专院校思想政治理论课教师都必须是社会科学领域里的“通才”。

“通才”并不意味着“庸才”。在面临着日益严峻的挑战的情况下，高职高专院校的思想政治理论课教师如果没有较深的理论功底和较高的教学水平，他就无法赢得学生的认可，无法顺利实现教学目标。所以，高职高专院校思想政治理论课教师还必须是马克思主义理论专家，集“通才”与“专家”为一身。国家在培养高职高专院校思想政治理论课教师后备力量时，要充分认识到这一特殊性，组织专家编制培养计划、设计课程体系、完善培养方案。

鉴于上述原因，根据当前我国高校教师培养工作的实际情况，高职高专院校思想政治理论课教师应具备马克思主义理论与思想政治教育学科或相关学科硕士研究生以上学历，并取得学位。已经在高职高专院校从事思想政治理论课教育教学的同志，要针对自身知识、能力结构的短板，加强在职进修，尽快健全自己的知识体系。调研中，我们发现有的教师上课时只讲自己熟悉的部分，对自己不熟悉的部分不讲或简单地一带而过，如经济学专业毕业的教师只讲与经济相关的内容，历史学专业毕业的教师只讲与近现代史相关的内容，法律专业毕业的教师只讲有关法律的内容，结果是把思想政治理论课讲成了某一门专业课，这既是对工作、对学生的严重不负责任，无法实现思想政治理论课的教育目标，也十分不利于自己业务上的进步。省级以上的宣传思想部门、教育行政部门和各院校在制定高职高专院校思想政治理论课教师培养方案时，要首先深入调研高职高专院校在岗思想政治理论课教师的学科、专业背景，然后分别采用专题进修、访学、论文硕士（博士）等形式进行有计划的轮训。

在个体教师的知识结构没有得到改善时，思想政治理论课教学部门应该加强集体备课，集众人之长，补个人不足。

二、高职高专院校思想政治理论课教师必须有较强的实践能力

高职高专院校的生源特点及其培养规格，决定着在其教学过程中格外重视实践教学。高职高专院校思想政治理论课教学也不宜过多进行理论阐述、逻辑推演，而是要更加强调理论联系实际，用鲜活的事实、实践的力量感染学生，用讨论法、情境法、案例法等多样的启发式教学方法吸引学生。因此高职高专院校的思想政治理论课教师仅仅具有全面、系统、深厚的理论知识是不够的，还需要有对社会现实的深刻洞察和较强的实践能力。他不但能够把复杂的社会现象、混沌的社会问题、尖锐的社会矛盾在课堂上讲清楚、说明白，还能就社会问题的解决向有关部门建言献策，提供有价值的参考方案。高职高专院校思想政治理论课教师实践能力的建设可以从以下两个方面着手：

（1）创新思想政治理论课教师引进机制，拓宽引进渠道。可以从党政机关、企事业单位等实际工作部门，引进具有较高理论水平、较强工作能力、丰富工作经验、热爱教育事业的人充实到思想政治理论课教师队伍中来。组织人事部门应就此进行专门的调研，拿出一套切实可行的办法，如资格条件、政治经济待遇、职业发展通道、灵活便利的退出机制等，使符合条件的人才敢来、愿意来。为吸引更多实际工作部门中具有真才实学的人加入到高职高专院校思想政治理论课教师队伍中来，可以采用短期支教的方式，如1年、3年、5年，保留其在原单位的职务、待遇，支教期间给予较优厚的经济补助（期限越长，补助越高），期满后优先提拔晋升，如在支教期间做出突出贡献的可以破格提拔。还可以将到高职高专院校担任一定期限的思想政治理论课教学工作作为培养党政机关后备干部的一个基本措施，规定后备干部在培育

期内必须到高职高专院校担任一定期限的思想政治理论课教学工作，并纳入考核。鼓励党政机关、企事业单位符合条件的领导干部、专业技术人员到高职高专院校兼职从事思想政治理论课教育教学工作，担任客座教授或副教授等，给予其时间上的保证。鼓励社会上符合条件的、有才能的有识之士到高职高专院校担任思想政治理论课专任或兼职教师，为其任职创造必要的条件。

（2）创新思想政治理论课教师培养培训机制，拓宽培养途径。关于这一问题，我们将在本章第三节进行具体论述。

三、高职高专院校思想政治理论课教师必须“真学、真懂、真信、真用”马克思主义

思想政治理论课教师是否“真学、真懂、真信、真用”马克思主义理论，是队伍建设中要解决的关键问题。

所谓“真学”，就是要认真刻苦、踏踏实实地学习马克思主义理论，首先用马克思主义把自己的头脑武装起来。不但要大量、认真、系统地研读马克思主义经典著作、研读党的文件和决议，还要学习来源于人民群众和社会实践的基本经验。总之，我们要努力使自己成为马克思主义学问家、研究家。“真学”是前提，离开了“真学”，就不可能做到“真懂”，谈不上“真信”，更不可能“真用”。

所谓“真懂”，就是要全面领会、深刻理解、准确把握马克思主义理论的科学内涵、精神实质、基本内容、地位作用等。弄懂、弄通马克思主义理论，是高校思想政治理论课教师最基本的业务素质。教师不能对自己所教授的理论一知半解、不懂装懂，不能错误理解、自以为是，否则就会以其昏昏、使人昭昭，就谈不上实现我们的教学目的，达不到我们的育人效果。总之，要教会学生的，首先自己要弄懂。因此，“真懂”是增强思想政治理论课教学吸引力、感染力，进而提升其实效性的关键。

所谓“真信”，就是要做马克思主义和中国特色社会主义的坚定信仰者。对马克思主义的信仰，是高校思想政治理论课教师最基本的政治素质。我们的思想政治理论课是要对大学生进行理想信念教育，帮助学生树立正确的世界观、人生观、价值观，帮助学生树立对马克思主义的信仰、对共产主义的信念、对中国特色社会主义的信心。如果我们自己还不是马克思主义的坚定信仰者，又怎能让学生坚定地信仰呢？只要我们坚守在思想政治理论课教育教学的战线上，只要我们是一名马克思主义理论课教师，就必须首先解决自己的信仰问题，通过真学、真懂，达到真信。“真信”是提高思想政治理论课

教育教学实效性的基础。

所谓“真用”，就是要用马克思主义的立场、观点和方法，去释疑解惑，去教育学生、培养学生，去指导自己的一言一行。我们不仅要做马克思主义理论的宣传者、教育者，还要做马克思主义理论的实践者、捍卫者。既要用马克思主义武装自己，不断改造自己的主观世界，也要用马克思主义武装学生，不断塑造学生的主观世界。坚持学以致用，坚持理论联系实际，坚持具体问题具体分析，坚持在教育中分析问题解决问题，真正实现马克思主义大众化，用马克思主义理论回答学生关注的思想问题、实际问题、社会问题，使马克思主义具有鲜活的生命力。通过教师的率先垂范、言传身教，使学生真信，也能真用。“真用”是我们从事思想政治理论课教育教学的最终目的。

第二节　完善高职高专院校思想政治理论课教师职称评审条件

一、现有职称评审条件不利于思想政治理论课教师

《中共中央宣传部　教育部关于进一步加强高等学校思想政治理论课教师队伍建设的意见》指出，要“根据思想政治理论课教师岗位职责要求，进一步完善专业技术职务评聘标准，注重考核教学能力和教学实绩。教学研究成果和社会调研报告凡被有关部门采纳、发挥了积极作用的，应作为职称评定的依据。”目前各省、自治区、直辖市高职高专院校教师系列职称评审，都是把思想政治理论课教师与其他课程的教师放在一起，按照相同的条件进行评审，而且有些条件只有专业或其他课程的教师才能具备，不适合思想政治理论课教师。以《安徽省高职高专院校教师专业技术资格条件（试行）》中“副教授资格条件”为例：

“第十七条　教学业绩符合下列要求之一

（一）积极参与学校教学基本建设和教学质量工程建设，担任校级重点（改革）专业、精品课程、特色教材、实训中心、实训基地等建设项目主要成员（前5名）；或参加过省部级以上上述建设项目。

（二）教学工作成绩突出，任期内在学校学年度教学质量考核中有3年以上为优秀。

（三）注重培养学生的专业实践技能和创新能力，直接指导的学生个人或

团队在专业竞赛或作品评比中获得市厅级奖励 1 项以上。

（四）有较高的专业素质和技能水平，本人在相关专业竞赛、评比中获得省部级奖励 1 项以上。

（五）获得校级以上专业带头人、教学名师等称号 1 项以上。

第十八条 教研、科研业绩具备下列第 1 项和第 2～9 项中的一项

（一）在四类以上期刊发表本专业科研或教研论文 3 篇以上，其中在三类以上期刊发表论文 1 篇以上。

（二）编写省部级以上高职教育规划教材 4 万字以上；或正式出版本专业学术与技术专著 4 万字以上。

（三）承担三类以上科研课题（前 5 名）或四类科研课题（前 3 名）1 项以上，取得阶段性成果；或科研工作成绩突出，获得三类以上科研奖励 1 项以上。

（四）承担省级以上教育教学研究项目（前 5 名）1 项以上，取得阶段性成果；或教育研究与教学改革成果突出，获省级教学成果奖（前 5 名）1 项以上。

（五）获国家发明专利（前 5 名）1 项以上；或获得与本专业相关的实用新型专利（前 3 名）2 项以上。

（六）积极参加产学研合作，为校企合作单位服务，参与完成企业、事业单位技术开发、咨询、服务以及科技成果转化、推广、应用等项目（前 3 名）1 项以上，取得了一定的社会经济效益，且项目到校经费 10 万元以上。

（七）为行业、区域服务，参与完成较大规模的专业调研咨询项目（前 3 名），其成果被相关单位采用并产生良好的社会经济效益，且项目到校经费 5 万元以上。

（八）在专业技术开发应用和专业知识应用普及方面成绩突出，其成果（普及性出版物、工具性实物、应用性软件等）经专家鉴定，在行业和区域具有较大的影响和实用价值。

（九）体育、艺术类教师取得二类以上专业实践业绩 1 项以上。”

上述两条，虽说都是选择性条件，只需具备其中一项或两项就可以了，但是其中多数选项对于思想政治理论课教师来说，是无论如何努力都无法具备的。如第十七条中，思想政治理论课教师只能在第一项之“精品课程”、第二项及第五项之“教学名师”中进行打拼，其它众多选项都只能望洋兴叹；

第十八条中供选择的第2～9项中，思想政治理论课教师只能在第2项之“学术专著”、第3项、第4项中进行打拼，其余第5、6、7、8、9共五项都只能望洋兴叹！由此可见，目前高职高专院校教师的专业技术资格条件基本上是针对专业课程教师量身打造的，甚至考虑到了体育、艺术类教师，而对思想政治理论课教师的实际情况却没有考虑到，明显对思想政治理论课教师不利。

二、高职高专院校思想政治理论课教师职称资格条件

针对高职高专院校思想政治理论课教师的岗位职责和工作性质，其专业技术职务资格条件应从以下几个方面进行合理规定：

1. 教学实效性

教学实效性是思想政治理论课教师职业价值的体现，也应该是其晋升职称的首要条件。思想政治理论课教师教学实效性的考核应以学生评价、同行评价、学校及其教学部门评价与专家评价相结合进行。前三类评价应作为学校的常规工作，每学期进行一次，评价结果保存在教师的业务档案里。专家评价指的是职称评审当时由评审专家进行的评价，可以采取查阅教案、现场听课、辅导答疑等形式进行。前三类合计占60%的权重，专家评价占40%的权重。

2. 教研、科研成果

教科研成果是体现教师教学和学术水平的重要标杆，也是职称评审中较容易把握的部分。公开发表的教科研论文、公开出版的教科研专著、已经结项或已经取得阶段性成果的教科研项目都是需要考察的内容，目前各地职称资格条件对这一方面的规定也较客观，是争议最少的部分，但同时也是社会诟病最多的部分。说它争议少，指的是这方面的资格条件最容易量化，一切以数字说话，操作简单。这也就成了社会诟病的根源。正因为评职称等的需要，使很多专业技术人员把主要精力放在写论文上，导致论文数量猛增，而有价值的论文寥寥无几，这应该也是一种巨大的资源浪费。更严重的是造成了剽窃、抄袭、枪手现象满天飞，滋生了严重的学术腐败，污染了学术空气和学校的育人环境。因此有必要改变学术评价体系及其标准，在更加重视对论著质量考察的同时，不把论著作为衡量教师学术成就的唯一标准，对于思想政治理论课教师来说，其所撰写的被有关部门采用的，或经专家鉴定（或答辩）的调研报告、政策建议等，应视为教科研成果，作为资格条件。

3. 担任兼职班主任或辅导员

思想政治理论课教师兼任班主任或辅导员，是《中共中央宣传部　教育

部关于进一步加强和改进高等学校思想政治理论课的意见》明确提出的要求："高等学校专任思想政治理论课教师要通过兼任班主任、辅导员等工作，承担思想政治教育工作任务。"既然如此，就应该将其这一方面的工作业绩纳入专业技术职务资格条件。目前各地在制定教师系列专业技术职务资格条件时基本上都没有把这一情况考虑进去，这是明显不合理的。因为兼任班主任、辅导员工作将占用思想政治理论课教师大量的时间和精力，正如《中共中央国务院关于进一步加强和改进大学生思想政治教育的意见》所指出的："辅导员、班主任工作在大学生思想政治教育第一线，任务繁重，责任重大，学校要从政治上、工作上、生活上关心他们，在政策和待遇方面给予适当倾斜。"学校可以比照专任班主任、辅导员的标准对思想政治理论课教师兼任班主任、辅导员工作进行考核，考核结果保存在其业务档案里以方便职称评审时使用。

4. 培养青年教师

对晋升高级专业技术职务的，应要求其在培养青年教师方面做出相应的贡献，如规定在任期内必须担任 2 位以上（含 2 位）青年教师的指导教师，指导期一般以一年为宜，在包括备课、撰写教案、授课及教研科研等方面帮助青年教师尽快走出职业适应期。青年教师的进步情况可以作为导师的工作业绩列入专业技术职务资格条件。在指导期届满时，学校可以组织青年教师开展公开课教学活动，聘请专家结合教案、答疑等情况进行现场考评，考评结果存入导师的业务档案，以便申报职称时使用。

5. 社会服务成果

要积极支持、鼓励思想政治理论课教师参与到中国特色社会主义经济建设、民主政治建设、法治建设、先进文化建设、和谐社会建设、生态文明建设等伟大实践中去，以其思想和智力为社会服务。有关部门应制定具体的实施办法，对思想政治理论课教师每年在企业、社区、农村等进行社会服务，开展诸如讲座、咨询、策划、支教、帮教、志愿服务、文化扶贫等活动，做出量化的规定，对其效果进行考核，并将其作为专业技术资格条件之一。

6. 社会实践经历

《中共中央宣传部　教育部关于进一步加强高等学校思想政治理论课教师队伍建设的意见》指出："组织开展社会实践和学习考察活动。各地各高校要积极创造条件，组织教师开展社会实践、学习考察和学术交流活动，使教师进一步了解国情，了解世界，开阔视野，丰富教学素材。"思想政治理论课教师到机关、企事业单位、街道社区、村镇等实际工作部门挂职锻炼的社会实践经历应作为专业技术职务资格条件之一，可以经挂职单位鉴定的总结报告作为评审依据。

思想政治理论课教师进行社会调查等实践活动，所撰写的调研报告凡被有关部门采纳、发挥了积极作用的应作为职称评审的依据。

第三节 高职高专院校思想政治理论课教师的培养培训

高职高专院校要把思想政治理论课教师的培养培训纳入学校事业发展和人才队伍建设总体规划，加强领导，统筹安排，建立和完善有重点、分层次、多形式的培训体系，努力使培训工作经常化、制度化。教育部及省级教育行政主管部门在现有的思想政治理论课教师培训体系中，应注意高职高专院校与普通本科院校的区别，将高职高专院校思想政治理论课教师单独编班，设计有针对性的课程，实施分类培训。

一、岗前培训

岗前培训是新任思想政治理论课教师就职前的必修课。坚持先培训后上岗，提高新任教师适应岗位要求、胜任本职工作的能力是确保高职高专院校思想政治理论课教师基本素质的重要环节，不能走过场、搞形式主义，要精心组织实施，加强过程管理。原则上，新任教师入职第一年均应作为岗前培训时间，以集中培训和分散培训相结合的形式进行。集中培训的重点是高职高专学生心理学、高职教学论及思想政治理论课教育教学的基本原则方法、教案编写、教学组织、课堂管理等，可采取专家授课、老教师座谈交流、教学观摩等灵活多样的方式方法提高培训的效果。分散培训以自学、随堂听课、担任老教师助教等方式进行。岗前培训期间还可以安排新任教师担任辅导员助理，协助辅导员进行日常思想政治教育工作。学校要加强对岗前培训的考核，可以试教作为主要的考核方式，凡是不能通过试教的，一律不准上讲台授课，必须延长培训期限。对经过再培训仍不能通过试教的，予以辞退或转岗。

二、课程轮训

课程轮训是每一个思想政治理论课教师都必须参加的基本业务培训。思想政治理论课的教学内容时效性、政治性、政策性强，必须坚持每次开课前的全员再培训，做到先培训后开课。课程轮训以分析教材、教法为主要内容，可以聘请知名专家学者（最好是本门课程教材的编写者）与教师一起座谈，就教材的逻辑体系、重点难点、教学目标等进行剖析，帮助教师更好地吃透教材，实现从教材体系向教学体系的转化。课程轮训期间可以结合进行集体备课、开展教案评比等活动，邀请教学名师举行示范教学。同一区域内的高职高专院校可以在课程轮训方面开展交流合作，发挥各自的优势，相互取长补短，以实现资源共享。

三、校本培训

校本培训是思想政治理论课教师在职培养培训的基础。校本培训的重点是拓宽教师的知识面以完善其知识结构；教学方法手段展示交流以提升其业务技能。

学校应建立思想政治理论课教师校本培训机制，每年由思想政治理论课教学管理部门制订培训计划，选好年度培训主题，采取个人自学、集体学习、在线学习相结合的形式进行。学校编印思想政治理论课教师校本培训学习读本，内容以经典著作、领导人重要讲话和中央政策文件为主，也可包括著名专家学者的解读文章、论文等。校本培训以个人自学为主，采取阅读经典著作、中央文件、领导人重要讲话与撰写读书笔记相结合的方式进行。学校要对教师的自学以随机抽查、期末普查等形式加强督导，保证学习效果。集体学习是校本培训的主干，集体学习主要有两种方式，一是学校建立周三学习例会制度，每周三下午作为固定的政治与业务学习时间，组织专、兼任思想政治理论课教师集体学习、讨论交流学习心得；二是暑期集中学习，学校在暑假期间组织思想政治理论课教师进行为期一周左右的封闭培训，聘请校外专家学者做报告，对马克思主义经典名著、党的重大理论创新成果等进行辅导，提高教师的理论水平；邀请校内外教学名师讲授示范课、观摩点评教师的现场教学，提高教师的业务水平。学校还可以建立教学竞赛制度，每年度举行一次，要求全体思想政治理论课教师参加，以教案展示、现场授课、辅导答疑、专家点评等形式进行，帮助教师不断提高教学水平。

学校要建立校本培训考核评价制度，规定每个教师每年度要完成的学时、学分，并将其作为年度考核的重要内容，对成绩突出者，给予奖励。

四、在职进修

在职进修是思想政治理论课教师提升理论修养和学术水平的主要途径。学校要制定教师在职进修的中长期规划，使每一位教师在一个规划周期内都能得到有针对性的进修机会。所谓针对性，是指就教师知识结构中的短板进行的有的放矢的培训。在职进修可以采取专题进修、访学、攻读学位等形式进行。

（1）专题进修。专题进修指针对教师在某一学科上知识储备的不足而进行的进修，如法学等专业毕业的教师可以进修伦理学，历史学专业毕业的教师可以进修法学，其他专业毕业的可以进修马克思主义理论与思想政治教育专业，等等。接受进修教师的高校要加强管理，组成专门班级、制定专门教学计划、安排优秀教师进行教学；不具备专门开班条件的，可以安排进修教师选修本科生、研究生的相关课程，插班听课。以研修报告、论文、书面测试相结合的方式进行考核。专题进修应以脱产的形式进行，时间以半年为宜。

（2）访学。访学以提升思想政治理论课教师的学术能力为主要目的。高职高专院校每年应有计划地遴选部分教师到国内重点大学的相关优势学科点做访问学者，跟随知名专家听课、参与课题研究。接收访问学者的高校，要高度重视这项工作，制定严格的培养计划并严格要求导师和访问学者切实执行。导师应根据访问学者的学术基础、研究方向等安排其研修任务，帮助其选择研究课题并指导其研究工作。导师对访问学者的培养情况和实际效果应作为导师年度考核的重要内容。访学应以脱产的形式进行，时间根据需要以半年或一年为宜。

（3）攻读学位。高职高专院校要根据本校思想政治理论课教师的学历学位结构，制定本校思想政治理论课教师学历学位提升计划，力争经过若干的努力，实现本校思想政治理论课教师的“硕士化”、“博士化”。教育行政主管部门应增加安排指标招收思想政治理论课专任教师在职攻读马克思主义理论学科硕士、博士学位。作为思想政治理论课教师，在攻读学位时，应根据自身的学科基础、学术发展等确定专业和研究方向，认真研读马克思主义经典著作，深入开展社会调查，切实提高自己的理论水平、学术水平。攻读学位可以根据条件以脱产、半脱产或在职的形式进行。

五、社会考察

马克思主义来源于实践并随实践的发展而发展。马克思主义从它诞生的那一天起就不是书斋里的理论，实事求是、一切从实际出发是马克思主义的精髓。同样，马克思主义理论教育不能脱离实际，不能成为没有血肉的空谈。理论联系实际是思想政治理论课教育教学的根本原则。马克思主义理论教育需要通过时空转换来加强受教育者的实践感悟。社会考察一方面可以使教师了解国情民情，实现教学的空间转换；另一方面可以使教师触摸时代脉搏，实现教学的时间转换。因此思想政治理论课教师必须经常深入实践、接触社会，掌握大量鲜活的教学素材，让思想政治理论课的教学内容“接地气”，促进知行结合，实现社会现实和课堂教学的有效对接。

高职高专院校要高度重视思想政治理论课教师的社会考察工作，制订中长期及年度考察计划、落实考察预算，确保社会考察工作顺利进行。一是要构建多层次、多渠道的考察模式，如参观式考察、调研式考察、体验式考察等等。二是精心选择一些不同类型的地点建立相对固定的考察基地。考察地点的选择要考虑与教育教学内容的对应性与关联性，做到每一个教学专题都有与之相应的考察基地，既要有革命纪念地、爱国主义教育基地，也要有改革开放先进地区、创新创业先进企业、社会主义新农村建设典型村镇、社会管理创新先进社区，还要有经济文化比较落后的地区、少数民族地区等等。有条件的学校还可以组织教师赴境外进行考察，如到港澳考察“一国两制”的成功实施、到台湾考察两岸交流的最新成果、到欧美考察资本主义的新发展和资本主义基本矛盾的新变化等。三是建立和完善相关制度，保证考察成果转化为教学、科研成果。

有些同志认为，社会考察就是旅游，这是非常错误的。要改变这些人的错误看法，社会考察就要增强为教学服务的理念，教师在考察过程中，不能满足于走马观花，要注意认真收集资料；考察结束后，要系统总结心得，撰写考察报告，完善教学设计，以实现考察成果向教学、科研成果的转化，不断改进思想政治理论课教学工作。

六、挂职锻炼

提高教师的实践能力，仅有社会考察还是不够的。社会考察可以有效帮助思想政治理论课教师开阔视野、了解社会、把握国情社情，增强教育教学的生动性。但考察深入社会的程度有限，它无法帮助思想政治理论课教师更透彻地理解复杂的社会矛盾，更不能使教师能理清处理这些矛盾的思路，从而在课堂上得心应手地与学生一起进行分析、讨论。要解决这个问题，切实增强教师的实践能力，更有效的方式是送教师到实际工作部门挂职锻炼。

俗话说“不在其位，不谋其政”。挂职锻炼可以让思想政治理论课教师以“在其位”的身份直面现实生活中出现的各种问题，追究其根源、探究其影响、穷究其解决之道。这对思想政治理论课教师更深刻地理解马克思主义理论并提高其实际运用能力，具有不可替代的作用。挂职锻炼还有助于思想政治理论课教师广泛联系人民群众，了解群众的心声，把握时代的脉搏，从而能更好地理解学生的思想问题和实际问题，并以学生能接受的方式进行分析、讲解。

高职高专院校强调专业课教师要具有“双师”结构，至少必须具备“双师”素质，要求专业课教师在一定期限内必须到企业挂职锻炼一段时间。思想政治理论课教师赴实际工作部门挂职，增强其实践能力，其实质与专业课教师赴企业挂职，增强其“双师”素质，道理是一致的，但由于思想政治理论课教师培养的是学生的思想政治素质，塑造的是学生的灵魂，所以其意义与价值比专业课教师“双师”素质的培养更大。

各级党委和政府要高度重视思想政治理论课教师的挂职锻炼工作，把它作为教师队伍建设的一项关键性工程来抓。建议中共中央宣传部、中共中央组织部、教育部、人力资源与社会保障部共同制定关于高等学校思想政治理论课教师挂职锻炼的相关政策，各省、自治区、直辖市党委、政府根据本区域的实际出台相应的实施办法，各高职高专院校结合本校情况制订实施细则，以建立思想政治理论课教师挂职锻炼的长效机制。

我们建议：各级党委、政府在符合条件的机关、街道社区、村镇、企业等实际工作部门建立思想政治理论课教师实践锻炼基地，给予必要的资金、政策等方面的支持；基地须把接收思想政治理论课教师挂职锻炼作为其日常工作的重要组成部分。思想政治理论课教师任职5年后必须到实际工作部门挂职锻炼一年，并与挂职单位保持长期联系。青年教师可以挂任社区或村党支部书记或副书记、县乡团委副书记等职务，讲师、副教授可以挂任乡镇党委或街道党工委副书记、科技文化副县长等职务。有关部门在高校选派挂职干部时，应优先选派思想政治理论课教师。挂职期间，教师的工资待遇不变，按全校教师课时津贴或绩效工资的平均数发放津贴，并按一定标准给予挂职补助。挂职锻炼的经历作为教师评聘职称的必要条件之一；在挂职期间做出的突出贡献，可以作为破格晋升职称的条件。学校要加强对挂职教师的过程管理和考核，帮助教师在挂职期间做出成绩，切实收到预期效果；对教师在挂职期间遇到的困难和问题，学校要积极协助其解决。挂职结束后，教师要撰写总结报告，与全体专兼职思想政治理论课教师交流心得体会，把一人的挂职经历变为大家的共享资源。

参考文献

1. 中共中央　国务院《关于进一步加强和改进大学生思想政治教育的意见》(中发〔2004〕16号)［R］.

2. 胡锦涛. 在全国加强和改进大学生思想政治教育工作会议上重要讲话［N］. 光明日报，2005 (1).

3. 中宣部　教育部《关于进一步加强高等学校学生形势与政策教育的通知》(教社政〔2004〕13号)［R］.

4. 中宣部　教育部《关于进一步加强和改进高等学校思想政治理论课的意见》(教社政〔2005〕5号)［R］.

5. 中宣部　教育部《关于印发〈中共中央宣传部、教育部关于进一步加强和改进高等学校思想政治理论课的意见〉实施方案的通知》(教社政〔2005〕9号)［R］.

6. 中宣部　教育部关于进一步加强高等学校思想政治理论课教师队伍建设的意见（教社科〔2008〕5号)［R］.

7. 教育部关于印发《高等学校思想政治理论课建设标准（暂行)》的通知（教社科〔2011〕1号)［R］.

8. 单春晓. 高校思想政治教育工作新视界［M］. 北京：人民出版社，2011.

9. 陈连生. 高职高专院校"毛泽东思想和中国特色社会主义理论体系概论"教学研究［M］. 北京：中国人民大学出版社，2011.

10. 马树超，郭杨，等. 中国高等职业教育　历史的抉择［C］. 北京：高等教育出版社，2009.

11. 俞克新主编. 高等职业教育的理论探索与教改实践［C］. 北京：高等教育出版社，1999.

12. 姜蕙. 当代国际高等职业技术教育概论［M］. 兰州：兰州大学出版社，2002.

13. 蔡达峰. 大学：为了学生与社会［M］. 上海：复旦大学出版社，2009.

14. 刘琅，桂苓．大学的精神［M］．北京：中国友谊出版公司，2004.

15. 王俊秀，杨宜音．中国社会心态研究报告2012—2013/社会心态蓝皮书［M］．北京：社会科学文献出版社，2013.

16. 汪青松，马克思主义中国化的理论丰碑：中国化马克思主义十二观［M］．合肥：合肥工业大学出版社，2008.

17. 储水江．中国特色社会主义若干理论问题研究［M］．合肥：合肥工业大学出版社，2011.

18. 董金权，储水江．青少年思想政治教育的多维视野［M］．北京：电子工业出版社，2011.

19. 马树超，范唯．高职教育：为区域协调发展奠定基础的十年［J］．中国高等教育，2012（18）.

20. 储水江．论我国高等职业教育的性质、地位与作用［J］．芜湖职业技术学院学报，2003（3）.

21. 秦宣．新中国成立60年来高校思想政治理论课沿革及其启示［J］．思想理论教育导刊，2009（10）.

22. 秦宣．马克思主义理论学科与思想政治理论课的关系［J］．思想理论教育导刊，2007（3）.

23. 秦宣．提高思想政治理论课教学实效的基本途径［J］．高校理论战线，2006（8）.

24. 陈占安．努力实现思想政治理论课教育教学与学科建设的深相融合［J］．北京教育（德育），2012（8）.

25. 陈占安．积极推进高校思想政治理论课教学管理改革［J］．思想理论教育，2007（10）.

26. 陈占安．高校思想政治理论课教师的神圣使命［J］．大理学院学报（社会科学），2005（8）.

27. 郑永廷，朱礼军．大学生思想政治教育的现状反思与时代课题［J］．学校党建与思想教育，2005（5）.

28. 郑永廷．大学生思想政治教育质量提升的理论研究［J］．思想教育研究，2013（6）.

29. 罗映光，等．思想政治理论课知识体系向信仰体系转化的思考［J］．思想理论教育导刊，2013（3）.

30. 罗映光，等．高职高专院校思想政治理论课实践教学模式的探索与创新［J］．思想理论教育导刊，2012（7）．

31. 罗映光，等．简论思想政治理论课教材体系向教学体系的转换［J］．思想理论教育导刊，2010（5）．

32. 汪青松．马克思主义“三化”与思想政治教育学科建设［J］．思想理论教育导刊，2012（6）

33. 孙晓峰．论高校德育与专业教育的融通［J］．中国高等教育，2007（12）．

34. 孙晓峰，孙曼娇．社会主义核心价值体系建设与高校德育创新［J］．思想理论教育导刊，2009（12）．

35. 张泽玲．关于高职院校“基础”课教学模块设计的几点思考［J］．思想理论教育导刊，2011（1）．

36. 乔树森，朴素艳．关于高职高专院校思想政治理论课实践教学改革的若干思考［J］．思想理论教育导刊，2011（4）．

37. 张晓．思想政治理论课与日常思想政治教育相结合的优势及实施策略［J］．思想教育研究，2010（7）．

38. 周强．论社会环境对我国高校思想政治教育工作的促进作用［J］．文科爱好者，2009（4）．

39. 张明贵．浅议社会环境对高校思想政治教育的影响［J］．中国科技信息，2005（12）．

40. 李资源．高校思想政治理论课教学评价指标体系研究的现状与思考［J］．思想政治理论教育导刊，2007（2）．

41. 王培俊．高职高专院校思想政治理论课教学存在的问题及对策［J］．思想理论教育导刊，2011（8）．

42. 储水江．关于高职高专院校思想政治理论课教师队伍建设的几点思考［J］．思想理论教育导刊，2013（6）．

43. 储水江，徐旭．高职高专院校思想政治理论课实效性：面临的问题与提升路径研究［J］．池州学院学报，2012（4）．

44. 储水江．高职思想政治理论课实践教学设计与考核方法改革研究［J］．芜湖职业技术学院学报，2012（3）．

45. 韩光道，袁慎芝．“三进三协同”：高技能人才思想政治素质培育路径的创新与实践［J］．广东轻工职业技术学院学报，2012（9）．

46. 佟艳．根据高职院校大学生的多元化智能特点加强社会主义荣辱观教育［J］．辽宁师专学报（社会科学），2006（8）．

47．尹杰钦，等．“两课”教学质量评价若干问题［J］．建材高教理论与实践，2001（5）．

48．辛文斌．政治理论课教学评估的原则和方法［J］．思想教育研究，2006（1）．

49．钱亚梅．关于“思想道德修养与法律基础”课建设的思考［J］．思想理论教育，2012（5）．

50．赵兴宏，张振芝，李光莉．“思想道德修养与法律基础”课教学内容与中学思想政治课有效衔接探析［J］．思想理论教育，2012（1）．

51．陶倩，阮杜娟．基于学生问题的“思想道德修养与法律基础”课教学探索［J］．思想理论教育，2011（7）

52．邓景，唐韬．网络时代思政教育话语体系转换——以网络用语在思想政治理论课教学中的应用为例［J］．社会科学家，2012（4）．

53．董强．论高校思想政治理论课网络教学平台的建构与应用［J］．黑龙江教育，2011（10）．

54．邓秀杰，张平增．多媒体辅助高校思想政治理论课教学质量评价体系初探［J］．长春理工大学学报，2010（3）．

55．周美刚．辩证认识网络传媒在思想政治教育中的作用［J］．新媒体新课题，2009（11）

56．徐宝林．创新思想政治理论课教学模式——谈传统教学与网络教学的结合［J］．山西高等学校社会科学学报，2007（7）．

57．赵会玲．高校思想政治理论课网络教学平台的途径探析［J］．浙江工贸职业技术学院学报，2011（9）．

58．刘伶俐．高校思想政治理论课网络教学初探［J］．西南农业大学学报，2011（2）．

59．靳媛，商冬玲．多媒体教学手段在思想政治理论课教学中的运用［J］．山东电力高等专科学校学报，2011（5）．

60．赫芳随，李建耀．高校思想政治理论课网络化教育教学新模式探索［J］．中国教育技术装备，2011（27）．

61．管传林，赵勇．思想政治理论课网络教学的实践意义与创新价值［J］．福建论坛（社科教育版），2010（12）．

62．赖松龄，何国新．开辟思想政治理论课教学的网络阵地［J］．高教探索，2011（6）.

63. 任国栋. 利用网页提高思想政治理论课的实效性探析［J］. 绍兴文理学院学报，2008（12）.

64. 苏冰，刘欣. 思想政治理论课网络教学资源使用状况研究［J］. 合肥学院学报，2009（6）.

后　记

思想政治教育作为人类精神文明生产的一种实践活动，在推动生产力发展和社会进步的进程中具有不可替代的重要作用，长期以来就为世界各国所重视。西方一些国家的“公民教育”实质上就是一种思想政治教育。重视人的政治社会化，不断地加强思想政治教育，可以说是世界各不同背景、不同社会制度国家保持社会稳定和国家长治久安的一项根本性战略措施。新中国成立后，我国党和政府高度重视对青少年学生的思想政治教育。与欧美等西方资本主义国家思想政治教育的“渗透性”和“隐蔽性”不同，我国在高等学校设立了思想政治理论课，并赋予其大学生思想政治教育主渠道的历史地位。思想政治理论课承担着对大学生系统进行马克思主义理论教育的任务，是帮助大学生树立正确的世界观、人生观、价值观的重要途径。高职高专院校作为我国社会主义大学的重要组成部分，在培养高端技能型专门人才的过程中，思想政治理论课教育教学发挥着不可替代的重要作用。

截至2011年，我国具有普通高等学历教育招生资格的高等职业学校数量为1280所，2011年全国高等职业教育招生325万人，占当年普通高等学校招生总数的47.7%，高等职业教育无论是在院校数量方面，还是在学生人数方面，都占据了我国高等教育的半壁江山。高等职业教育是高等教育中一种独立的类型，在人才培养目标、培养模式等方面都与其他普通高等教育有着较大的差异。这种差异决定着高职高专院校在思想政治理论课教育教学方面与其他普通本科院校相比，在教学目标、教学内容、教学方法、师资队伍、生源结构等方面存在着自身的特点，不能照搬照抄其他普通本科院校的模式。正是基于这一原因，教育部在对高校思想政治理论课教学的宏观管理上，日益重视实施分类指导、分层管理，在“人文社会科学专项任务项目（高校思想政治理论课）”中设立“高职高专院校思想政治理论课建设”课题予以专门研究。安徽省教育厅也在高校思想政治理论课建设工程项目中设立相关项目，就高职高专院校思想政治理论课教育教学开展针对性的研究。这充分说明教育行政部门对高职高专院校思想政治理论课教育教学工作的高度重视。

本书是2011年教育部人文社会科学专项任务项目（高校思想政治理论课）“高职高专院校思想政治理论课建设”的系列成果之一，并获2012年安徽省高等学校思想政治理论课建设工程“思想政治理论课教师教研专著出版资助项目”的资助。本书四位作者的具体分工是：储水江撰写第一章、第十一章、第十二章、第七章第四节，计5.7万字，杨婉玲撰写第五章、第七章第一、二、三、五节、第十章，计6.4万字，赵璇撰写第二章、第四章、第九章，计6.8万字，徐旭撰写第三章、第六章、第八章，计4.7万字。全书由储水江统稿、定稿。

在本书写作过程中，正逢教材进行重大修订，我们根据教材修订大纲对部分章节进行了调整。但由于教材修订工作没有最终完成，新教材尚未定稿，所以本书在教学内容研究方面无法与新版教材完全契合。这一问题只能留待将来修订时解决。

衷心感谢社科司教学处处长陈矛、调研员陈睿、安徽省教育厅思政处副处长王后林、四川理工大学罗映光教授、皖南医学院党委书记王先俊教授、安徽农业大学人文学院院长孙超教授、马鞍山高等师范专科学校校长孙良教授等领导、专家对本书写作的指导。衷心感谢中央马克思主义理论研究与建设工程首席专家、上海师范大学博士生导师汪青松教授，合肥工业大学李克明教授，安庆职业技术学院院长孙晓峰教授在百忙中审读全部书稿，提出诸多宝贵的修改意见，汪青松教授并为本书作序。写作中借鉴了国内同行的相关研究成果，在此一并表示衷心的感谢。

要切实提升高职高专院校思想政治理论课教育教学的实效性，就必须加强学科建设研究，提高教育教学的科学化水平。本书正是基于这样的认识开始写作的，在同类书籍尚不多见的情况下，希望能起到抛砖引玉的作用。由于作者水平所限，书中难免存在错误、疏漏之处，请读者诸君批评指正，以便修订时改正、完善。

储水江

2013年7月29日

图书在版编目(CIP)数据

高职高专院校思想政治理论课教学研究/储水江,杨婉玲,赵璇,徐旭著.—合肥:合肥工业大学出版社,2013.9

ISBN 978-7-5650-1531-1

Ⅰ.①高…　Ⅱ.①储…②杨…③赵…④徐…　Ⅲ.①思想政治教育—教学研究—高等职业教育　Ⅳ.①G711

中国版本图书馆 CIP 数据核字(2013)第 221647 号

高职高专院校思想政治理论课教学研究

储水江　杨婉玲　赵　璇　徐　旭　著　　　　责任编辑　武理静

出　版	合肥工业大学出版社	版　次	2013 年 9 月第 1 版
地　址	合肥市屯溪路 193 号	印　次	2013 年 9 月第 1 次印刷
邮　编	230009	开　本	710 毫米×1010 毫米　1/16
电　话	理工编辑室:0551-62903200	印　张	16
	市场营销部:0551-62903198	字　数	250 千字
网　址	www.hfutpress.com.cn	印　刷	合肥现代印务有限公司
E-mail	hfutpress@163.com	发　行	全国新华书店

ISBN 978-7-5650-1531-1　　　　定价:32.00 元

如果有影响阅读的印装质量问题,请与出版社市场营销部联系调换。